Kai
viel Freude beim Studium
der Quelle des Geheimwissens
17.3.08 Dein Pa.

ERIK HORNUNG
Das esoterische Ägypten

ERIK HORNUNG

Das esoterische Ägypten

*Das geheime
Wissen der Ägypter
und sein Einfluß
auf das Abendland*

VERLAG C.H. BECK

Mit 31 Abbildungen

Die Deutsche Bibliothek – CIP-Einheitsaufnahme

Hornung, Erik:
Das esoterische Ägypten : das geheime Wissen der Ägypter und sein Einfluß auf das Abendland / Erik Hornung. – München : Beck, 1999
ISBN 3-406-45360-0

ISBN 3 406 45360 0

© C.H. Beck'sche Verlagsbuchhandlung (Oscar Beck), München 1999
Gesamtherstellung: Graphische Werkstätten Kösel, Kempten
Gedruckt auf säurefreiem, alterungsbeständigem Papier
(hergestellt aus chlorfrei gebleichtem Zellstoff)
Printed in Germany

für Jan Assmann

Inhalt

1. Einleitung 9
2. Altägyptische Wurzeln für das «andere» Ägypten 13
3. Fremdes Wunderland am Nil: Die antiken Autoren 26
4. Macht und Einfluß der Gestirne 33
5. Alchemie: Die Kunst der Verwandlung 40
6. Gnosis: Die Schöpfung als Fehltritt 49
7. Hermetik: Thot als Hermes Trismegistos 54
8. Das Ägypten der Zauberkünste 62
9. Die Ausbreitung ägyptischer Kulte – Isis und Osiris 71
10. Mittelalterliche Traditionen 80
11. Die Renaissance der Hermetik und der Hieroglyphen . . . 89
12. Ägyptenreisen: Wunder über Wunder 99
13. Triumphe der Gelehrsamkeit: Kircher, Spencer und
    Cudworth 105
14. «Reformation der ganzen weiten Welt»:
    Die Rosenkreuzer 112
15. Das Ideal einer Bruderschaft – Die Freimaurer 121
16. Goethe und die Romantik – «Hieroglyphisch denken» . . 133
17. Theosophie und Anthroposophie 146
18. Pyramiden, Sphinx und Mumien –
    Ein Fluch für Pharaonen 160
19. Ägypten à la mode: Moderne Ägyptosophie
    und Afrozentrik 178
20. Ausblick: Ägypten als Hoffnung und Alternative 195

Anhang

Zeittafel 209
Glossar 211
Literaturhinweise 213
Personenregister 222
Sachregister 230

1. Einleitung

Bereits in der Antike wurde eine Meinung begründet, die das Land am Nil als Quelle aller Weisheit und als Hort hermetischen Wissens sieht. Damit begann eine Tradition, die bis heute reicht und die ich als *Ägyptosophie* bezeichnen möchte. Erst durch die Entzifferung der Hieroglyphen (1822 durch Champollion) entstand daneben, als jüngere Schwester, die Wissenschaft der Ägyptologie, und bekanntlich ist das Verhältnis zwischen Geschwistern oft problematisch. In unserem Fall gibt es deutliche Berührungsängste. Die Ägyptosophie dünkt sich oftmals weit erhaben über jegliche Wissenschaft, die ja blind sei für die eigentliche Weisheit; dabei läßt sich immer wieder das erstaunliche Phänomen beobachten, daß man in diesem Umkreis streng «wissenschaftlich» beweisen möchte, daß die Wissenschaft Unrecht hat.

Auf der anderen Seite ist die Ägyptologie oft allzu rasch geneigt, alles Ägyptosophische möglichst zu ignorieren; sie vergißt dabei, daß es sich hier um einen Bestandteil unserer eigenen abendländischen Kultur- und Geistesgeschichte handelt, um einen Hunger nach verborgenem Wissen und nach tiefer liegenden Zusammenhängen, der von der Wissenschaft nicht gestillt wird und insofern völlig legitim ist. Und während man das antike Ägyptenbild in der Ägyptologie durchaus ernst nimmt, hat man Mühe, sein Fortleben bis in die modernsten esoterischen Strömungen und seine unglaubliche Breitenwirkung ebenso ernst zu nehmen. In der Beschäftigung mit der Ägypten-Rezeption, die sich wachsender Beliebtheit erfreut, steht die Übernahme ägyptischer Formen und Motive im Vordergrund. Die Ideologie einer spezifisch ägyptischen «Weisheit», die diese Übernahme entscheidend prägt, ist noch für Siegfried Morenz in seinem bahnbrechenden Werk *Die Begegnung Europas mit Ägypten* (1968/69) nur Qualm und Nebel, der das Wesen altägyptischen Geistes verdunkelt. So wird der esoterische Grundstrom nur punktuell sichtbar, während wir hier seinen Lauf durch zwei Jahrtausende verfolgen wollen und dabei vielfach andere Akzente setzen müssen, als es Morenz getan hat.

Die akademische Beschäftigung mit Esoterik steckt noch völlig in den Kinderschuhen und ist zu der ungeheuren Bedeutung der

Esoterik im öffentlichen Leben umgekehrt proportional. Bis heute gibt es weltweit nur einen einzigen Lehrstuhl für die Beschäftigung mit Esoterik, an der Sorbonne in Paris. Dieser Lehrstuhl wurde 1965 errichtet und zunächst von François Secret eingenommen, einem Spezialisten für christliche Kabbala; 1979 folgte ihm der Germanist Antoine Faivre, und die genaue Umschreibung seines Lehrgebietes lautete dann «Histoire des Courants ésotériques et mystiques de l'Europe Moderne et Contemporaine». Inzwischen ist offenbar eine Professur für Hermetik in Amsterdam geplant, wo sich ja auch die sehr hilfreiche Bibliotheca Philosophica Hermetica befindet. In Basel, das nicht allein durch Paracelsus und Cagliostro eine esoterische Tradition hat, sondern dazu als Druckort vieler wichtiger Werke der Esoterik firmiert, gibt es Bestrebungen, ein unabhängiges Institut für die Geschichte und Hermeneutik der Geheimwissenschaften zu errichten, und mit Carlos Gilly verfügt der Basler Lehrkörper über einen anerkannten Fachmann für die Geschichte der Rosenkreuzer. Bestrebungen zur Gründung eines Instituts für hermetische Philosophie gibt es daneben in Bamberg, und insgesamt kann man in jüngster Zeit eine starke Zunahme des wissenschaftlichen Interesses und der seriösen Literatur zur Esoterik beobachten.

Trotzdem sollte es viel mehr Brücken und weniger Berührungsängste zwischen den Fachwissenschaften und der Esoterik geben, das wäre für beide Seiten fruchtbar. Denken wir nur daran, was C. G. Jung aus seiner Beschäftigung mit Alchemie an psychologischen Einsichten gewonnen hat, wobei ich nur bedaure, daß ihm keine besseren Quellen für das alte Ägypten zur Verfügung standen; man ist in esoterischen Kreisen immer noch zu sehr auf die alten, heute überholten Werke von Budge eingeschworen und sollte mit der Zeit auch die neuere Literatur zur Kenntnis nehmen, die esoterisch durchaus manches zu bieten hat.

Das Thema, das ich behandeln möchte, gehört in den größeren Zusammenhang der Ägypten-Rezeption, die in der Ägyptologie seit einiger Zeit wachsende Beachtung findet. Zu dieser Rezeption gehört natürlich auch die Übernahme ägyptischer Formen, Motive und Themen in der bildenden Kunst, in Literatur und Musik, oder die Verwertung Ägyptens in der Werbung. Davon wird nicht oder höchstens am Rande die Rede sein. Vielmehr konzentriere ich mich auf das, was ich unter *Ägyptosophie* verstehe: die Auseinandersetzung mit einem imaginären Ägypten, das als tiefste Quelle allen Geheimwissens gilt. Es geht um Ägypten als zeitlose *Idee,* die mit der geschichtlichen Wirklichkeit nur in einem losen Zusammenhang steht.

Wir haben es hier mit einer Religion zu tun, deren Stifter und Verkünder die Gestalt des Hermes Trismegistos ist, der in einzigartiger Weise Gott und Religionsstifter in einer Person verkörpert. Unser Thema gehört also auch in die Religionswissenschaft, und wir werden uns, ganz im Sinne dieser Wissenschaft, auf eine Erforschung der Phänomene und der geistigen Zusammenhänge beschränken, ohne in irgendeiner Weise die Wahrheitsfrage zu stellen. Es geht uns also nicht um den Wahrheitsgehalt von z.B. theosophischen oder astrologischen Lehren, sondern allein um ihren Bezug auf Ägypten und zu anderen, verwandten Strömungen. Ausnahmen wird es nur dort geben, wo allzu offenkundige Widersprüche zu unserem gesicherten Wissensstand auftreten. Ohnehin ist es müßig, esoterische Wahrheiten, die allein durch Offenbarung, durch Glauben und intuitive Schau gespeist sind, wissenschaftlich «beweisen» oder widerlegen zu wollen, weil wir uns hier auf zwei völlig verschiedenen Argumentationsebenen bewegen.

Man kann sich als Wissenschaftler mit Esoterik beschäftigen, was ich hier tun möchte. Man kann als Esoteriker auch Erkenntnisse der Wissenschaft mit Gewinn heranziehen und sie in sein System einbauen. Man sollte aber unbedingt vermeiden, beide Bereiche heillos zu vermischen, wie es leider immer wieder geschieht – vor allem, wenn esoterische Lehren mit etwas Wissenschaft verbrämt und dadurch angeblich «bewiesen» werden.

Ich werde nur diejenige Esoterik behandeln, die sich auf Ägypten beruft. Daneben gibt es ja als esoterisches Vorbild schon seit der Antike Indien – Apollonios von Tyana ist in beiden Bereichen zu Hause, und wir werden der Kombination von Ägypten und Indien immer wieder begegnen. In der Neuzeit hat der Ferne Osten, daneben jetzt noch die keltische und indianische Welt, immer mehr an Bedeutung gewonnen, ganz abgesehen von den «Außerirdischen», die mächtig nach vorne drängen; diese Bereiche müssen hier außer Betracht bleiben, soweit sie sich nicht mit Ägypten überschneiden, wie es in der Theosophie der Fall ist.

Esoterik hat es mit verborgenen, oftmals ja bewußt geheimgehaltenen Wahrheiten zu tun, die nur durch Intuition oder Offenbarung erahnt werden können und sich jeder experimentellen Überprüfung entziehen. Esoterik ist eine eigene, irrationale und intuitive Denkform, die auf die All-Einheit der Natur und auf Entsprechungen innerhalb dieser Natur zielt und mit den Möglichkeiten unbegrenzter Verwandlung rechnet. Sie lebt vom Zauber des Geheimnisvollen und glaubt sich im Besitz einer höheren Bewußtseinsstufe, die den noch nicht in diese Mysterien «Eingeweihten» verschlossen bleibt. Der Rückgang religiöser Bindungen in unserer Zeit hat dazu geführt, daß sie immer mehr die Rolle einer Ersatz-Religion spielt und als Quelle praktischer Lebenshilfe angesteuert wird, womit ihr Charakter als Geheimwissen eigentlich aufgelöst ist.

2. Altägyptische Wurzeln für das «andere» Ägypten

Amenophis Sohn des Hapu, der als Günstling von Amenophis III. u.a. die Aufstellung der Memnonskolosse leitete und später als göttlicher Weiser und als Heilgott verehrt wurde, sagt auf einer seiner Statuen aus dem Tempel von Karnak (ca. 1360 v. Chr.): «Ich wurde eingeführt in das Gottesbuch, ich sah die Verklärungen des Thot und wurde ausgerüstet mit ihren Geheimnissen.»

Das sind Formulierungen, die schon ganz «hermetisch» klingen, nach Initiation in die Weisheit des ägyptischen Gottes Thot, des späteren Hermes Trismegistos, und in ein von ihm verfaßtes und offenbartes «Gottesbuch». Aber die «hermetischen» Wurzeln reichen vielleicht noch tiefer, bis zum Anfang des 2. Jahrtausends v. Chr. zurück.

Nach E. Hermsen haben Priester des Thot-Tempels in Hermopolis in der 12. Dynastie (etwa 1938–1759 v. Chr.) das Zweiwegebuch konzipiert, womit man es als ältestes «hermetisches» Werk ansprechen könnte; als erste Jenseitsbeschreibung ist es ein wichtiger Vorläufer der Unterweltsbücher aus dem Neuen Reich. Fast alle Exemplare dieses Buches stammen aus El-Bersche, wo sich die Gaufürsten des 15. oberägyptischen Gaues, also der Thot-Stadt Hermopolis, bestatten ließen. «Wahrhaftiger Sohn des Thot» nennen sie sich in ihren Inschriften. Thot galt schon in der 11. Dynastie als verkörperte Weisheit, ein Expeditionsleiter im Wadi Hammamât nennt sich «klüger als Thot», und auch sonst finden wir im frühen Mittleren Reich häufig die Betonung, man sei von Thot unterrichtet.

Im Alten Reich überwiegen noch seine gewalttätigen Züge, er trampelt als «Herr der Fremdländer» und «Herr des Gemetzels, der Asien niederwirft» (so im Wadi Charig auf dem Sinai) die Feinde nieder und assistiert dem König beim «Niederschlagen der Feinde»; in den Pyramidentexten schlägt er Köpfe ab und schneidet Herzen heraus (§ 962 f.), sein mehrfach genanntes «Messer» meint sicher die Mondsichel, die auch dem anderen Mondgott Chons als Waffe dient. Daneben aber tritt er auch schon als Richter und Bote der Götter und als Schützer des Horusauges auf, und seine «Flügel» helfen dem Verstorbenen beim Aufstieg zum Himmel. Zwielichtig wie seine Natur ist bereits seine Herkunft – nach der Erzählung über den Streit von Horus und Seth ist Thot aus dem Samen des Horus entstanden, aber von Seth geboren worden, vereinigt demnach in sich das widersprüchliche Wesen dieser ewig streitenden Brüder, zwischen denen er unentwegt vermittelt.

Die bevorzugte Darstellung des Thot ist die als Ibis oder Pavian, auch als ibisköpfiges Mischwesen. Daneben kann er, wenn auch selten, rein menschengestaltig abgebildet werden, etwa in der Chons-Kapelle des kleinen thutmosidischen Tempels in Luxor; das ist insofern bedeutsam, als man in Hermes Trismegistos später vielfach keinen Gott, sondern einen weisen Menschen sieht.

In den Sargtexten des Mittleren Reiches – religiösen Sprüchen auf den Särgen der Beamten – hören wir zum ersten Mal von einem «Gottesbuch des Thot» (III 240b, vgl. auch VII 118); jetzt setzt also die wichtige Tradition ein, die den Gott als Verfasser von heiligen Schriften sieht. Zugleich wird er, wie schon erwähnt, zum Herrn der Weisheit (V 305f. als Allwissender) und zum Herrn der Rituale und Opfer, dazu mit dem Zauber verbunden (V 315); seine richterliche Funktion macht ihn in den «Klagen des Oasenmannes» zum Schützer der Rechtsordnung.

Das Neue Reich entfaltet sein Wesen noch weiter und sieht ihn als denjenigen Gott, der für alle Kultur und alle Erfindungen zuständig ist. Deshalb kann man Pharao «Thot in jeder Beziehung» nennen, weil er die Eigenschaften des Gottes in sich vereint. Heilige Schriften werden Thot zugeschrieben oder zu Füßen seiner Statue gefunden. Im Totenbuch spielt er in vielen Sprüchen eine große Rolle, vor allem gleich im ersten Spruch, in welchem sich der Verstorbene als Thot an Osiris als den «Stier des Westens» wendet und sich durch sein Wissen legitimiert. Wo immer es göttliche Urkunden – Briefe, Dekrete, Testamente – auszufertigen gilt, amtet er als Schreiber, und als «Herr der Gottesworte» ist er ganz allgemein für die ägyptische Schrift zuständig. Dazu wacht er über Kalender und Zeitmessung. Im Bildzyklus über die Punt-Expedition der Königin Hatschepsut im Tempel von Deir el-Bahari führt er persönlich Buch über die aus dem fernen Lande mitgebrachten Produkte, und in vielen Tempelszenen schreibt er die Namen des Königs auf die Blätter des heiligen Ischedbaumes. Beim Totengericht protokolliert er das Ergebnis und bedient gelegentlich auch die Waage. Jetzt wird er, bevorzugt als Pavian, öfter in der Sonnenbarke dargestellt und amtet als «Stellvertreter» des Sonnengottes

Re. Die Nachschrift zum Totenbuch-Spruch 100 weist ihm sogar das Amt zu, die Passagiere der Sonnenbarke «beim Aus- und Einsteigen» zu registrieren.

Auch Echnaton könnte man als «Hermetiker» ansehen, da er seine neue Hauptstadt Achetaton im Gebiet des 15. oberägyptischen Gaues, des Hermopolites, errichtet, wie später Hadrian seine Neugründung Antinoopolis. Und gerade aus seiner Residenz Achetaton (Tell el-Amarna) stammt ein besonders schönes Exemplar (Kairo J. 59291) der im Neuen Reich so beliebten Statuengruppe, die einen hockenden Schreiber zu Füßen des Thot-Pavians zeigt, gleichsam in direkter Inspiration schreibend, was die Weisheit des Thot ihm offenbart. Der Vizekönig von Nubien, der unter Echnaton amtiert, und einer der führenden Bildhauer, dem wir die Berliner Büste der Nofretete verdanken, tragen beide den Namen Thutmosis, sogar mit dem ibisköpfigen Gott geschrieben. Auch in anderen Fällen scheint es, daß Thot sich unter Echnaton einer gewissen Duldung erfreute und nicht der radikalen Verfolgung der alten Gottheiten anheimfiel.

Bald nach dem Ende Echnatons entstand der Hymnus des Haremhab auf Thot. Dort ist der Gott wiederum der Allwissende, «der die Geheimnisse kennt» und das Wesen der Menschen und Götter durchschaut, der dem Sonnengott über alles, was geschieht, Meldung erstattet. Ramses IV. rühmt sich, daß er in alle Schriften des Thot eingedrungen ist, die im «Lebenshaus» (Tempelarchiv) aufbewahrt werden, und sich daraus über das Wesen des Osiris informiert hat.

Das Neue Reich gesellt Thot auch eine Gefährtin bei, in Gestalt der Nehemet-awai, «Die sich des Beraubten annimmt». Als ihr Sohn gilt in der griechisch-römischen Zeit der Hornefer, denn man teilt die Götterwelt jetzt gern in Triaden ein – Dreiheiten, die aus einem Götterpaar und ihrem Sohn bestehen. Wichtiger und älter ist die Verbindung des Thot mit der Göttin Maat, in der sich die rechte Ordnung der Welt verkörpert. Thot bringt und «prüft» (*ip*) die Maat (Maat-Hymnus im Grabe Ramses' VI.), und auf seine Verantwortung für Harmonie und Ordnung deutet auch die enge Verbindung mit dem allumfassenden Symbol des *Udjat*-Auges, vor allem im Motiv des Affen, der ein *Udjat* hält. Der Totenbuch-Spruch 167 weist mit dem «Besänftigen» dieses Auges durch Thot bereits auf seine Rolle beim Heimholen der Fernen Göttin hin. Denn im Mythos von der Fernen Göttin bewährt er seine Kunst des Vermittelns und überredet die im Zorn geflohene Göttin, wie-

Schreiber zu Füßen des Gottes Thot (als Pavian mit dem Mondsymbol), Kairo J. 59291 aus Tell el-Amarna. Nach: Edward L. B. Terrace und Henry G. Fischer, Treasures of Egyptian Art from the Cairo Museum, Boston 1970, S. 130.

der in das Niltal zurückzukehren, indem er sie in der kargen nubischen Wüste mit der Aussicht auf die grünenden Gefilde des Nillandes lockt. Die Heimkehr der besänftigten Göttin endet in allgemeinem Jubel, die Welt ist wieder in Ordnung, und Thot steht Menschen wie Göttern auch weiter hilfreich zur Seite. Millionen von sorgfältig eingewickelten Ibis-Mumien zeugen von der Verehrung für dieses heilige Tier des Thot.

In der Spätzeit wird Thot zum maßgebenden Gott im Zauber, ein von ihm verfaßter Zauberspruch zeitigt besondere Wirkung. Deshalb scheuen sich die Ägypter, wie noch Cicero weiß (*De natura deorum* III 56), seinen Namen auszusprechen. Für die Toten stellt er Geleitbriefe aus, um ihren Jenseitsweg zu ebnen, und er gilt mit Isis als Verfasser der «Bücher vom Atmen», die das Totenbuch teilweise ersetzen.

Vor allem aber vollzieht sich während der Spätzeit die Verwandlung des ägyptischen Thot in den universellen Hermes Trismegistos, den «Dreimalgrößten». Ein erster Schritt ist die Bezeichnung als «Zweimalgroßer» (ägyptisch *aa aa*), die er bereits auf einer Stele in Lausanne trägt, die in das 20. Jahr des Königs Apries datiert ist, also 570 v. Chr., und eine Landschenkung Pharaos für Thot, den «Zweimalgroßen», den Herrn von Hermopolis (im Delta) festhält. Etwa aus der gleichen Regierung stammt der Titel «Prophetenvorsteher des Thot, des Zweimalgroßen, Herrn von Hermopolis», den Anchhor trägt, Amtmann der Nitokris, einer «Gottesgemahlin» des Amun in Theben. Demotisch geschrieben erscheint dieser Beiname des Thot dann seit Dareios I., und seit dem 3. Jahrhundert v. Chr. wird er noch durch das Adverb *wer* «überaus» gesteigert, woraus sich das dreimalige «groß» seit dem späten 2. Jahrhundert v. Chr. entwickelt, parallel dazu sogar ein «Fünfmalgroßer», der u. a. im Setna-Roman belegt ist. Aus der ägyptischen Form «dreimal überaus groß» (das Ägyptische kennt keine Superlativ-Form) wird das griechische «Trismegistos», das mit einiger Verzögerung erst im 3. Jahrhundert n. Chr. erscheint, zuerst in einer Inschrift aus Achmim um 240. Damit ist der hermetische Religionsstifter geboren, der schon bald neben Moses und Zarathustra treten sollte.

Auf den parallelen Aufstieg des Imhotep in die göttliche Sphäre, in der er schließlich als Asklepios verehrt wird, werden wir bei der Behandlung der Hermetik (Kapitel 7) zurückkommen.

Da die Hieroglyphen, die Thot erfunden hat, in der späteren esoterischen Tradition eine übermächtige Rolle spielen, müssen wir

18 *Altägyptische Wurzeln für das «andere» Ägypten*

König Apries macht in seinem 20. Regierungsjahr (570 v. Chr.) dem Gott «Thot, dem Zweimalgroßen» und seiner Gefährtin Nehemetawaui eine Landschenkung. Stele in Lausanne, Musée cantonal des Beaux-Arts, Eg. 24. Photo: Yves Siza.

auch einen Blick auf diese Wurzel der Esoterik werfen. Erfunden wurden die Hieroglyphen gegen 3000 v. Chr. im wesentlichen als Lautschrift, die das umschreiben sollte, was sich in Bildern nicht ausdrücken läßt, also vor allem Namen. Obgleich sie im Ursprung somit keineswegs eine «Bilderschrift» darstellen, enthalten sie von Anfang an bildhafte Elemente, die sich im Laufe der weiteren Entwicklung verstärken. Neben den Determinativen, welche die Zugehörigkeit von Wörtern zu Bedeutungsklassen festschreiben, sind es einige alte und elementare Zeichen, die ihre Lesung einer symbolischen Deutung verdanken. Dazu gehören das geblähte Segel als Zeichen für «Hauch, Atem, Luft», der Mast für «stehen», die Kultfahne für «Gott», der Flamingo für «rot», die fest gespannte Bogensehne für «fest» oder das Ei für «innen»; in den Pyramidentexten findet sich sogar ein freigelassener Raum für «verborgen».

Von dieser Möglichkeit, Zeichen mit symbolischem Inhalt zu füllen, macht die Aenigmatische Schrift oder Kryptographie Gebrauch, die sich vereinzelt schon im Mittleren Reich findet, aber ihre eigentliche Blütezeit im Neuen Reich erlebt und dann sehr stark im Schriftsystem der ptolemäisch-römischen Zeit weitergewirkt hat. Hier können z.B. die verschiedensten Königstiere als Zeichen für *neb* «Herr» dienen: Sphinx, Löwe, Stier, Krokodil und Ichneumon. Im Gegensatz zur «normalen» Hieroglyphenschrift, die in ihren Schreibungen stets auf Eindeutigkeit zielt, wird hier bewußte Vieldeutigkeit gepflegt; das zeigt sich vor allem in der Austauschbarkeit aller Vogelzeichen, in der Vernachlässigung schwacher Konsonanten und in der sparsamen Verwendung der hilfreichen Determinative. Gern setzt man jetzt zwei gleiche Zeichen mit verschiedener Lesung nebeneinander, z.B. zwei Sterne für «Gott verehren»; in Esna finden sich als Extrem zwei Hymnen, von denen die eine fast nur mit Krokodil-Zeichen, die andere mit Widdern geschrieben ist, als Verehrung des widdergestaltigen Chnum, der als Hauptgott in diesem Tempel angebetet wurde. Für das Krokodil-Zeichen kann der Schreiber jetzt zwischen sieben möglichen Lesungen wählen.

Schon seit dem Neuen Reich können ganze Bilder als Lautzeichen verwendet werden, so im Grabe von Ramses IX. das «Niederschlagen der Feinde» für das Verbum *der* «bezwingen», ziehende Schakale mit der Sonnenbarke für das Verbum *setja* «ziehen», oder in ptolemäischer Zeit *pesedj* «leuchten» mit dem Bild der Himmelsgöttin, die sich über die Erde beugt, oder die Schreibung des

Gottesnamens Ptah mit einem Gott, der Himmel und Erde trennt, also auf das Schöpfungswerk des Ptah hinweist. Die Göttin Menhit kann man mit Zeichen schreiben, die sich ebensogut als «Die am Anfang entstanden ist» lesen lassen. Angesichts solcher Beispiele und solcher Möglichkeiten der Umwandlung spricht Sauneron treffend von «graphischer Alchemie» im Schriftsystem von Esna. In diesem Tempel begegnen allein 143 unterschiedliche Schreibungen für den Gottesnamen Chnum, den Hauptgott des Tempels (für Osiris begnügt man sich mit «nur» 73 Schreibungen)!

Horapollon gibt in seinen *Hieroglyphika*, die dem 5. Jahrhundert angehören, wie vor ihm schon Chairemon im 1. Jahrhundert, völlig korrekte Lesungen einzelner Zeichen, z. B. den Hasen als Zeichen für «öffnen» oder den Geier als Zeichen für «Mutter». Aber er versucht konsequent, diese Lesungen symbolisch und möglichst tiefsinnig zu erklären (was Chairemon noch nicht getan hatte), im Falle des Hasen etwa durch den Hinweis «denn dieses Tier hat die Augen immer geöffnet». Hinter seiner Deutung des Geiers («weil es in dieser Tierart kein Männchen gibt») steht sehr genaue Naturbeobachtung, wie Erich und Ute Winter gezeigt haben; noch heute ist es überaus schwierig, Geiermännchen und -weibchen zu unterscheiden.

Bei Horapollon finden sich viele richtige Einsichten, mit denen sich die Ägyptologie erst wieder vertraut machen mußte, wenn er etwa für «Seele» eine Schreibung mit dem Falken angibt; es ist ja auffällig und noch nicht recht erklärt, daß der Ba-Vogel, sobald er einen Menschenkopf erhält, nicht mehr wie ein Storch, sondern wie ein Falke aussieht. Manche Erklärungen beruhen, wie Thissen jetzt gezeigt hat, auch auf einem Mißverständnis der Kursivschrift. Aber es überwiegen doch die für unser Gefühl phantastischen und gekünstelten Deutungen, in denen sich zweifellos etwas von den spekulativen Gedankengängen der Priesterschaft in den Tempeln der römischen Zeit spiegelt. Ganz ähnliche Erklärungen prägen die Tiersymbolik des *Physiologus*, die so stark auf Mittelalter und Renaissance eingewirkt hat; hier begegnen wir z. B. dem Motiv der Schlange, die sich durch Abstreifen ihrer Haut verjüngt.

Durch diese späten Deutungen hat sich die ursprünglich klar gezogene Grenze zwischen Schriftzeichen und Symbol aufgelöst. So konnte das Mißverständnis entstehen, von dem sich erst Champollion gelöst hat, daß alle Hieroglyphen rein symbolisch zu «lesen» sind, und dadurch ging das Verständnis der ägyptischen Schrift vorübergehend ganz verloren. Diese Nichtlesbarkeit aber steigerte das Prestige der Hieroglyphen nur noch weiter; in ihnen mußte sich ja das Geheimwissen verkörpern, das man den Ägyptern zuschrieb.

Von den wirklich symbolischen Zeichen ist das Symbol des Uroboros, der sich in den Schwanz beißenden Schlange (ägyptisch schlicht «Schwanz im Maul» genannt), nicht als Schriftzeichen benutzt worden, hat aber ein ungeheuer reiches Nachleben gehabt. Ein wichtiger Vorläufer des Symbols ist die Schlange «Vielgesicht», die sich im ältesten Unterweltsbuch Amduat schützend um den Leichnam des Sonnengottes windet und fünf Köpfe aufweist, die den Schwanz berühren. Der «echte» Uroboros begegnet zum ersten Mal auf einem der vergoldeten Schreine Tutanchamuns, später vor allem in Zeugnissen der Magie. In der Alchemie wird die Schlange zum Drachen, und das bekannte Bild im Codex Marcianus aus dem 11. Jahrhundert in Venedig wird immer wieder als Beispiel abgebildet. Auch in der griechisch-römischen Magie, in der Gnosis und der Hermetik wird von diesem Symbol reicher Gebrauch gemacht.

Kommen wir zum Problem der Initiation im alten Ägypten, die in vielen esoterischen Strömungen als selbstverständlich vorausgesetzt wird. Die sogenannten «Osirismysterien» von Abydos werden immer wieder als Einweihungs-«Mysterien» im Sinne der hellenistischen gedeutet; aber die Quellen weisen eindeutig darauf hin, daß es öffentliche Festspiele, mit einer streng geordneten Prozession im Zentrum, und keine geheimen Mysterien gewesen sind. Nur so erklärt sich auch die Feststraße mit den unzähligen Stelen und Schreinen, dazu der allgemeine Jubel und Tanz zum Abschluß. Noch in der griechisch-römischen Zeit kennt der christliche Autor Minucius Felix (um 200) diese Mysterien als öffentliche Kulthandlungen, wenn er etwas ironisch schreibt: «Die armen Isisverehrer schlagen sich die Brust und ahmen den Schmerz der unglücklichen Mutter nach. Bald danach wird der Kleine gefunden; da freut sich Isis, die Priester jauchzen, und der Hundskopf (Anubis) wird als Finder gefeiert. Das wiederholt sich Jahr für Jahr, und trotzdem hören sie nicht auf, zu verlieren, was sie finden, und zu finden, was sie verlieren.»

Dahinter steht eine festliche Wiederholung des Mythos, den erst Plutarch um 100 n. Chr. fortlaufend erzählt hat: vom guten König Osiris, der durch seinen Bruder Seth getötet und zerstückelt wird. Heilende Weiblichkeit, in ihrer Schwester Isis verkörpert, fügt die zerstreuten Glieder zusammen und erweckt Osiris zu neuem

Leben, aus dem der Erbe Horus entspringt, der von Isis gegen alle Anschläge des Usurpators beschützt wird und am Ende das Königserbe des Osiris antreten kann.

Für die Isismysterien der hellenistischen Zeit ist das Ritual einer mystischen Einweihung gesichert, wobei auch schon drei Grade der Einweihung begegnen. Apuleius ist dafür unser wichtigster Zeuge (obgleich er als Eingeweihter eigentlich nichts verraten darf!), und sein Bericht im 11. Buch der *Metamorphosen* hat die Mysterienweisheit aller folgenden Zeiten zutiefst geprägt. In einem symbolischen Tod tritt der Myste den Göttern gegenüber und durchfährt alle Elemente. Das entscheidende Geheimnis ist die Sonne um Mitternacht, die er schauen darf und die ihm die Gewißheit vermittelt, den Tod zu überwinden. Verwandte Vorstellungen begegnen in griechischen Zaubertexten aus Ägypten, die eine Begegnung mit den Göttern und eine Überwindung des Schicksals ermöglichen wollen.

Man fühlt sich dabei an die Nachtfahrt der Sonne in den ägyptischen Unterweltsbüchern erinnert, wo sich um Mitternacht die Erneuerung der Sonne vollzieht, das Wiederanzünden des Lichtes, das «auf den Armen der Finsternis» getragen wird. Im Pfortenbuch (73. Szene) blickt man, ohne zu vergehen, dem Sonnengott direkt ins Antlitz, das hier in einer eigenen Barke durch die Unterwelt gezogen wird, während Moses nach Exodus 33 das Antlitz seines Gottes nicht sehen kann, sondern sich mit der Rückenansicht begnügen muß. Nach der Amarnazeit (um 1350 v. Chr.) kann jeder Mensch an dieser Hoffnung oder Gewißheit teilhaben, auch außerhalb der königlichen Sphäre der Unterweltsbücher; jetzt häufen sich die Szenen auf Grabwänden, Särgen und Papyri, in denen der tägliche Sonnenlauf in einem einzigen Bild verdichtet wird, meistens als weibliches Armpaar, das die Sonne hält. Aber der große Unterschied ist, daß es im alten Ägypten um eine immer wieder erneuerte Regeneration geht, im Hellenismus jedoch um Erlösung von den Zwängen des Schicksals und der Sterblichkeit, um Befreiung von der Gefangenschaft in dieser Welt.

Trotzdem gibt es erstaunliche formale Übereinstimmungen, etwa bei den Prüfungen in der Unterwelt (durch den Fährmann, bereits am Ende des Alten Reiches bezeugt, oder durch die Torwächter) oder in der Betonung, es handele sich um *geheimes* Wissen, das man für sich behalten solle; aber diese Geheimhaltung gehört, worauf Jan Assmann hingewiesen hat, zur erstrebten Wirksamkeit von magischen Texten. Der Sonnenleichnam wird als großes, unaussprechliches Mysterium behandelt, das selbst für die seligen Toten unsichtbar bleibt, während es ausgerechnet von den Verdammten erblickt wird, die in der «Vernichtungsstätte» brennen. Vor allem aber möchte man in dem geheimnisvollen «Kasten», der sich im Inneren des «Verborgenen Raumes» befindet und den Leichnam des Osiris enthält, bereits die *cista* der späteren Mysterien erblicken.

In den hellenistischen Mysterien tritt der Eingeweihte in den Sonnenlauf ein und schaut die «Sonne um Mitternacht» als tiefstes Geheimnis. Im alten Ägypten wird dies jedem Menschen zuteil, sobald er die Schwelle des Todes überschritten hat; dann nimmt er am Sonnenlauf teil, der auch für ihn, wie für das Gestirn, ständige Regeneration bedeutet; und er tritt den Göttern «von Angesicht zu Angesicht gegenüber», wie es in einem Harfnerlied im Grab des Neferhotep heißt. Man kann den nächtlichen Sonnenlauf durchaus als einen Weg der Initiation «lesen», der zur Neuwerdung des Menschen führt; aber entscheidend ist, daß er nicht von Lebenden begangen wird. Nach altägyptischer Sicht kann im Leben niemand, selbst Pharao nicht, ein Osiris werden, erst der Tod öffnet ihm diese Möglichkeit.

Am «geheimen» Wissen über das Jenseits aber kann er bereits im Leben teilhaben, indem er die entsprechenden Schriften studiert, die sich im Neuen Reich zu einer immer reicher werdenden Literatur entfalten. Dazu bedarf es keiner Initiation, und in der sozialen Struktur Altägyptens, dessen Religion ja ein Staatskult war, ist nirgendwo ein Kreis von «Eingeweihten» auch nur zu erahnen – die Priester haben *ex officio* Zugang zu den Schriften, und Pharao, der die Priester wie alle Beamten einsetzt, benötigt erst recht keine Initiation; das verbietet schon die ägyptische Königsideologie, die wir sehr genau kennen. Mehrere Könige rühmen sich, daß sie sich das nötige Wissen durch eigene Bemühung angeeignet haben, indem sie uralte Schriften studierten.

Es scheint mir bezeichnend, daß die ägyptischen «Weisheitslehren» den Stand des Schreibers verklären, aber niemals auf Priester Bezug nehmen. Der Schreiber, zugleich Staatsbeamter, ist der Wissende, dem durch seine Kenntnis der Schrift alles offen liegt. Und der Priester, der im Allerheiligsten der Tempel den Kult für die Götter zelebriert, schaut dort alle Geheimnisse des Himmels, in dem die Götter wohnen.

Das Fehlen von deutlichen Hinweisen auf Initiation im alten Ägypten wird gern dadurch «erklärt», daß es sich hier eben um

Geheimwissen handele, das vor der Öffentlichkeit verborgen gehalten wurde (noch bei den Theosophen war es ein Problem, ob man das geheime Wissen verbreiten soll oder nicht). Aber die antiken Autoren hatten nur geringe Zurückhaltung, Geheimwissen publik zu machen, und insofern muß es auffallen, daß sie neben den eindeutig hellenistischen Isismysterien nichts dergleichen überliefern. Aber es scheint ein festes Credo zu sein, daß alle modernen Einweihungsrituale ihr Urbild im alten Ägypten haben.

Da in vielen esoterischen Strömungen ein «Fall» der Menschheit aus der ursprünglich paradiesischen Befindlichkeit vorausgesetzt wird, der durch eine Erlösung kompensiert werden muß, wollen wir hier noch auf das «Buch von der Himmelskuh» hinweisen. Es ist im Umkreis der Amarnazeit (um 1350 v. Chr.) entstanden und schafft eine erste Szenerie für die spätere gnostische Erlösungslehre. Der Text begründet den gegenwärtigen, unvollkommenen Zustand der Welt, der durch ihren unvermeidlichen Alterungsprozeß eingetreten ist. Die Menschen, am paradiesischen Anfang von den Göttern noch nicht getrennt, haben sich gegen den altgewordenen Sonnengott empört. Sie werden bestraft – ein Teil geht durch das feurige Sonnenauge (die Göttin Hathor als Uräus) zugrunde; in Ägypten geschieht das Strafgericht nicht durch eine Sintflut, sondern durch Feuer. Der Rest der Menschheit wird zwar gerettet, aber durch Gottesferne gestraft, auf dem Rücken der Himmelskuh zieht sich der Sonnengott in die Ferne des Himmels zurück.

So geht das ursprüngliche Paradies verloren, das Werk des Schöpfers ist getrübt und in Frage gestellt. Streit und Tod kommen in die Welt, der ewige, lichte Tag weicht dem Wechsel von Tag und Nacht. Alles Streben richtet sich zurück auf die Einheit des Anfangs, die man wiedergewinnen möchte, um den einstigen «Fall» zu überwinden. Viele Motive des Mythos tauchen im Text des Schreines von El-Arisch wieder auf, der wohl dem 4. Jahrhundert v. Chr. angehört, und in der römischen Zeit bewahren das Buch vom Fajum und Texte des Tempels in Esna Erinnerungen an den Mythos, der somit bei der Entstehung der hermetischen und gnostischen Schriften noch bekannt war.

Im alten Ägypten hat es sicherlich noch keine Hermetik im eigentlichen Sinne gegeben, aber spätestens seit dem Neuen Reich herrschte hier ein geistiges Klima, das der Entstehung hermetischer Weisheit günstig war. Die Ägyptologie hatte in ihrer positivistischen Phase, die durch Namen wie Erman, Sethe und Gardiner gekennzeichnet ist, für dieses Klima keinerlei Gespür, ein Erman fand ägyptische Religion ohnehin eher lächerlich und abstrus. Das hat sich in der jüngeren Ägyptologie gründlich gewandelt, und damit sind jetzt wesentlich bessere Voraussetzungen gegeben, um mögliche altägyptische Wurzeln der «hermetischen» Weisheit aufzudecken.

Jan Assmann hat das im Hinblick auf den hermetischen Gottesglauben getan, dessen Wurzeln er im Gottesbild der Ramessidenzeit findet. Damals wurde, als Reaktion auf Echnatons Monotheismus, die Vorstellung von der All-Einheit des Kosmos entwickelt, von dem Einen Gott, der sich in der Vielheit verborgen hat und seinen Namen vor Göttern und Menschen geheimhält. Aber im Grunde war schon der alte Schöpfergott Atum der Eine, der Alles ist. Ramessidische Hymnen beschwören besonders eindrucksvoll die Erhabenheit dieses Gottes, so das 200. Lied im Leidener Amunshymnus:

> Einer ist Amun, der sich vor ihnen verborgen hält,
> der sich vor den Göttern verbirgt, niemand kennt sein Wesen.
> Er ist weiter entfernt als der Himmel
> und tiefer als die Unterwelt.
> Kein Gott kennt seine wahre Gestalt,
> sein Bild wird nicht entfaltet in den Schriftrollen.
> Er ist zu geheimnisvoll, um enthüllt zu werden,
> zu groß, um erforscht zu werden,
> zu mächtig, um gekannt zu werden ...
> Kein Gott kann ihn bei seinem Namen anrufen ...

Für diesen Allgott wird die neue Formel geprägt «Der Eine, der sich zu Millionen macht», für Assmann ein Vorläufer der hermetischen Formeln *Hen kai pan* «Eins und Alles» oder *Una quae es omnia* «Die Eine, die du Alles bist» für Isis; so haben die ramessidischen Theologen «die Grundlagen des hermetischen Denkens gelegt» (Moses, S. 267), und das neue Gottesbild lebt in Hymnen und magischen Texten der Spätzeit weiter, bis in die griechischen Zaubertexte aus Ägypten.

3. Fremdes Wunderland am Nil: Die antiken Autoren

Herodot aus Halikarnassos, der um die Mitte des 5. Jahrhunderts v. Chr., während der persischen Herrschaft, Ägypten bereiste, beruft sich für seine Informationen auf Priester und Schreiber in den Heiligtümern von Sais, Memphis und Theben; doch während der Ptah-Tempel von Memphis und das Delta oft erwähnt sind, bleiben Mittel- und Oberägypten ziemlich im Dunkeln, sehr wahrscheinlich kennt Herodot (anders als Diodor mit seinen ausführlichen Beschreibungen) diese Teile des Landes nicht aus eigener Anschauung, auch wenn er behauptet, bis Elephantine gelangt zu sein. Manche gehen so weit, Herodot eine Ägyptenreise überhaupt abzusprechen, aber es scheint mir doch sehr unwahrscheinlich, daß seine höchst präzisen Informationen über das Delta und Unterägypten allein vom Hörensagen und von Gewährsmännern stammen.

Seine vorherrschenden Eindrücke sind die Andersartigkeit der ägyptischen Kultur und Lebensweise, der so bizarr wirkende Tierkult und dazu die ungeheure zeitliche Tiefe dieser Kultur, die mühelos auf 300 Generationen und mehr zurückblickt. Rein äußerlich machen die Pyramiden großen Eindruck auf ihn (die Tempel von Theben hat er sicher nicht gesehen), aber sie sind noch völlig frei von jeglicher Esoterik, und zudem scheint Herodot noch nichts davon zu wissen, daß berühmte Griechen von ägyptischer Weisheit gezehrt haben. Nur von Solon, «der aus Freude am Wissen viele Länder besucht» hat, sagt er, daß er am Hof des Königs Amasis (der ja als Griechenfreund bekannt war) und bei Kroisos in Lydien geweilt habe, was allerdings zu chronologischen Problemen führt.

Zum ersten Mal finden wir bei Herodot den Synkretismus der Gottheiten, der auch die ganze hellenistische Zeit prägt. Ptah ist Hephaistos, Horus Apollo, Isis Demeter (aber später auch Hekate und Aphrodite), Neith Athena, usw. Kennzeichnend ist, daß Thot-Hermes nicht besonders hervortritt, sondern nur indirekt erwähnt ist, durch die Verbindung des heiligen Ibis mit Hermopolis (II 67). Auch wenn man Herodot noch nicht in die herme-

Herodot von Halikarnassos (um 484–425 v. Chr.). Kupferstich von Johann Georg Mansfeld (1764–1817), spätere Kolorierung. Photo: Archiv für Kunst und Geschichte, Berlin.

tisch-esoterische Tradition einreihen kann, ging von ihm in jedem Fall ein immenser Einfluß auf alle späteren Ägyptenreisenden aus.

Platon (der wenn, dann wohl 393 v. Chr. in Ägypten war) bezeugt in seinen Dialogen bereits einen regen Austausch mit dem Land am Nil. Im *Timaios* und *Kritias* überliefert er den Besuch Solons in Ägypten und seine Konfrontation mit der 9000jährigen Überlieferung der Priester, vor der die Griechen als Kinder erscheinen. In diesen Zusammenhang baut er die Atlantis-Überlieferung ein, die ja bis heute esoterische Strömungen immer wieder neu befruchtet. Der Name des versunkenen Kontinents im Westen, den man schon auf Kreta oder auf Helgoland lokalisieren wollte, könnte ägyptischen Ursprungs sein; Schenkel wollte ihn als «namenlos» (*iuti renes*) deuten, Griffiths denkt eher an «Die Große ist ihr Name» (*aât renes*), bezeichnet aber selber solche

Deutungen als ein «Glasperlenspiel». Er weist zudem auf frappante Parallelen zur «Insel des Ka» im Märchen vom Schiffbrüchigen hin, die nach der Prophezeiung des Schlangengottes ebenfalls untergehen soll; auch die genuin ägyptische Vorstellung von einem «Urhügel», der bei der Schöpfung auftaucht, hat man zur Erklärung der Atlantis-Überlieferung herangezogen.

Bedeutsam ist Platons Erzählung von «Theuth», wie er ihn nennt, als Erfinder der Schrift (im *Phaidros* und *Philebos*) – «War es ein Gott oder ein göttlicher Mensch, der zuerst das Unbegrenzte der Sprache zum Gegenstand seines Nachdenkens machte?» Dies war der kunstreiche Theuth, der «Zahl und Rechnung, Mathematik und Sternkunde, Brettspiel und Würfelspiel, ja sogar auch die Buchstaben» erfunden hat. Hier blicken wir unversehens in die Kinderstube des Hermes Trismegistos!

Den Meergeist Proteus, Sohn des Poseidon, der in echt ägyptischer Weise die verschiedensten Gestalten annimmt, um lästigen Fragern zu entschlüpfen, und schon im 4. Gesang der Odyssee mit Ägypten verbunden wird (von Goethe in der Klassischen Walpurgisnacht seines «Faust» beschworen), nennt Platon «den ägyptischen Sophisten»; bei Herodot ist Proteus ein ägyptischer König und bei Euripides Schutzherr der «wahren» Helena, die den Trojanischen Krieg im sicheren Ägypten verbringt. Sokrates schwört im *Gorgias* «beim Hunde, dem Gott der Ägypter», also beim hundsköpfigen Anubis. Auch Mumifizierung, Tierkult und Totengericht sind Platon bekannt, und wichtig ist, was er in der *Politik* (290 de) über die hohe Achtung sagt, welche die ägyptischen Priester genießen. Die bei Platon mehrfach vorkommende Verbindung von Ägyptern und Phöniziern weist auf eine noch ältere Kulturbegegnung – ägyptische Objekte und religiöse Vorstellungen wurden durch die Handelsfahrten und Koloniegründungen der Phönizier rings um das Mittelmeer verbreitet.

Zur Zeit von Platon, um 385 v. Chr., entstand das Werk *Busiris* des Redners Isokrates, eine Idealisierung der ägyptischen «Philosophie», die den Ursprung der Philosophie überhaupt bildet; Busiris ist für Isokrates König, Gesetzgeber und Kulturbringer, wie Menes für Diodor. Das Werk erwähnt auch den Aufenthalt des Pythagoras in Ägypten. Nach der späteren Überlieferung bei Iamblich soll er 22 Jahre in Ägypten verbracht haben und dort in alle Göttermysterien eingeweiht worden sein, durch die persische Eroberung (525 v. Chr.) dann auch noch nach Babylon zu den Magiern gekommen sein.

Der nächste große Name ist Diodor (ca. 80–20 v. Chr.), aus Sizilien stammend und kurz nach 60 v. Chr. in Ägypten, wobei er in seinem Bericht zum Teil aus einem sonst verlorenen Werk des Hekataios von Abdera (um 300 v. Chr.) schöpft. Er beruft sich, wie Herodot für viele seiner Informationen, auf die ägyptischen Priester, wenn er eine ganze Liste berühmter Griechen gibt (I 96), die in alter Zeit Ägypten besucht haben sollen. Die Aufzählung beginnt mit Orpheus und Musaios und erreicht mit Homer und Lykurgos die geschichtliche Zeit; es folgen Solon, Platon, Pythagoras, Eudoxos, Demokrit und Oinopides von Chios. In einigen Fällen zeigt man offenbar die Häuser, in denen diese griechischen Weisen gewohnt haben, wie es auch Strabon (17, 1, 29) für Platon und Eudoxos in Heliopolis überliefert. In anderen Fällen verweist man auf Statuen der Betreffenden und betont, daß alles, wofür sie bei den Griechen bewundert werden, aus Ägypten stamme, was Diodor ausführlich an Orpheus demonstriert. Pythagoras habe die Idee der Seelenwanderung in Ägypten aufgegriffen, und Demokrit wie Eudoxos werden mit der Astrologie in Verbindung gebracht.

Einige spätantike Autoren nennen sogar die ägyptischen Priester beim Namen, mit denen Solon und Platon verkehrt haben sollen. Homer, um dessen Heimatrecht sich viele Länder und Städte der Antike gestritten haben, wird in vielen Überlieferungen als Ägypter angesehen. Bei Plutarch, über ein Jahrhundert nach Diodor, werden als Besucher Ägyptens aufgezählt: Solon, Thales, Platon, Eudoxos, Pythagoras und Lykurgos. Eudoxos soll aus dem Ägyptischen übersetzt haben und sei sogar in Ägypten gestorben (356 v. Chr.); er hat auf jeden Fall dem ägyptischen Kalender und seinem Sonnenjahr in Griechenland den Weg bereitet.

Dabei ist es für unser Thema belanglos, ob Pythagoras und andere wirklich in Ägypten gewesen sind. Entscheidend ist der Nimbus, mit dem man diese Personen umkleiden konnte, indem man ihnen Kontakte zu Ägypten und seinen weisen Priestern zuschrieb; Iamblich behauptet, Thales habe den Pythagoras nach Ägypten geschickt, da er selber im Umgang mit den Priestern in Memphis und Theben alles das empfangen habe, weswegen er als Weiser gelte. Hier wurde immer dichter an der Legende gestrickt, daß alle Weisheit ursprünglich aus Ägypten stammt. Jacob Burckhardt weist in seiner «Zeit Constantins d. Gr.» auf «die uralte Ehrfurcht des Griechen vor der ägyptischen Priesterweisheit» hin, die seit Diodor feste Formen angenommen hat.

Dazu finden wir eine deutliche Tendenz zur weiteren Ausgestaltung dieser Überlieferung, immer neue Namen werden ins Spiel gebracht. Eine der schönsten «Informationen» gibt uns der Romanautor Heliodor (Mitte des 3. Jahrhunderts n. Chr.) in seinen *Aithiopika* (III 14); danach ist Homer ein Sohn des Hermes Trismegistos und wurde mit der Frau eines Priesters während eines Tempelschlafes in Theben gezeugt – so hätte der Dichter also eine sehr persönliche Beziehung zu Theben, das er in der Ilias besingt! Nach einer anderen Anekdote soll er das Manuskript der Ilias in Memphis erhalten haben. Solche Geschichten waren in der Spätantike verbreitet und wurden offenbar ernst genommen; sie leben auch bei byzantinischen Autoren weiter.

Nach Diodor haben die Götter ihren Ursprung in Ägypten (I 9,6). Wenn in seiner Darstellung der ägyptischen Religion Osiris und Isis im Vordergrund stehen, so hat das auf die folgenden Zeiten, noch bis in das 18. Jahrhundert, außerordentlich prägend gewirkt. Daneben tritt aber auch Hermes an mehreren Stellen seines Werkes hervor; er ist der große Erfinder, u.a. der Schrift, der Schöpfer aller Künste, und er hat auch die ersten Gesetze gegeben. An einer Stelle (I 94,1) erscheinen parallel zu Hermes auch Zarathustra und Moses – ein Dreigestirn, dem wir seitdem immer wieder begegnen, Ausdruck für den Synkretismus der hellenistischen Kulturwelt.

Die ionischen Naturphilosophen kommen bei Diodor noch nicht vor. Erst Plutarch überliefert, Thales habe von ägyptischen Priestern gelernt, das Wasser als Urgrund aller Dinge anzusehen, und von Iamblichs Zeugnis sprachen wir schon, wonach er den Pythagoras zu den ägyptischen Priestern geschickt habe. Für Anaximander gibt erst Kyrill von Alexandria (gest. 444 n. Chr.) einen Ägyptenaufenthalt an. Nach diesem christlichen Autor haben Solon und Platon in Ägypten die Weisheit des Moses kennengelernt. Die Verbindung des Thales zu Ägypten wird noch bei Josephus, Clemens von Alexandria und nochmals bei Kyrill hervorgehoben. Archimedes erscheint vereinzelt bei Diodor (V 37) mit einem Ägyptenaufenthalt.

Demokrit, den die Überlieferung auch als Magier und Astrologen sieht, hat offenbar eine Satire *Peri tôn en Hadou* geschrieben, die allerdings nicht erhalten blieb. Hier könnte man vom Titel her vermuten, daß er aus ägyptischen Jenseitsvorstellungen geschöpft hat, reicht doch z. B. die Überlieferung der Unterweltsbücher bis in die frühe Ptolemäerzeit. In die hermetische Tradition fügt sich Demokrit durch seine Sicht des Menschen als Mikrokosmos ein.

Erst in unserer Zeit, in der afrozentrischen Ideologie (Kapitel 19), ist auch Aristoteles, der große Gegenspieler hermetischen Denkens, unter die Schar der Ägyptenreisenden eingereiht worden. Keiner der antiken Autoren weiß etwas darüber, so daß sich die neue Behauptung auf Indizien in den Schriften des Philosophen stützen muß. Aber sie zeigt eindrücklich, wie die Legendenbildung noch heute weiter wuchert.

Strabon (ca. 64 v.–21 n. Chr.), die jüngste der großen Autoritäten für das antike Ägyptenbild, stammt aus Amasia in Kleinasien und bereiste kurz nach der römischen Eroberung Ägypten, um Material für seine *Geographie* zu sammeln, in der das 17. Buch Ägypten gewidmet ist. Er hat nach seiner Schilderung das ganze Niltal bis hinauf nach Philae bereist und gibt auch noch viele Informationen über «Äthiopien», d. h. Nubien, etwa über den rituellen Königsmord durch Priester, der in Meroe üblich gewesen sei (17, 2, 3). Besonders ausführlich geht er auf den Tierkult ein, und er muß auch ausgiebig das Pyramidenfeld von Giza besucht haben, wobei ihm die andere Steinverkleidung an der Mykerinos-Pyramide auffiel, während er über den Großen Sphinx nichts sagt.

Die Bauform der Pyramide hat bereits hellenistische Herrscher beeindruckt und zur Nachahmung inspiriert. Zu den letzten übersteigerten Plänen Alexanders d. Gr., die nicht mehr ausgeführt wurden, gehörte «eine Pyramide, den höchsten ägyptischen gleich» (Diodor XVIII 4,5) für seinen Vater Philipp. Seit der Mitte des 2. Jahrhunderts v. Chr. haben dann die Makkabäer für ihre Grabbauten in Palästina die Pyramidenform verwendet.

Dagegen findet die Gestalt der Sphinx erst relativ spät Beachtung. Plinius (23–79 n. Chr.) erwähnt sie in seiner Naturgeschichte (36, § 77), als vermutetes Grabmal des Königs Harmais. Bei Plutarch und bei Clemens von Alexandria erscheint sie wohl zum ersten Mal als verkörpertes Bild der rätselvollen Weisheit Ägyptens, wie dann erneut bei Pico della Mirandola in der Renaissance. Dabei beziehen sich beide Autoren auf die Sphinxalleen vor den Tempeln (die auch Strabon erwähnt), nicht auf den Großen Sphinx vor den Pyramiden von Giza, dessen Körper in der Antike von Sand zugeweht und daher nicht in seiner eigentlichen Löwenform erkennbar war. Erst der Präfekt Titus Claudius Balbillus, der unter Nero amtierte (in den Jahren 55–59), ließ den Körper vom Sand befreien, und es finden sich dann einige wenige griechische Weihinschriften von Pilgern. Plinius kann sogar genaue Maße des Bildwerks angeben. Für die Pyramiden hat er nur Verachtung – sie seien «eine unnütze und törichte (*otiosa ac stulta*) Zurschaustellung des Reichtums der Pharaonen (§ 75). Er zählt zwar alle Autoren auf, die über die Pyramiden geschrieben haben, beginnend mit Herodot, kennt aber trotzdem die Namen der Erbauer nicht oder will sie nicht kennen, um deren Eitelkeit nicht Vorschub zu leisten; so kolportiert er nur die alte Dragomangeschichte, wieviel beim Bau für Rettich, Knoblauch und Zwiebeln aufgewendet wurde. Viel mehr interessieren ihn die Obelisken, von denen einige bereits in Rom standen, und m. W. behauptet er als erster, daß sie Inschriften tragen, «die eine Deutung der Naturgegenstände (*rerum naturae*) *nach der Philosophie der Ägypter* enthalten» (§ 71); das ist 1600 Jahre später die Ansicht von A. Kircher und vielen anderen Gelehrten, aber zur Zeit von Plinius wurden Obelisken selbst in Italien noch völlig korrekt und verständlich beschriftet.

Auf jeden Fall spürt man bei Plinius einen deutlichen Widerstand gegen die esoterisch-mystische Schau Ägyptens, wie auch bei anderen Zeitgenossen; Plinius hält auch nichts von Magie. Bereits Heraklit (fr. 14f.) hatte sich gegen die Magier und Mysten gewandt, weil «die bei den Menschen üblichen Mysterien unheilig gefeiert» werden. Vor allem die tierköpfigen Gottheiten der Ägypter und der Tierkult allgemein erregen immer wieder Anstoß, ja Hohn und Spott bei antiken Autoren; auch werden sie zum Gegenstand der Komödiendichtung (Anaxandrides u.a.). Iuvenal (ca. 60–140 n. Chr.), der nach einer zweifelhaften Überlieferung von Domitian wegen seiner Kritik an einem Schauspieler nach Ägypten verbannt wurde und dort Kommandant der Garnison in Assuan war, sagt in seiner 15. Satire: «Wer weiß nicht, … welche Ungeheuer Ägypten in seinem Wahn verehrt?» und spricht dann von Krokodil, Ibis, Affe, Katze, Fisch und Hund. Dazu berichtet er empört über einen Fall von Kannibalismus, der sich im Jahre 127 in Oberägypten ereignet haben soll – ein Einwohner von Dendera sei von den feindlichen Leuten aus Ombi (Negade) gefangen und verspeist worden. Das war die andere Seite, die Ägypten den antiken Besuchern zeigte. Doch insgesamt überwog die Ehrfurcht vor den Zeugnissen der alten Kultur, vor der uralten Weisheit ihrer Priester, und das Interesse am mystischen Ägypten nahm seit dem 1. Jahrhundert wieder zu.

4. Macht und Einfluß der Gestirne

«Die Astrologie ist den alten Ägyptern fremd und ist auch bei den Griechen erst in der späteren hellenistischen Zeit zur Blüte gekommen. Sie ist dann allerdings von zwei berühmten Autoren als ägyptische Erfindung in Anspruch genommen worden, in dem Buch des Nechepso-Petosiris und von dem alexandrinischen *hierogrammateus* Chairemon, der ägyptischer Priester und stoischer Philosoph in einer Person war und sogar als Erzieher des Prinzen Nero nach Rom berufen wurde. Für alle nach Chairemon Lebenden stand fest, daß die Astrologie eine altägyptische Wissenschaft sei», schreibt R. Merkelbach im dritten Band seines *Abrasax* (S. 78). Wesentlich positiver äußert sich L. Kákosy; nach ihm «kann eine eigenständige, ursprüngliche Form der Astrologie in Ägypten schon in vorhellenistischer Zeit gefunden werden», und vor allem die Astromagie als spezieller Zweig der Zauberei sei im pharaonischen Ägypten entstanden. In den griechischen Zauberpapyri aus Ägypten wird ja immer wieder auf Gestirns-Konstellationen angespielt.

Die Ausrichtung auf das himmlische Jenseits in den Pyramidentexten des 3. Jahrtausends hätte an sich eine intensive Beschäftigung mit den Gestirnen nahegelegt; der verstorbene König ist dort ein Stern am Himmel unter den Göttern (§ 1583). Aber schon in diesem ältesten Textcorpus ist das solare Jenseits im Grunde wichtiger als das stellare, und der Schwerpunkt verlagert sich dann bald in die Unterwelt, wo als einziges Gestirn die Sonne eine überragende Rolle spielt, weil sie den Toten durch ihre Nachtfahrt zu neuem Leben verhilft.

Trotzdem wird in Gräbern und Totentempeln des Neuen Reiches immer wieder auch der Himmel einbezogen. Ältestes Beispiel ist die Astronomische Decke im Grabe des Senenmut, des engsten Vertrauten der Königin Hatschepsut, mit ihrer Abbildung der Monate und der wichtigsten Gestirne. Eine vergleichbare Decke begegnet im Ramesseum, wo ganz zentral der Affe des Thot auf einem *Djed*-Pfeiler sitzt (dem Zeichen für «Dauer») und darauf hinweist, daß Thot auch der Herr des Kalenders und der Zeitmessung ist.

Im Totenbuch zeigt die Vignette zu Spruch 135, der von der Verjüngung des Mondes handelt, den anbetenden Verstorbenen vor einem dunkelblauen Nachthimmel mit Gestirnen; ein schönes Beispiel gibt das bekannte Grab des Sennedjem in Deir el-Medine. Etwa aus der gleichen Zeit stammt eine Stele in Hannover mit einer ungewöhnlichen Gestirns-Anbetung; hier wird der ibisköpfige Thot als Mondgott (der auch als «Stier unter den Sternen» gilt) von zwei Göttinnen eingerahmt, die einen Stern auf dem Scheitel tragen, aber anonym bleiben und offenbar für das Heer der Sterne insgesamt (oder für die Dekane) stehen, denn im Text betet der Tote zum Mond-Thot und zu «den Sternen des Himmels».

Was in pharaonischer Zeit aber offensichtlich fehlt, ist der Glaube an einen Einfluß der Planeten und ihrer Konstellation. Die Planeten werden zwar mit Götternamen (die äußeren mit dem des Horus) bezeichnet, aber sie erscheinen praktisch nur in Listen und spielen für die religiösen Vorstellungen keinerlei Rolle, im Gegensatz zu Mesopotamien. Dagegen darf man in den *Dekanen* und ihrer Bedeutung eine gewisse Vorstufe der Astrologie erblicken; wir verdanken hier vor allem L. Kákosy und J. F. Quack grundlegende Aufsätze.

Dekane sind Sterne oder Sternbilder in der Nähe der Ekliptik, die durch ihren Aufgang oder ihre Kulmination die Stunden der Nacht bestimmen; alle zehn Tage (daher der Name) geht ein anderer Dekan zur gleichen Stunde auf. Sie werden bereits in den Pyramidentexten erwähnt, aber das uns vertraute System der 36 Dekane ist erst in der Ersten Zwischenzeit und im Mittleren Reich entwickelt worden, die Hauptquelle ist eine Reihe von Särgen aus Assiut. Wegen ihrer regelmäßigen Unsichtbarkeit und Wiederkehr wurden diese Gestirne für die Ägypter zu einem der vielen Sinnzeichen der Regeneration, die man sich jenseits des Todes erhofft. Im Neuen Reich treten die Dekanlisten in den königlichen Totentempeln (seit Deir el-Bahari) und an der Decke von ramessidischen Königsgräbern auf, das Material ist vorbildlich in den *Egyptian Astronomical Texts* (EAT) von Neugebauer und Parker zusammengetragen. Eine Darstellung ganz am Ende des Grabes von Ramses VI. zeigt zwei Reihen von Dekanen, die sich anbetend dem Schlußbild des Pfortenbuches zuwenden, in dem es um die Neugeburt der Sonne geht; der gleiche König betet an der Decke der oberen Pfeilerhalle den Planeten Venus als *Benu*-Phönix an (EAT III pl. 12). Als gefährliche Wesen erscheinen die Dekane bereits in den Amuletten mit Götterdekreten aus der 21. Dynastie. Der Träger des Amuletts soll dort geschützt werden «vor den sieben Sternen des Großen Bären, vor einem Stern, der vom Himmel fällt, und vor den Dekangestirnen».

In völlig neuer Gestalt treten die Dekane erstmals um 850 v. Chr. im Grabe Osorkons II. in Tanis auf (EAT III pl. 17), sowie auf zwei Armbändern des Prinzen Hornacht aus diesem Grab. Sie werden jetzt schlangengestaltig und löwenköpfig dargestellt und sind offenbar zu Schutzgöttern des Verstorbenen geworden; auf einem Armband erscheinen sie zusammen mit Osiris, Horus, Thoth, Isis und Nephthys. Für die spätere Astrologie bedeutsam ist, daß sie bereits hier mit dem Begriff *schai* «Schicksal» verbunden scheinen. Zur Funktion als Schutzgötter paßt, daß sie jetzt oder wenig später auch unter den Amuletten erscheinen. Es handelt sich vor allem um löwenköpfige Göttinnen auf einem Thron, der mit Dekanen verziert ist; nach Funden in Meroë könnte dieser Typ aus dem 7. und 6. Jahrhundert v. Chr. stammen. Auf einem Amulett der Göttin Bastet in Baltimore erscheinen sie zusammen mit Neujahrswünschen, die wir öfter auf Siegelamuletten treffen. Als Herrin der Dekane gilt wohl Sachmet, die gefährliche Göttin, die alle Krankheiten sendet und auch heilen kann und so in besonderer Weise mit dem Schicksal verbunden ist (Kákosy S. 176). Doch auch die Nilpferdgöttin, die als Thoëris wie als Ipet mit dem Himmel verbunden wird und unter dem Namen Reret als auffälliges Sternbild (Nilpferd mit Krokodil auf dem Rücken) erscheint, tritt zu den Dekanen in Beziehung; ein Halsband in Budapest mit 36 Hippo-Figuren (Kákosy, S. 186 Fig. 15) weist deutlich auf die Gesamtheit der Dekane, in deren Schutz sich der Träger begeben will. Zu ihrer Gefährlichkeit zitiert Quack (S. 100) einen Text aus Esna:

«Die ankündigen, was geschieht, die nach ihrem Wunsch am Leben erhalten und Frevler töten, ... die die Länder mit Feuer beschießen, bei deren Hervorkommen jedermann zittert ... Sie ziehen umher als Auge des Re, Boten in den Städten und Gauen, die Pfeile schießen mit ihren Mündern gegen den, den sie von fern sehen...»

Die Darstellungen auf Amuletten und *Menits* (damit bezeichnet man einen Teil des Halskragens) wird gefolgt von Abbildern der Dekane auf Tempelwänden, beginnend mit dem Hibis-Tempel in der Oase Charge, aus der Zeit von Dareios I. Es folgt der Naos der Dekane von Nektanebos I. (380-362 v. Chr.) und eine Kapelle von Ptolemaios VIII. in Deir el Bahari, wo die Dekane nur schematisch als 36 Sterne in einem Oval erscheinen, jedoch Opfer erhalten und demnach göttliche Wesen sind. Die Texte auf dem Naos sprechen vom Einfluß der Dekane auf Wasser und Wind, sie bringen die Fruchtbarkeit der Felder, können aber auch Krankheiten oder plötzlichen Tod bewirken; und sie wirken auf bestimmte Körperteile, was dann später systematisch ausgebaut wird. Ihre schützende Funktion wird auch durch Tempelstatuen von Dekanen beschworen, die vor allem aus Dendera bezeugt sind.

Das gnostische *Apokryphon Johannis* hat die viel ältere, vielleicht bis ins Neue Reich zurückgehende Vorstellung vom Einwirken der Dekane auf die menschlichen Körperteile bewahrt und beruft sich dafür auf ein «Buch des Zor(o)aster» (Codex II 19,10 aus Nag Hammadi). Quack konnte zeigen, daß sich viele der dortigen Namen ägyptisch erklären lassen, daneben kommen allerdings auch semitische und griechische vor. Die Verbindung von Körperteilen mit Sternzeichen wirkt dann lange weiter, sie gehört zur Entsprechung von Mikro- und Makrokosmos, die in der Hermetik eine so große Rolle spielt. Deshalb werden in griechisch-römischer Zeit auch Mineralien und Metalle den Dekanen zugeordnet, als eine Brücke zwischen Astrologie und Alchemie. In einem anderen koptischen Text, der Erzählung vom Tode Josephs, erscheinen dämonische, «verschiedengesichtige» Dekane im Gefolge von Tod und Teufel, von Schwefel und Rauch eingehüllt.

So hat sich hier allmählich eine Art Astral-Religion herausgebildet, die der älteren Zeit fremd war. Im Zentrum steht die griechische Idee der *Heimarmene*, des Schicksals (bzw. der Notwendigkeit, *ananke*), und die Frage, wie man das Schicksal, das einem vorausbestimmt ist und sich in der Sternen-Konstellation spiegelt, überwinden kann. In griechischen Zaubertexten, die sich selber als 8. Buch Moses' bezeichnen, findet sich ein regelrechtes Ritual, wie man eine ungünstige Geburtskonstellation «auswischen» und durch eine neue ersetzen kann – mit Hilfe des Sarapis, «denn dieser Gott vermag alles». Der Gott wird angerufen: «Schütze mich vor jedem Sternenzwang, der mich betrifft, löse auf mein widriges Schicksal», und der Suchende steigt, mit besonderen Atemtechniken, über die Planetensphären hinaus zum Fixsternhimmel und durchbricht ihn, denn in der jenseitigen Region des Ewigen wird die neue Geburtskonstellation möglich. Noch die frühen Christen hoffen, daß Jesus und die Taufe sie vom Zwang des Fatums befreien können.

Schon am Hofe der Ptolemäer in Alexandria müssen Astrologen tätig gewesen sein, welche die «importierte» Kunst schöpferisch weiterentwickelt haben. Harchebis berichtet uns auf einer Statue, die im Delta gefunden wurde, über seine Himmelsbeobachtungen, die vor allem den Planeten Venus betreffen. Er versichert, daß er die Geheimnisse der Sterne und die der Schlangen kenne, denn er war Astrologe und Schlangenbeschwörer in einer Person und wirkte wahrscheinlich zur Zeit von Ptolemaios VI. und VIII. Etwa in diese Zeit setzt man auch den Priester Petosiris als angeblichen Verfasser eines astrologischen Handbuches, das sich dazu noch auf die Autorität eines «Königs Nechepso» beruft (d. h. Necho II., 26. Dynastie?).

Der Tierkreis wird in der frühen ptolemäischen Zeit übernommen worden sein; das älteste, noch rechteckige Beispiel stammt aus einem älteren Tempel von Esna und gehört in die Zeit von Ptolemaios III./IV. Die Form einiger Zeichen, vor allem der «Ziegenfisch» für den Steinbock oder der Schütze (doppelköpfig auf einem geflügelten Pferd mit Skorpionschwanz), die Jungfrau mit der Kornähre und der Krebs, der gern als Skarabäus umgedeutet wird, weist auf babylonische Herkunft, doch wurden einige Zeichen auch ägyptisiert (etwa der Wassermann als Nilgott), und man hat den Zodiakus voll in den ägyptischen Himmel integriert. Christiane Desroches Noblecourt hat sich in mehreren Arbeiten für eine ägyptische Herkunft der Tierkreiszeichen ausgesprochen und verbindet sie mit dem Sonnen- und Osiriszyklus; sie möchte sogar bei den Tierkreiszeichen und anderen Figuren an der Kathedrale von Vézelay ägyptische Vorbilder sehen. Am bekanntesten ist der runde Tierkreis an der Decke der Osiriskapelle in Dendera, dessen Original sich im Louvre befindet; er gehört an das Ende der Ptolemäerzeit (Mitte des 1. Jahrhunderts v. Chr.), wurde aber immer wieder für uralt gehalten. Die eigentliche Blütezeit der ägyptischen Astrologie setzt jedenfalls erst mit der römischen Eroberung ein.

Ein im Jahre 11 n. Chr. erlassenes Dekret des Augustus verbietet die private Konsultation von Astrologen, während der Kaiser selber Münzen mit seinem Tierkreiszeichen prägen ließ und sein gigantisches *Solarium* auf dem Marsfeld als riesiges Horoskop konzipierte, voller kosmischer Symbolik. Sein Nachfolger Tiberius hatte große Neigungen zur Astrologie und ließ Personen hinrichten, deren Horoskop auf eine kaiserliche Zukunft hinwies. Ägyptische Astrologen spielten auch in der Folgezeit am Kaiserhof eine Rolle, vor allem Balbillus, den Nero zum Präfekten (er amtierte 55–59 n. Chr.) ernannte. Vitellius und Domitian lassen erneut Astrologen hinrichten, während sich Hadrian selber als Astrologe betätigte.

Der Tierkreis von Dendera. Nach: Mélanges Adolphe Gutbub, Montpellier 1984, pl. III (S. 112).

In die Zeit Hadrians gehören der Sarg des Heter und weitere Särge aus der Familienbestattung des Soter in Theben. Auf allen diesen Särgen ist in traditioneller Weise ein Bild der Himmelsgöttin Nut angebracht (wie bereits im Neuen Reich), aber die Göttin ist von den Tierkreiszeichen und den Stundengöttinnen umgeben; mit ihnen ist der Verstorbene in den Ablauf des Sonnenjahres hineingenommen. Auf einigen dieser Särge treten noch Symbole der Sonnenfahrt (Barken, Paviane, Skarabäus), die vier Winde und altägyptische Sternbilder (Orion, Sothis, Konstellationen des Nordhimmels) hinzu, und bei Heter sind überdies in demotischer Schrift die Positionen der Planeten eingezeichnet. Sein Horoskop läßt sich dem Oktober 93 n. Chr. zuweisen und gehört in eine Tradition, die sich bis kurz vor die Römerzeit zurückverfolgen läßt; das älteste bekannte Horoskop (in demotischer Schrift) aus Ägypten stammt vom 4. Mai 38 v. Chr., während man in Mesopotamien ein Horoskop bereits aus dem Jahre 410 v. Chr. kennt.

Das Jenseits nimmt im römischen Ägypten wieder astrale Züge an, Phänomene der Unterwelt sind an den Himmel versetzt, und sogar das Totengericht wird jetzt mit dem Sternbild Waage verbunden. Im Grab des Heter fand sich ein Exemplar des Balsamierungsrituals (Papyrus Bulaq III) mit der Verheißung, daß die Ba-Seele «im Himmel tut, was du willst, indem du mit den Sternen zusammen bist und dein Ba zu den 36 Sternen (also den Dekanen!) gehört».

Clemens von Alexandria berichtet von vier astrologischen Büchern des Hermes (Trismegistos), und eine Reihe von astrologischen Schriften lief unter dem Namen des Zoroaster um, auf den sich noch das Apokryphon Johannis für seine Lehre von der Zuständigkeit der Dekane für die einzelnen menschlichen Körperteile beruft.

Die Astrologie überdauert, wie Magie, Gnosis und Alchemie, den Sieg des Christentums. Aber die Bedeutung der Horoskope geht am Ende des 4. Jahrhunderts n. Chr. schlagartig zurück, das letzte wurde im Jahre 478 in Oxyrhynchos aufgezeichnet (Pap. Oxy. XVI 2060), obwohl der Philosoph Olympiodoros noch 564 in Alexandria Vorlesungen über Astrologie hielt. Erst mit der lateinischen Übersetzung arabischer Texte seit dem 12. Jahrhundert nahm die Astrologie einen neuen Aufschwung und fand in Europa weite Verbreitung, nachdem sie vorher schon am Hofe der Abbassiden in Bagdad geblüht hatte – kein Hof eines Fürsten ohne Hofastrologen! Um sie mit der Kirche zu versöhnen, machten Roger Bacon (1214–1294) und andere den Versuch, sie von der Bibel abzuleiten und von daher neu zu legitimieren. Jacob Burckhardt hat in seiner *Kultur der Renaissance* eindrücklich gezeigt, wie allgegenwärtig die Astrologie im Italien der Renaissance gewesen ist.

Die moderne Astrologie hat sich zwar von der früheren Verbindung mit Initiation und Mysterienweisheit gelöst, blüht aber kräftig weiter. Immer noch ist sie dem alten hermetischen Prinzip der Entsprechung von Makrokosmos und Mikrokosmos verpflichtet, und es gibt immer noch Verbindungen zur ägyptischen Geisteswelt. So wird in Frankreich eine spezielle «Astrologie égyptienne» gepflegt, die mit ägyptischen Gottheiten statt mit Tierkreiszeichen arbeitet.

5. Alchemie: Die Kunst der Verwandlung

Im Mittelpunkt der antiken Alchemie steht ein Ägypter, Zosimos aus Panopolis (Achmim), der um 300 n. Chr. wirkte. Über sein Leben wissen wir nichts, aber einige authentische Schriften von ihm blieben erhalten; er stand bei der Nachwelt in hohem Ansehen und wurde auch bei den Arabern schon im 9./10. Jahrhundert gelesen. Die Autoritäten, auf die er sich beruft, sind Hermes (Trismegistos) und Zoroastres, daneben noch Agathodaimon, der Perser Ostanes und Maria die Jüdin. Neben ihm trugen andere antike Alchemisten rein ägyptische Namen, wie Petasius (= Peteisis), Phimenas, Pebechios, oder wirkten eindeutig in Ägypten, wie schon der älteste Autor, Bolos von Mendes (vor 200 v. Chr.), und als einer der letzten der Philosoph Stephanos von Alexandria im 7. Jahrhundert, der kurz vor der arabischen Eroberung Vorlesungen über Alchemie hielt.

Die grundlegende alchemistische Schrift, die *Physika kai Mystika* des Pseudo-Demokrit, die wohl auf Bolos von Mendes zurückgeht, berichtet von der Unterweisung in einem ägyptischen Tempel (vermutlich des Ptah in Memphis), wobei die letzte Autorität «der große Ostanes» ist, ein Perser, der Demokrit und «die ägyptischen Priester» in die Alchemie einweiht. Dazu kommt die Bemühung, auch das Wort «(Al)chemie» aus dem Ägyptischen abzuleiten, etwa von *kem* «schwarz», wobei es daneben noch andere Ableitungen gibt.

Ist die Alchemie tatsächlich auf ägyptischem Boden entstanden? F. Daumas, der sich mit der Frage beschäftigt hat, vermutet ein graeko-ägyptisches Milieu als Nährboden für ihre Entstehung. Die ältesten Quellen stammen aus dem 2. Jahrhundert v. Chr. und sind durchweg griechisch. Entsprechende ägyptische Texte sind bisher nicht bekannt, aber in den griechischen Schriften werden öfter ägyptische Gottheiten genannt, vor allem Isis, Osiris und Horus, und auch die verwendeten Monatsnamen sowie bestimmte Formulierungen deuten auf Ägypten hin. Bezeichnend ist, daß Cheops (der bei Manetho in der Form Souphis erscheint) als Verfasser einer alchemistischen Schrift gilt; seine Pyramide wurde in römischer Zeit mit der Alchemie in Verbindung gebracht. Und die ägyptische

Kultur hatte es ja in ganz besonderem Maße mit dem *Stein* zu tun, denken wir an Buchtitel wie *Staat aus dem Stein* (Evers) oder *Stein und Zeit* (Assmann).

Daumas meint, daß man die Wurzeln der Alchemie bis in das Neue Reich zurückverfolgen kann. Er zitiert aus dem Dekret des Gottes Ptah für Ramses II. in Abu Simbel:

> Ich lasse die Berge dir große gewaltige und hohe Denkmäler hervorbringen. Ich lasse die Wüsten dir alle edlen Steine schaffen, um sie mit Urkunden auf deinen Namen zu gravieren...

und verweist auf ähnliche Aussagen in den späten Tempeltexten von Dendera und Esna, dazu auf die Kunstfertigkeit der Ägypter im Herstellen von künstlichen Materialien, die als Ersatz für kostbare und seltene dienten. Schon Daumas ist auch aufgefallen, wie «alchemistisch» die Inschrift des Expeditionsleiters Horwerrê aus dem 6. Jahr Amenemhats III. (etwa 1813 v. Chr.) wirkt; er schildert dort, wie er in der glühenden Sommerhitze des Sinai sich um den «Stein» (Türkis) und seine richtige Farbe bemüht und sich dabei von kundigen Bergleuten beraten läßt.

Ein wichtiges Zeugnis gibt uns Amenophis III. (1390–1353 v. Chr.) in seiner Weihinschrift am Month-Tempel von Karnak. Er spricht dort über die Errichtung eines «Gotteshauses» aus Sandstein, das «in seiner gesamten Länge mit *djam*-Gold (Elektron) gereinigt ist, seine Tore aus echtem *djam*-Gold, geschmückt mit allerlei edlen Steinen, sein ganzer Fußboden aus (normalem) *nebui*-Gold, die Türflügel aus Zedernholz, mit asiatischem Kupfer (beschlagen)»; danach gibt er eine genaue Auflistung der Materialien, die er für diesen Bau verwendet hat:

djam-Gold	31 485 2/3 *deben*
nebui-Gold	25 182 3/4 *deben*
Schwarzes Kupfer	4 620 2/3 *deben*
Lapislazuli	6 406 *deben*
Jaspis	1 731 2/3 *deben*
Türkis	1 075 2/3 *deben*
Bronze, Kupferbruch ...	
(Urk. IV 1668)	(1 *deben* = 91 g)

Eine zweite Aufstellung fügt er in seine Bauinschrift am 3. Pylon von Karnak ein, als «Gewicht dieses Denkmals»; die meisten Angaben sind zerstört, nur für Türkis (4820 *deben*) und Jaspis

(6823 *deben*) sind sie noch erhalten (Urk. IV 1729, eine weitere Liste 1731). Nie zuvor und nie danach hat uns ein ägyptischer König derart präzise Angaben über die Menge von edlen Materialien gemacht, die er für einen Bau verwendet hat. Es wird ein wahrhaft alchemistischer Eifer für das *opus* spürbar, auch wenn der «Stein» hier ein Tempelbau ist.

Ramses II. (1279–1213 v. Chr.) betont auf einer Stele aus der Nähe von Heliopolis, daß er sich persönlich um das richtige Steinmaterial für Statuen gekümmert und selber Prospektionen in den Steinbrüchen durchgeführt habe.

Sehr viel später entstanden die Texte im «Laboratorium» des Tempels von Dendera, die Philippe Derchain mit den Anfängen der Alchemie in Verbindung gebracht hat. Der Raum diente, als «Goldhaus» bezeichnet, der Fertigstellung von Kultgerät; dafür war auf göttlicher Ebene Thot (hier als «Zweimalgroßer») zuständig, also Hermes, und der König wird gleich beim Eingangsopfer Sohn bzw. Erbe des Gottes genannt. Die Göttin Hathor spricht zu ihm: «Empfange die kostbaren Materialien der Berge, um jegliches Werk im ›Goldhaus‹ zu vollenden» (Dendara VIII 132,3–8), aber natürlich waren die Laboranten nicht Könige, sondern bestimmte Priester und Handwerker, die speziell legitimiert waren, und ihre Tätigkeit umgab der Schleier des Geheimnisses. In den Mysterien des Osiris erfolgte in Dendera offenbar auch eine Transsubstantiation von Getreide in Gold (Cauville). Die Ebenen der äußeren Erscheinung und der dahinter liegenden Wirklichkeit sind noch deutlich getrennt (Derchain S. 223), erst in der späteren Alchemie wird die Grenze verwischt.

Horus von Edfu ist ein Gott, «der die Berge bildete und die Edelsteine entstehen ließ». In der Schatzkammer für wertvolle Mineralien, die sich in seinem Tempel aus ptolemäischer Zeit befindet, bieten die Berge ihre kostbaren Gaben dar: Gold, Silber, Lapislazuli, Türkis, Jaspis, Karneol, Hämatit und weitere Halbedelsteine. Die Texte aus dem «Laboratorium» des gleichen Tempels von Edfu aus der Zeit Ptolemaios' VI. enthalten zahlreiche Rezepte für die Herstellung von Weihrauch und Salböl für die Götterstatuen: «Es ist ein Geheimnis, das von keinem Menschen gesehen oder gehört wurde.» Man soll verschiedene Mixturen kochen und immer wieder kochen und dazwischen zwei Tage stehen lassen, wie in späteren alchemistischen Vorschriften; und am 7. Tag des Kochens soll man bei einem Salböl, «wenn es kocht, 2 Kite (à 9 g) von einem jeden aller echten Edelsteine dazugeben, nämlich von Gold, Silber, echtem Lapislazuli, echtem roten Jaspis, echtem grünem Feldspat, einem Türkis, echter Fayence und echtem Karneol, dabei einen jeden von diesen ganz besonders fein zerreiben». Das ist genuine Alchemie bereits im 2. Jahrhundert v. Chr.!

Mineralien waren für den Ägypter lebendige Wesenheiten, schon in den Pyramidentexten (§ 513) «wächst» der Lapislazuli wie eine Pflanze. Dazu kommt, daß der Leib der Götter aus kostbarem Material besteht, aus Gold und Lapislazuli, und so formt Ptah-Tatenen im schon erwähnten Dekret des Ptah auch den Leib des Königs entsprechend:

> Ich habe deinen Leib aus Gold gebildet
> und deine Knochen aus Bronze,
> deinen Arm aus Erz ...

Für die Darbringung von kostbaren Steinen und Metallen an die Götter verweist Daumas auf eine Basalttafel der 30. Dyn. (Kairo J. 45936), auf der in einer Opferliste Silber, Gold, Feldspat und Lapislazuli genannt sind. Was allerdings eindeutig nichtägyptische Zutat in der Alchemie ist, ist die Verbindung bestimmter Mineralien bzw. Metalle mit den Planeten; wir haben schon gesehen, daß die Planeten in pharaonischer Zeit praktisch keine Rolle spielen. Selbst die Zuordnung der wertvollen Metalle zu bestimmten Göttern, wie sie die Assyrer kannten, scheint in Ägypten zu fehlen. Als weiteres unägyptisches Element kommt die von Bolos von Mendes entwickelte Lehre von der Sympathie und Antipathie zwischen den Dingen und Substanzen hinzu.

In seiner Bearbeitung zweier früher arabischer Texte, des *Risalat as-Sirr* «Sendschreiben des Geheimnisses» und des *ar-Risala al-falakija al-kubra*, «Großes Sendschreiben der Sphären», hat Ingolf Vereno die wirklich frappanten Parallelen zwischen alchemistischem *opus* und ägyptischem Kultgeschehen herausgearbeitet, wobei in der arabischen Tradition die Alchemie als «Wissenschaft der Tempel» (*'ilm al-barabi*) gilt; die Tempel Ägyptens sind die Orte, an denen sie praktiziert wurde und wo man noch immer ihre Geheimnisse finden kann. Die Weisheit, nach der man sucht, wurde nach Zosimos von Hermes und den ägyptischen Priestern im Dunkel der Tempelräume mit symbolischen Zeichen eingraviert.

Die erste der beiden Schriften wurde, so behauptet ihr Text, in Achmim unter einer Marmorplatte in einem Grabgewölbe gefunden, in dem eine tote Frau lag; unter ihrem Kopf (es ist die Theosebeia, die «Gottselige», hinter der sich Isis verbirgt) war der Text auf einer Tafel aus Gold aufgezeichnet. Das soll in der Zeit geschehen sein, als al-Ma'mûn in Ägypten war, also im Jahre 832. Dieser Kalif, Sohn einer persischen Sklavin, war den Wissenschaften gegenüber besonders aufgeschlossen und förderte die arabische Übersetzung griechischer Manuskripte.

Der zweite Text soll unter einer Statue der Artemis, also ägyptisch der Hathor-Isis, in einem unterirdischen Gang (wohl eine Krypta) des Tempels von Dendera gefunden worden sein; er gibt sich als Sendschreiben des Hermes von Dendera, der vom Oberpriester Uwirus (für Osiris) belehrt worden sei. Verfasser des ersten Textes ist hingegen der Hermes *Budaširdi*, was Vereno auf Busiris beziehen möchte; bei al-Mas'udi ist al-Budašir jedoch ein ägyptischer Priester und König. In der arabischen Tradition gibt es ja bis zu drei Hermesse: Der erste lebte vor der Sintflut in Oberägypten und erbaute den Tempel von Achmim; der zweite wird nach der Flut in Babylon (Altkairo) angesetzt und gilt als Lehrer des Pythagoras; der dritte, ebenfalls nach der Flut, lebte in der Stadt Misr und schrieb ein Buch über Alchemie. Der erste Text gibt noch eine schöne Filiation: «Hermes, der Busirit (?), (Sohn) des Ostanes, Sohn des Hermes», so daß hier bereits im Titel gleich zwei Hermesse auftauchen. «Beides sind hermetische Offenbarungsschriften, die im hellenistischen Ägypten wurzeln», sagt Vereno (S. 183). Es gibt noch weitere alchemistische Bücher in arabischer Sprache, die Hermes geschrieben haben soll, doch ist der reiche Bestand an Handschriften noch weitgehend unerforscht. Die nur in lateinischer Übersetzung erhaltene *Turba Philosophorum* schildert eine Zusammenkunft von Schülern des Hermes, bei der Pythagoras den Vorsitz hat.

Ist schon die Auffindungsgeschichte solcher Texte typisch altägyptisch – Sprüche des Totenbuches wurden «unter den Füßen des Thot» gefunden, also unter einer Statue des Gottes (Spruch 30 B, 64 und 137 A) –, so entstammen auch die handelnden Personen dem Osirismythos und, wie sollte es auch anders sein, die Handlung selbst: Ein König zeugt nach seinem Tod, im Verwesungsprozeß (dem «schwarzen» Zustand, der *Nigredo*), den Erben, in dem er wieder auflebt. Auch die Analogie des alchemistischen Lebenswassers, des Quecksilbers, das die Farben von Silber und Gold in sich vereinigt, zum Überschwemmungswasser des Niles (das überdies gleich dem Urgewässer Nun ist) weist auf den

Hermes Trismegistos, Malerei auf Holz. Um 1740 in der Innsbrucker Hofapotheke (zwischen Hippokrates und Aesculap), jetzt Pharmazie-Historisches Museum Basel. Photo des Museums.

Osirismythos, auf den die alchemistische «Schrift der Isis an Horos» noch direkter anspielt, und das *opus* wird am ägyptischen Neujahrstag (19. Juli) zu Ende gebracht. Zosimos bezeichnet den alchemistischen Prozeß geradezu als «Osirifikation», und dem Ausfluß des getöteten Osiris werden schon in frühen Totentexten wunderbare, erneuernde Kräfte zugeschrieben. In den Sargtexten (VII 473) versichert der Verstorbene: «Ich bin gekommen, daß ich Osiris schaue, daß ich lebe an seiner Seite, daß ich verwese an seiner Seite.» Im Neuen Reich wird sogar der Sonnengott in seinem nächtlichen Aspekt in der Unterwelt als «Faulender mit verhüllter Verwesung» bezeichnet (Sonnenlitanei, 60. Anruf); die zugehörige Figur ist rot ausgemalt, unmittelbar gefolgt von einer analogen Figur «das Kind».

So läuft alles im alchemistischen Werk darauf hinaus, daß Osiris durch Verfall und Verwesung hindurch wieder zum Leben gebracht wird. Auf den Osirismythos als Darstellung des alchemischen Prozesses weist dann auch Michael Maier in seinen *Arcana arcanissima* von 1614 hin. Das schließt nicht aus, daß man den Vorgang auch ganz anders deuten kann, als Wiederholung der Weltschöpfung, als mystischen Prozeß oder im Sinne der Jung'schen Tiefenpsychologie; so oder so geht es um Verwandlung und Erneuerung und natürlich nicht um simples Goldmachen.

Das Herstellen einer Statue oder der Mumie wurde im alten Ägypten durch das Ritual der «Mundöffnung» abgeschlossen, das den vollen Gebrauch aller Sinnesorgane bewirken sollte. Dieses Ritual, mit dem jedes altägyptische *opus* seinen Abschluß fand, ist in der Alchemie durch das Zusammenfügen der vier Elemente ersetzt. In der *Tabula Smaragdina* (dazu Kap. 7) verkörpern Sonne, Mond, Wind und Erde die vier irdischen Elemente, und dazu tritt die himmlische «Quintessenz» als fünftes. Umstritten ist, wie weit man bereits im alten Ägypten die Lehre von den vier Elementen greifen kann. B. H. Stricker und andere Autoren glaubten Belege dafür zu finden, aber ein klarer Nachweis fehlt. Wenn z. B. in der Lehre für Merikarê im Hymnus auf den Schöpfergott hintereinander Himmel, Erde, Wasser und Atemluft genannt sind, so fehlt eindeutig das Element des Feuers, und andere «Belege» sind ähnlich unvollständig.

Alchemie hat es mit Umwandlung zu tun, bevorzugt von unedlen Metallen in edle. «Und alle Dinge werden zusammengeflochten, und alle Dinge werden aufgelöst, und alle Dinge werden miteinander vermischt, und alle Dinge werden zusammengesetzt, und alle Dinge werden wieder entmischt», wie es Zosimos formuliert (nach Haage S. 89). Und wenn z. B. in Dendera Getreide in Gold verwandelt wird oder beim Abendmahl Wein in Blut, so ist hier eigentlich der gleiche Vorgang gemeint. Auch alle Chemie ist ja Umwandlung, ebenso die moderne Atomspaltung, bei der auch völlig neue Elemente entstehen können, allerdings besondere Energien benötigt werden. Aber die Alchemie hat dazu noch eine Innenseite, indem sie mystische Erfahrungen in chemische Sprache umsetzt und mit dieser Sprache einen gnostischen Heilsweg zur Erlösung des Menschen nachzeichnet, wie im Aufstieg der Theosebeia durch die sieben Himmel bis zur göttlichen Lichtwelt. Was die Alchemie wiederum mit der modernen Naturwissenschaft verbindet, ist das Streben nach Herrschaft über die Natur, das Gefühl, selber in der Lage zu sein, alles umzuwandeln.

Im 9. Jahrhundert beginnt die Übersetzung alchemistischer Schriften durch arabische Autoren, aber schon im Jahrhundert davor entstanden einschlägige Traktate in arabischer Sprache, von denen einige dem Omajadenprinzen Chalid zugeschrieben wurden; 1144 übersetzte Robert von Chester (er ist auch der erste bekannte Übersetzer des Korans) erstmals ein arabisches Werk über Alchemie ins Lateinische und machte damit diese *ars nova* in Europa heimisch. Seitdem ist die Alchemie aus der abendländischen Tradition nicht mehr fortzudenken, und im 13. Jahrhundert folgte eine sprunghafte Ausbreitung. Seit der Renaissance erscheint sie aufs engste mit der hermetischen Tradition verbunden; charakteristisch ist der Titel *Musaeum Hermeticum* für eine Sammlung alchemistischer Abhandlungen von 1625. Rosenkreuzer und Freimaurer machen sich ihre bildhafte Sprache zu eigen, und noch in den letzten Jahrzehnten des 18. Jahrhunderts steht die Alchemie in hoher Blüte – so sehr, daß Kaiser Joseph II. 1785 Anlaß sieht, sie in seinen österreichisch-ungarischen Erblanden zu verbieten.

Alchemie, die Kunst der Verwandlung, hat selber viele Verwandlungen durchlaufen. Sie mündet in die «moderne Alchemie» der Atomphysik, die sogar neue Elemente herstellen kann, und in die psychologische Deutung des alchemistischen Prozesses als Läuterungsweg des Menschen. Diese erscheint schon 1865 bei dem Amerikaner E. A. Hitchcock; ihre «klassische» Form fand sie 1944 in C. G. Jungs *Psychologie und Alchimie*, wobei Jungs Quellen für das alte Ägypten nicht die allerbesten waren. Seitdem hat diese Sicht neue Wege zum Verständnis der Alchemie eröffnet, wobei man vor allem auf die Schriften von Marie-Luise von Franz hinweisen muß. James Hillman sagte in seinem Eranos-Vortrag von 1990 über den «Stein»: (Statt einer christlich-spirituellen Deutung) «lese ich lieber die Alchemie und ihre Ziele als Bilder für psychische Zustände, die stets zugänglich sind». Das alchemistische Gold und der Prozeß vom «Vergolden der Welt» werden dann zum Bild eines Zustands, der dem Verfall, der allen Dingen anhaftet, den Glanz des Unzerstörbaren verleiht.

Dazu kommen moderne Bemühungen, die Alchemie wieder stärker an das alte Ägypten anzubinden. Der von Jung beeinflußte Marburger Ägyptologe H. Jacobsohn wollte im Benben-Stein des Tempels von Heliopolis den Archetyp des «Steins der Weisen» erkennen (Eranos-Vortrag 1970), andere möchten die Weiße und Rote Krone des ägyptischen Königs als Symbole für Silber und Gold deuten (v. Lippmann), und in jüngster Zeit gibt es Bestrebungen, Wurzeln der Alchemie schon in den Unterweltsbüchern des Neuen Reiches zu erkennen. Im Grunde geht es ja um die Erneuerung der Sonne, also um das zentrale Thema der altägyptischen Unterweltsbücher. Vor allem die Vorgänge in der «Vernichtungsstätte», wo sich außer den Verdammten auch der Sonnenleichnam befindet, bieten erstaunliche Parallelen zum alchemistischen Prozeß. Hier ist der Ort, an dem die Sonne sich täglich regeneriert, wo das Licht «von den Armen der Finsternis» gehalten und verjüngt wird; hier ist die Tiefe der Welt, die alles verschlingt und auflöst, aber auch erneuert, wo aus Fäulnis und Verwesung neues Leben entsteht. Es ist zugleich der Ort der abgelaufenen Zeit, an dem alle Vergangenheit gegenwärtig ist und verwandelt wiederkehrt. Was dort ist, gehört dem Nichtsein an, geht aber fortgesetzt in neues Sein über. In diesen Abgrund der Welt muß hinab, wer auf der Spur des «Steines» ist.

6. Gnosis: Die Schöpfung als Fehltritt

Als eine der Hauptformen des spätantiken Synkretismus schöpft die Gnosis aus allen Bereichen der damaligen Geisteswelt, unter Einschluß von Ilias und Odyssee. Nachdem man eine Weile eine iranische Herkunft erwogen hatte, ist durch den Fund von Nag Hammadi von 1945, der 13 Codices und insgesamt 52 Schriften in koptischer Sprache enthält, die ägyptische Komponente wieder gestärkt worden. Mindestens zum Teil auf ägyptischem Boden erwachsen (Simon Magus, einer ihrer «Gründerväter», soll sein Wissen in Ägypten erworben haben) und mit Alexandria als einem ihrer bedeutenden Zentren, hat sie auch Vorstellungen des pharaonischen Ägypten übernommen. Es sind vor allem Elemente des Weltbildes und der Kosmogonie, wie der Ur-Ozean *Nun* oder die «äußere Finsternis», beide jetzt mit dem griechischen *Chaos* gleichgesetzt, oder *Amente* (der «Westen») für Unterwelt und Totenreich, dazu noch das System der Achtheit, das Irenaeus von Lyon in seiner Schrift gegen die Gnostiker (*Adversus haereses* 1.30.1) als aqua (*Nun*), tenebrae, Abyssus und chaos (*Heh* ?) kennt. Fraglich ist, ob die Bezeichnung des höchsten Gottes als «der Verborgene» (*kalyptos*) in mehreren Traktaten mit dem Schöpfergott Amun zusammenhängt; seine Namenlosigkeit an anderen Stellen steht jedenfalls in gut ägyptischer Tradition, ebenso die bewußt paradoxen Aussagen über den Höchsten Gott, dem im Traktat *Allogenes* (Codex XI) eine «nichtseiende Existenz» zugesprochen wird.

Auch die Aufzählung und Beschreibung der Äonen und der über sie herrschenden Archonten (die in altägyptischer Tradition tierköpfig vorgestellt sind) schöpft aus ägyptischen Quellen; Typhon (also Seth) wird hier zu einem Archon mit Eselsgesicht. Dazu kommen vor allem die unendlichen Emanationen, die aus dem nicht-seienden, unsagbaren und namenlosen Lichtgott des Anfangs hervorgehen, so wie der Urgott Atum das erste Götterpaar Schu und Tefnut von sich absondert. Dabei tritt neben den Urvater oder androgynen «Muttervater» sogleich als erste Hypostase auch ein weibliches Element, die Ennoia, Sophia oder Barbelo; wenn in manchen gnostischen Richtungen ein eigentümlicher Sexualkult gepflegt wird, so konnte man auch darin an Riten des spätägyptischen Osiriskultes anknüpfen. Der Schlangenkult in der gnostischen Sekte der Ophiten hat in der großen religiösen Bedeutung der Schlange im alten Ägypten ein Vorbild; für diese Gruppierung ist die Schlange des Paradieses der erste Gnostiker, der über das ursprüngliche Wissen verfügt und es Adam und Eva zu vermitteln sucht.

Die Gnosis arbeitet auch mit Zauberformeln, die man z. B. beim gefährlichen Himmelsaufstieg der Seele in den einzelnen Sternensphären gegen die Archonten sprechen muß, und pflegt eine Zahlen- und Buchstaben-Mystik, die sich wiederum mit der Welt der ägyptischen Zaubertexte berührt. In der *Pistis Sophia* (Kap. 136) erscheint «ein großer Drache, dessen Schwanz in seinem Maul ist», also das altvertraute Symbol des Uroboros. Neben den Gemeinsamkeiten in der Kosmogonie, zu denen noch die Phönix-Legende und die Entstehung der Seele aus Schweiß und Tränen der Archonten gehört, steht auch die Betonung des Wissens, durch das allein, in gut ägyptischer Tradition, das Heil und die Erlösung erlangt werden können, wobei es sich hier, immer wieder betont, um *geheimes* Wissen handelt; ebenso die Rolle der Namen, die bei der Schöpfung gern im Wortspiel geformt werden, etwa bei der Entstehung des Jaldabaoth und seiner Söhne.

Es gibt daneben noch direktere Bezüge auf Ägypten in den gnostischen Texten, nicht nur durch den Titel eines «Ägypterevangeliums», das in den Codices III und IV von Nag Hammadi erhalten ist. Hippolyt bezeugt ausdrücklich, daß Basilides seine Gnosis in Ägypten gelernt hat. Bekannt und u. a. auch von Augustinus verwendet, ist vor allem die Stelle im *Asclepius*, in der Ägypten als Tempel der Welt gepriesen und zugleich der Untergang seiner Religion prophezeit wird. In der «Titellosen Schrift» aus Codex II von Nag Hammadi, die sich vor allem mit Kosmogonie beschäftigt, lesen wir (170f.): «Diese großen Zeichen sind offenbar geworden allein in Ägypten. In keinem anderen Lande gibt es ein Zeichen, daß es dem Paradies Gottes gleicht.»

Auffällig scheint mir, daß sich von der negativen Einstellung gegenüber Ägypten, die das Alte Testament prägt, nichts zu finden scheint, obwohl ja Vorstellungen des Alten Testaments immer wieder eine Rolle spielen und die Spekulationen über Seth und über die Engel deutlich aus jüdischem Gedankengut entlehnt sind. Für den jüdischen Einfluß muß man daran denken, daß der Anteil der jüdischen Volksgruppe an der Bevölkerung Alexandrias in römischer Zeit auf vierzig Prozent geschätzt wird. Was aber in der

Gnosis strikt abgelehnt und verachtet wird, sind alle Gesetze, vor allem die des Alten Testamentes. Daraus entspringt nicht zuletzt der Vorwurf sexueller Freizügigkeit, welchen die Vertreter der Kirche den Gnostikern gegenüber erheben.

Der Grundgedanke der Gnosis, daß ein Teil des Göttlichen gefallen, in der Materie eingeschlossen ist und erlöst werden muß, ist allerdings ganz unägyptisch, wie die Idee eines Erlösers überhaupt. Gleiches gilt für die Weltfeindlichkeit, die negative Bewertung der sichtbaren Welt als «Schmutz», in den die kostbare Perle (oder das Gold) gefallen ist und nun auf den «Ruf» aus der Lichtwelt warten muß, um sich wieder zu befreien; die gnostischen Schriften wollen ja diesen «Ruf» vermitteln und den Menschen an seine Herkunft aus der Lichtwelt erinnern, die er vergessen hat. «Gedenke, daß du ein Königssohn bist», ruft ihm das Perlenlied aus den Thomasakten zu. Gegen den altägyptischen Wunsch nach Eintritt in den Lauf der Gestirne zu immer neuem Werden setzen die Gnostiker ihre Sehnsucht nach Befreiung von der Welt, nach Ausstieg aus dem Werden, «nicht mehr ins Werden zu kommen», wie es Hippolyt formuliert; die Gnostiker sind, modern gesprochen, «Aussteiger», und ihre Bewegung bewahrt zugleich die esoterische Tradition gegenüber der offiziellen Kirche.

Die endgültige Befreiung kommt nach ihrer Meinung jedoch erst beim Ende des Kosmos, bei der Vernichtung der Materie; da die Welt «durch einen Fehltritt» (Philippus-Evangelium) oder aus einem Irrtum entstanden sei, bedeute die Aufhebung des Irrtums auch die Auflösung der Welt, die durch Feuer aufgezehrt werde. Dieses Ende läßt nur die reine Welt des Lichtes übrig, *Nun* und Finsternis werden zerstört, so wie das Licht bereits vor der Finsternis des Anfangs und vor dem Chaos vorhanden war – «das Licht wird zurückkehren zu seiner Wurzel» («Titellose Schrift» aus Codex II). Jeder Gnostiker ist ein Funke aus dem Reich des Lichtes, der in dieser Welt der Finsternis und Selbstvergessenheit aufleuchtet; in der christlichen Gnosis wird Jesus zu einem Erlöser-Boten aus der Lichtwelt. Von den Aposteln hat Judas, der «Verräter», als einziger die Wahrheit erkannt «und das Geheimnis des Verrates vollzogen» (nach Irenaeus); er habe Christus verraten, weil dieser «die Wahrheit verkehren wollte» (Pseudo-Tertullian).

In hohem Maße zehren die gnostischen Schriften aber auch von der Gedankenwelt des Alten Testamentes, dessen Schöpfergott dabei zum Demiurgen (unter dem Namen Jaldabaoth, dessen Mutter der *Nun* und dessen Vater die Finsternis ist) herabgestuft und dem «nicht einmal unsagbaren» Lichtgott des Anfangs, dessen Existenz er ignoriert, untergeordnet wird; er ist der erste der Archonten, die aus dem Chaos hervorgingen und nun über diese Welt herrschen, ein böser Gott, der die Menschen grausam straft und seine eigenen Grenzen nicht erkennen kann. In seiner Verblendung und Selbstüberschätzung meint er, es gäbe keinen anderen Gott außer ihm, worauf ihm eine Stimme aus der «Unvergänglichkeit», also aus dem Lichtreich zuruft: «Du irrst, Samael!» – eine Spitze gegen die entsprechende Versicherung des alttestamentlichen Gottes: «Ich bin der Herr, und sonst keiner mehr; kein Gott ist außer mir» (Jesaja 45,5 und 46,9).

Die unägyptische Vorstellung der Seelenwanderung knüpft an die Pythagoräer und die Schule Platons an, war allerdings im ganzen Hellenismus weit verbreitet, ebenso der Glaube an die Macht des Schicksals (*Heimarmene*), von dem selbst die Archonten abhängig sind, und an die Vielzahl der Sphären. Der ausgeprägte Dualismus (Licht und Finsternis, das Gute und das Böse, Gott und die Materie oder Welt) orientiert sich an Persien, hier berühren sich die gnostischen und manichäischen Schriften (Mani hat seine Lehre ja im Iran entwickelt), und Zoroaster ist eine der Autoritäten, auf die man sich beruft. Der altägyptische Abstieg in die Unterwelt verwandelt sich in einen Aufstieg durch die Sphären der Gestirne, in denen sich zugleich die Macht des Schicksals verkörpert.

So stellt die Gnosis eine bunte Mischung ganz unterschiedlicher religiöser Elemente dar. Ihre Zersplitterung in zahllose Richtungen und Sekten verhinderte eine Breitenwirkung wie im Christentum und ließ der Bewegung keine Zukunft. Im 2. und 3. Jahrhundert hatte die Gnosis jedoch eine hohe Blüte, die noch über den Sieg des Christentums hinauswirkte; in koptischen Zauberformeln und in anderen koptischen Schriften leben Elemente der Gnosis noch mehrere Jahrhunderte lang weiter.

Ein Weiterleben war der Gnosis auch in der neuen Weltreligion beschieden, die Mani um die Mitte des 3. Jahrhunderts in Vorderasien begründet hatte, und die ihre Mission zeitweise von Spanien bis nach China betrieb. Mani selber kam aus einem völlig anderen Kulturkreis und war auch mit indischen Vorstellungen vertraut; trotzdem war auch für ihn, wenn man seinem Gegner Ephraim dem Syrer glauben darf, neben Platon und Jesus wiederum Hermes (Trismegistos) eine Leitfigur. In Ägypten fanden die Manichäer wohl im Gefolge der palmyrenischen Eroberung von 269 n. Chr.

Eingang, und aus dem 4. Jahrhundert stammen dann die Funde manichäischer Texte in Medinet Maadi im Fajum (1929) und in Nag Hammadi (1945). Die manichäischen Gemeinden in Ägypten haben sich nicht lange gehalten; auch die Gnostiker schienen zum Aussterben verurteilt, aber ihre Ideen tauchen im Mittelalter bei verschiedenen religiösen Bewegungen immer wieder auf, vor allem bei den Bogomilen und den Katharern. Später werden sie von Freimaurern und Rosenkreuzern als Vorläufer in Anspruch genommen, in der Romantik wieder neu entdeckt, und noch in der Theosophie und Anthroposophie ist gnostisches Gedankengut wieder lebendig, konkretisiert sich sogar in modernen gnostischen «Kirchen». Für Eric Voegelin ist die Neuzeit das gnostische Zeitalter überhaupt, und Martin Heidegger greift mit seiner «Geworfenheit» des Daseins ein altes gnostisches Stichwort wieder auf.

7. Hermetik: Thot als Hermes Trismegistos

Wir haben gesehen, daß Hermes Trismegistos in ägyptischen Quellen bereits am Ende des 2. Jahrhunderts v. Chr. vorgeprägt ist (Kap. 2), auch wenn die griechische Namensform erst im 3. Jahrhundert n. Chr. auftritt. Um die Zeitenwende oder kurz danach entstanden die Schriften des *Corpus Hermeticum,* von denen uns eine Sammlung von 18 Texten erhalten blieb, dazu eine lateinische Übersetzung eines der Traktate, die unter dem Namen des *Asclepius* läuft, und weitere Fragmente im Sammelwerk des Johannes Stobaios (5. Jahrhundert) und bei den frühen Kirchenschriftstellern.

Neuerdings ist ein demotisch, d. h. in der späten Alltagsschrift, verfaßtes «Buch des Thot» aufgetaucht, das wohl im 1. Jahrhundert v. Chr. entstanden und auf mehreren Papyri des 2. Jahrhunderts n. Chr. erhalten ist. Es überliefert einen Dialog des Thot und des Osiris mit einem Schüler; Thot informiert dabei über Dinge der Unterwelt, der Ethik, der heiligen Geographie Ägyptens, über geheime Sprachen und Mysterien. Der Traktat ist in seiner Thematik stark unterweltlich geprägt, während der eigentlich hermetische Weg zur Unsterblichkeit eher empor zum Himmel führt. Aber sonst gibt es viele Übereinstimmungen mit der griechischen Hermetik, und ein Fest des Imhotep, das erwähnt ist, bringt indirekt auch den Asklepios ins Spiel. Einmal wird der Name des Thot mit dem dreifachen Adjektiv «groß» (*wer*) versehen, also im Grunde bereits als Trismegistos gesehen.

Neben Hermes Trismegistos ist eine weitere prominente Figur in diesen Schriften der schon erwähnte Asklepios, in welchem der vergöttlichte Weise Imhotep (griechisch Imuthes) weiterlebt. Durch den Fund einer Statuenbasis des Königs Djoser (um 2650 v. Chr.) mit Titeln und Namen des Imhotep ist dieser seit 1926 als historische Figur erwiesen, woran man vorher gezweifelt hatte. Er galt als Verfasser der ältesten Weisheitslehre und als Prototyp des Weisen überhaupt. Als eigentlicher Gott, mit Tempel, Priestern und theophoren Personennamen, begegnet er seit der 26. Dynastie und wird dann als Heilgott mit dem griechischen Asklepios (lateinisch Aesculap) gleichgesetzt.

Als Zentrum seiner Verehrung erscheint Memphis, wo unter dem Sand der Nekropole von Saqqara sein Grab liegen muß; der erfolgreiche englische Ausgräber Emery hoffte es zu finden, und in den 1960er Jahren wurde fast jedes Jahr in der Presse die Entdeckung des Grabes neu gemeldet, aber sie ist bis heute nicht gelungen. Ein anderes wichtiges Kultzentrum des Imhotep lag im Tempel der Hatschepsut in Deir el-Bahari, der in der Spätzeit zu einem Pilgerzentrum wurde; der Kult strahlte in der ptolemäischen und römischen Zeit auch bis nach Nubien aus. Ein charakteristisches Zeugnis ist die sogenannte «Hungersnotstele» auf der Nilinsel Sehel bei Assuan aus ptolemäischer Zeit (um 200 v. Chr.). Im Text wendet sich König Djoser wegen einer Hungersnot an Imhotep, der zur «Priesterschaft des Ibis» gehört und sich prompt im «Lebenshaus» von Hermopolis die nötigen Informationen über die Ursache der Hungersnot verschafft, um sie Djoser zu übermitteln. Eine Intervention des Katarakten-Gottes Chnum bringt dann die Rettung und hat eine große Schenkung an den Gott zur Folge.

Dem Hohenpriester von Memphis Pascherienptah und seiner Gemahlin Taimhotep verhilft Imhotep im Jahre 46 v. Chr., unter der Herrschaft der Kleopatra, zu dem sehnlichst gewünschten Sohn, der dann auch den Namen des Gottes erhält. Das Ehepaar hatte vorher im Gebet Imhotep als den angerufen, «der einen Sohn gibt dem, der keinen hat». In dieser späten Zeit gewinnt Imhotep in Memphis größeres Ansehen als der bisherige Hauptgott Ptah.

In einem griechischen Horoskop aus dem Jahre 138 n. Chr. werden Hermes und «Asklepios, der Imuthes ist», nebeneinander genannt, und «Asklepios der Imuthes» wird ebenso im hermetischen Traktat *Kore Kosmou* genannt. Clemens von Alexandria (Stromateis I 21) kennt «Hermes den Thebaner und Asklepios den Memphit» als Menschen, die durch irdischen Ruhm zu Göttern wurden; ganz ähnlich formuliert es Kyrill von Alexandria im 5. Jahrhundert n. Chr. Der «Asklepios von Memphis» erscheint auch in einem griechischen Zauberpapyrus (Nr. 131) des Britischen Museums, und noch Ammianus Marcellinus (XXII 14,7) und Hieronymus (348–420) kennen den Kult des Aesculap in Memphis. Erwähnen wir noch, daß Synesios (um 400 n. Chr.) sein Lob der Kahlköpfigkeit mit Asklepios verbindet, der als Heilgott ja weiß, was gesund und bekömmlich ist, und der stets ohne die übliche Götterperücke dargestellt wird.

Die Ikonographie des Imhotep, als sitzender Schreiber mit einer Papyrusrolle auf dem Schoß, hat sogar die bildliche Vorstellung von

Thronender Imhotep mit der Schriftrolle auf den Knien, Bronzestatuette der Spätzeit, Privatsammlung Genf. Photo: Claire Niggli.

Hermes Trismegistos beeinflußt. Wildung zitiert in seiner Monographie über Imhotep auf S. 115 eine Beschreibung aus dem sogenannten Krates-Buch (9. Jahrhundert?):

> Da sah ich einen Greis, den Schönsten der Menschen, auf einem Sessel sitzen; er war in weiße Gewänder gehüllt und hielt in seiner Hand eine Tafel, auf der ein Buch lag... Als ich fragte, wer dieser Greis sei, erhielt ich die Antwort: «Es ist Hermes Trismegistos, und das Buch vor ihm ist eines von jenen Büchern mit der Erklärung der Geheimnisse, die er vor den Menschen verborgen hat.»

Ausführlicher und komplizierter wird diese Vision von dem arabischen Alchemisten Ibn Umail (900–960) geschildert (ibid.

S. 110f.). Sie spielt sich in einem Tempel ab, und Ibn Umail beschreibt zuerst die geflügelten Schutzwesen an der Decke, dann die Reliefs an den Wänden, deren Figuren auf ein Steinbild zeigen, das im Inneren des Tempels thront. Der Thronende hält in seinem Schoß eine Tafel mit dem Bild zweier Vögel, die einen Kreis in der Art des *Uroboros* bilden, dazu Mond und Sonne. Die Statue mit ihrer Tafel wurde in alchemistischen Werken des 16. und 17. Jahrhunderts immer wieder abgebildet. Neben diesem idealen Bild des Weisen steht ein phantastisches Drachenbild des Mercurius = Hermes Trismegistos, das 1589 in *Della tramutatione metallica* von Giovanni Battista Nazari veröffentlicht wurde und Hermes als ein mythisches Mischwesen vor Augen stellt.

Die Traktate des *Corpus Hermeticum* geben sich als direkte Verkündigung des Hermes Trismegistos, als Dialoge des Hermes mit seinem Sohne Tat (Thot!) oder mit Asklepios; daneben gibt es auch Dialoge der Isis mit ihrem Sohn Horus, wie in alchemistischen Traktaten. Hier werden kosmokritische Ansätze im Platonismus weiterentwickelt, vieles steht den gnostischen Lehren nahe (die Hermetik wird ja gern als «heidnische Gnosis» bezeichnet), und im Corpus von Nag Hammadi fanden sich denn auch zusammen mit gnostischen Traktaten ein «Asklepios» und eine hermetische Schrift über die Achtheit (Codex VI). Nach einer Notiz in diesem Codex waren um die Mitte des 4. Jahrhunderts zahllose hermetische Schriften in koptischer Sprache in Ägypten in Umlauf.

Die Annahme einer vorwiegend iranischen Herkunft, wie sie Reitzenstein und andere vertreten haben, ist inzwischen wohl allgemein aufgegeben, wie auch die Ableitung aus der griechischen Philosophie. Vor allem Bruno H. Stricker hat sich für ägyptische Herkunft ausgesprochen; er dachte sogar ganz konkret daran, daß Ptolemaios I. alte esoterische Lehren der ägyptischen Priester aufzeichnen ließ, so wie damals das Alte Testament ins Griechische übertragen wurde. Deutlich ist auf jeden Fall, daß der *Asklepios* mit seiner apokalyptischen Zukunftsvision in uralter ägyptischer Tradition steht, die mit den «Mahnworten des Ipuwer», den Prophezeiungen des Neferti und ähnlichen Schriften des Mittleren Reiches ihren Anfang nimmt und mit dem «Töpferorakel» in die ptolemäische Zeit hineinreicht. Es finden sich auch direkte Anspielungen auf die altägyptische Religion. Nach dem Traktat *Kore Kosmou*, der vor allem Isis verherrlicht, haben Isis und Osiris die Bücher des Hermes Trismegistos gefunden und ihren Inhalt, der alle Kultur und Religion begründet, an die Menschen weitergereicht; das Ende dieses Traktats zählt dann ihre Wohltaten für die Erde und ihre Bewohner auf. Und der Traktat VI 6 aus Nag Hammadi soll nach einer Anweisung des Hermes Trismegistos «für den Tempel von Diospolis (Theben) *in Hieroglyphen* aufgeschrieben» und in Stelen eingraviert werden.

Eine einheitliche und verbindliche hermetische Lehre gibt es nicht, aber ein Eckstein ist die Einsicht, daß alles Wissen durch Offenbarung, nicht durch den Verstand gewonnen wird. Gegen das «Wortgetöse» der griechischen Philosophie wendet sich der Traktat XVI im *Corpus*. So geht es darum, wieder zum geheimen, einstmals offenbarten Wissen der alten Meister vorzudringen, und der Meister aller Meister ist Hermes Trismegistos. Deshalb muß das uralte Wissen sorgfältig bewahrt werden, auch wenn es nicht mehr verstanden wird, denn in ihm müssen sich die ursprünglichen Offenbarungen greifen lassen. So ist die «praktische» Hermetik weitgehend kompilierende Wissenschaft, die ihre Bausteine aus uraltem Faktenwissen zusammenträgt und weitergibt; ihre Vertreter tummeln sich als eifrige Arbeiter im Steinbruch des durch Jahrtausende angehäuften Wissens.

Nach der *Kore Kosmou* haben die Götter den ägyptischen Priestern drei Künste verliehen: Philosophie und Magie für die Seele, die Heilkunst für den Körper. Der Rest ist gnostische Heilslehre: Vom Weltschöpfer Nous wurde der Urmensch gebildet, der selber als schaffender Demiurg tätig wird, aber durch die Planetenzonen zur Erde hinabsteigt, wo er von der Materie festgehalten wird. Nur wer sich selber erkennt, kann sich aus diesen Fesseln befreien und nach dem Verlassen des Körpers durch die Planetenzonen hindurch wieder emporsteigen bis zur 8. Region der Achtheit, der Ogdoas. Die höchste erreichbare Inkarnation findet er unter den Fixsterngöttern. Der gnostische Erlöser fehlt, vielmehr befreit sich der Mensch selber, und wir treffen im *Corpus Hermeticum* auch nicht den Dualismus der gnostischen Texte. Zwar gibt es den Unterschied zwischen Schöpfer und Demiurg, aber der letztere ist nicht der «böse Gott» der Gnosis. Im koptischen *Asklepios* findet sich die ganz ungnostische Beteuerung, der Kosmos sei gut (*agathos*), wie auch sonst die gesamte Natur als göttlich angesehen wird. Das Ziel wird im *Corpus* I,3 so formuliert: «Ich möchte das Seiende begreifen und seine Natur verstehen und Gott erkennen.»

Die Hermetik gibt sich als eine Religion ohne Tempel und Kult (im Gegensatz zu den Gnostikern, die ja eigene Kultformen entwickelt haben), aber sie schließt sich an die noch vorhandenen ägyptischen Tempel an, und Kákosy hat vermutet, daß es in den ägyptischen Tempeln der Spätantike hermetisch orientierte Kreise gab, in denen man auch die Verehrung des Imhotep (als Asklepios) weiter pflegte. Jedenfalls wurden die hermetischen Schriften auch in Oberägypten gelesen, wie der Fund von Nag Hammadi zeigt. «Bücher des Hermes» werden erstmals bei Plutarch (46–120 n. Chr.; De Is. 61), dann bei Clemens von Alexandria (Stromateis VI 4, 35–37) erwähnt, bei letzterem sind es 42 Bücher.

Da Hermes Trismegistos nicht als Gott galt, sondern als Mensch, können ihn auch christliche Schriftsteller anerkennen und seine Lehren anwenden. Für Laktanz (im 3. Jahrhundert), der ausführlich hermetische Quellen benutzt, ist er ein heidnischer Weiser, der Christus angekündigt hat, für Tertullian «der Lehrer aller Naturkundigen». Auf Augustinus kommen wir noch zurück.

Die Sabier in Charran, die unter dem Islam eine Heilige Schrift benötigten, um als «Volk des Buches» zu gelten, erhoben im 9. Jahrhundert das *Corpus Hermeticum* zu einer solchen Heiligen Schrift und haben damit zum Fortleben hermetischer Schriften bei arabischen Autoren beigetragen. Als Beispiel eines solchen Traktats hat M. Ullmann das Schlangenbuch des Hermes Trismegistos veröffentlicht, einen Dialog des Hermes mit Asklepios. Darin berichtet er u. a., daß sein Großvater, der «Hermes der Hermesse», die Tempel in Ägypten erbaut und in ihnen zeitlos gültiges Wissen niedergelegt habe. Ähnliches berichten auch andere arabische Autoren, wobei Al-Idrisi (gest. 1165) betont, daß Hermes auf diese Weise sein Wissen über die Sintflut hinüberretten wollte. Speziell der Tempel von Achmim sei von Hermes «viele Jahre vor der Sintflut erbaut» worden (Ibn Duqmaq, gest. 1407), und auf seinen Wänden sei «das gesamte Wissen der Ägypter an Alchemie, Magie, Talismanen, Medizin, Astronomie und Geometrie niedergelegt» (Al-Maqrizi, gest. 1442).

Die *Tabula Smaragdina*, auch «Kybalion» genannt, die angeblich im Grabe des Hermes Trismegistos unter einer Statue des Hermes gefunden wurde (als Finder gilt dabei Balinûs, d. h. Apollonios von Tyana), hält man heute für das Werk eines arabischen Alchemisten des 8. oder 9. Jahrhunderts. Der lateinische Text wurde 1541 erstmals gedruckt, und kein Geringerer als Isaac Newton verfaßte am Ende des 17. Jahrhunderts, im Zusammenhang mit seinen alchemistischen Studien und Experimenten, einen Kommentar dazu, der allerdings ungedruckt blieb und als Manuskript im King's College Cambridge aufbewahrt wird. B. J. T. Dobbs, der auf

Illustration zur Tabula Smaragdina. Zusatz zu einem holländischen Nachdruck von 1775 von G. von Welling, Opus mago-cabalisticum, in der Bibliotheca Philosophica Hermetica in Amsterdam. Photo: Thomas Hofmeier.

diesen Kommentar aufmerksam machte, sagt über den Text der Tabula: «Obwohl diese verdichtete und kryptische Komposition weltberühmt ist, bleibt sie praktisch unverständlich.» Dabei ist diese Vieldeutigkeit durchaus gewollt.

Trotzdem oder gerade deshalb gilt dieser kurze Text als «Glaubensbekenntnis» der Alchemie und darüber hinaus der gesamten Hermetik. Wir lesen dort: «Wahrhaftig, ohne Lügen, sicher und am allerwahrsten: was hier unten ist, ist gleich dem, was droben ist, und was droben ist, gleich dem, was hier unten ist... Und gleichwie alle Dinge von Einem geschaffen sind, so kommen alle Dinge von diesem Einen her... Sein Vater ist die Sonne, seine Mutter der Mond; der Wind hat es in seinem Bauch getragen, seine Amme ist die Erde ...»

8. Das Ägypten der Zauberkünste

Bereits im Alten Testament erscheint Ägypten als Land des Zaubers und der Magie. Dieser Ruf ist ihm bis heute geblieben. Alle großen Zauberkünstler versucht man mit Ägypten in Verbindung zu bringen. Pythagoras wird die Kunst ägyptischer Zauberer zugeschrieben, Vögel vom Himmel zu holen, in seinem Falle einen Adler. Die Auferweckung Verstorbener macht einem ägyptischen Zauberer wie dem Zatchlas, von dem uns Apuleius (II 28 f.) berichtet, auch keine Mühe; hier konnte man an das Vorbild der Wiederbelebung des Osiris durch Isis anknüpfen.

Eine eigene Tradition bildet das Motiv vom Zaubererwettstreit, das bereits im pharaonischen Ägypten äußerst populär war. Wir finden es zuerst in den Geschichten des Papyrus Westcar aus dem Mittleren Reich, dann im Alten Testament beim Wettstreit von Moses und Aaron mit den ägyptischen Zauberern (Exodus 7) und schließlich im demotischen Setna-Roman. Ein demotisches Fragment der Carlsberg-Papyri in Kopenhagen berichtet von einem Zauberwettstreit des Imhotep mit einer fremden Königin; mit Imhotep = Asklepios befinden wir uns wieder in «hermetischer» Umgebung. Und noch in christlichen Legenden triumphieren Heilige über die heidnischen Zauberer, so wie ein junges christliches Mädchen dem großen Zauberer und Teufels-Adepten Cyprian trotzt und ihn bekehrt.

Besondere Zauberkunst schrieb man den Nubiern bzw. «Äthiopen» zu. Im Brief Amenophis' II. an seinen Vizekönig Usersatet, den dieser auf einem Denkstein «veröffentlicht» hat, warnt der König seinen alten Kriegskameraden: «Traue ja nicht den Nubiern, sondern hüte dich vor ihren Leuten und vor ihren Zaubereien.» Im Setna-Roman wird sogar der Pharao durch Zauberkraft nach Nubien fortgeholt und dort mit 500 Peitschenhieben traktiert; Thot persönlich muß den Ägyptern zur Revanche verhelfen, so daß sie mit dem nubischen Häuptling ebenso verfahren können. Bei Plutarch beteiligt sich «eine Königin aus Äthiopien» an der Verschwörung des Seth gegen Osiris, wobei sicher Zauber mit im Spiele ist.

Aber der wirksamste Zauber geht direkt von Thot aus. Deswegen soll man Zaubernamen «mit Hermestinte» schreiben (PGM I 14), und im Setna-Roman geht es um die Suche nach einem Zauberbuch, das Thot mit eigener Hand geschrieben hat. «Zwei Sprüche sind darin aufgezeichnet: Wenn du den ersten Spruch aussprichst, bezauberst du den Himmel, die Erde, die Unterwelt, die Berge und die Gewässer. Auch verstehst du alles, was die Vögel des Himmels sprechen, und die Tiere, die auf der Erde kriechen, und du siehst die Fische der Tiefe... Wenn du aber den zweiten Spruch aussprichst, während du im Totenreich bist, so wirst du wieder deine irdische Gestalt annehmen und auf der Erde sein. Du wirst den Sonnengott Re am Himmel erscheinen sehen mit seinem Götterkreis und den Mond aufgehen in seiner jeweiligen Gestalt.»

Schon im Neuen Reich drang die Magie immer stärker in die medizinischen Schriften ein; Heilungszauber wurde neben dem Liebeszauber zur populärsten Form der Magie. Diese soll aber in erster Linie Schutz spenden, und diesem Ziel dienen die in der Ramessidenzeit aufkommenden, in der Spätzeit dann sehr verbreiteten Horusstelen, deren bekannteste die Metternichstele im Metropolitan Museum of Art in New York ist. Hier wird der jugendliche Horus als *Sched* («Retter») zum Bezwinger aller gefährlichen Tiere, vor allem der Schlangen, Skorpione und Krokodile. Der wirksame Zauber, mit welchem Isis ihr stets bedrohtes Horuskind beschützt hat, soll sich immer wieder neu bewähren. Eine Statue der stillenden Isis (*Isis lactans*) in der Wiener Sammlung zeigt auf der Rückseite eine Horusstele. Und im Text dieser magischen Stelen ist häufig Thot der Sprecher, der sich die Errettung des Horus zuschreibt.

In einer Episode der Metternichstele kommt er aus der Sonnenbarke heraus der flehenden Isis zu Hilfe, die in ihrer Not sogar die Sonne zum Stillstand gebracht hat. Dieses Anhalten der Sonne (und damit der Zeit) findet sich noch bis in christliche Texte als *ultima ratio* des Zauberers, und zäh hält sich auch das alte Motiv, zur Erreichung des Zieles mit dem Untergang der Welt zu drohen, den der Zauberer bewirken will. Heilige Tiere werden ertränkt, um ihre Totenseele dem erhofften Ziel dienstbar zu machen – die Liebe einer Frau zu erringen oder einer bestimmten Person zum Sieg im Wagenrennen zu verhelfen. «Nimm einen Kater und mach ihn zum Osiris, indem du seinen Körper ins Wasser steckst», heißt es in einer magischen Anweisung (PGM I 33 f.); hierzu paßt der Anruf des «Katergesichtigen», einer alten Erscheinungsform des Sonnengottes. Zauberbücher spielen in den späten Tempeln eine

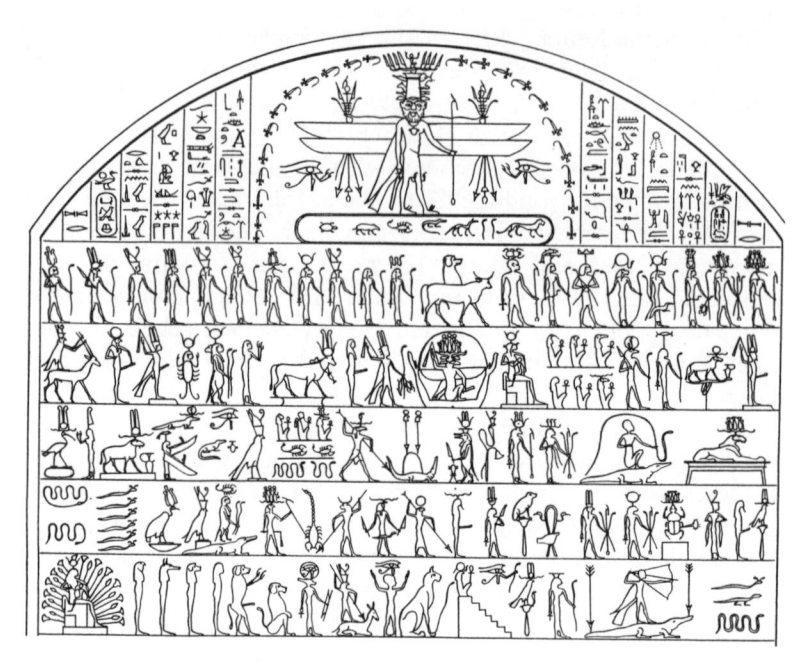

Magische Götterfiguren auf der Metternichstele im Metropolitan Museum of Art, New York. Nach W. Golenischeff, Die Metternichstele in der Originalgröße, Leipzig 1877, Taf. III.

größere Rolle als früher, weil magischer Schutz den bisherigen staatlichen Schutz mindestens zum Teil ersetzen mußte.

Neu ist im Zauber der ptolemäisch-römischen Zeit die Beschwörung von Toten, wobei sich ein Beispiel auch im Setna-Roman findet; an sich aber gehört die Nekromantie nicht zur altägyptischen Magie, man läßt den Toten ihre Ruhe oder wendet sich höchstens mit Briefen an sie. Neu sind ferner Gestalt und Name des Abraxas/Abrasax, der auf magischen Gemmen als Wesen mit Hahnenkopf und Schlangenfüßen erscheint, wobei schon im Grabe Ramses' VI. der Sonnengott mit Schlangenfüßen dargestellt wird. Auch Abrasax, den C.G. Jung in seinen *Septem Sermones ad Mortuos* als «furchtbare» Gottheit anspricht, ist eine solare Gottheit, identisch mit dem obersten Gott Iao, dem alttestamentlichen Jahwe; der Zahlwert 365 der griechischen Buchstaben des Namens identifiziert ihn dazu mit der Zeit. Fraglich ist noch die Herkunft des Akephalos, des «kopflosen» Gottes, der in den griechischen Zauberpapyri und auf Amuletten erscheint;

Das Ägypten der Zauberkünste 65

Neunköpfiger Weltgott im Uroboros. Nach der Beschreibung in einem magischen Papyrus um 300 v. Chr. gezeichnet von Andreas Brodbeck.

Preisendanz wollte in ihm Osiris-Onnophris (eine Form des Osiris) erkennen. Häufig begegnen der jugendliche Harpokrates («Horus das Kind») sowie die Symbole des Uroboros (gern auf magischen Gemmen) und des Udjat-Auges, das ja uralte apotropäische Wirkung hat.

Besonders reizvoll ist eine weitere Neuerung der jüngeren Zaubertexte, die auf die Gewinnung eines dienstbaren Geistes abzielt, sozusagen ein *Uschebti* (Totendiener) für Lebende. In einem Berliner Papyrus des 4./5. Jahrhunderts (P. 5025) wird mit einem Falkenkopf gezaubert und aus einem zerfließenden Stern ein Engelwesen hervorgeholt, das nun dem Zauberer zur Verfügung steht. Es entfernt oder unterwirft ihm andere Leute, verursacht Wind, verschafft Schätze, öffnet Türen, macht unsichtbar, gestaltet prachtvolle Gastmähler, bewirkt die Liebe von Männern und Frauen und noch vieles andere; nach dem Tod des Zauberers nimmt der dienstbare Geist dessen Seele mit sich in die Luft, da er ein Luftgeist ist.

Lukian (ca. 120–185), der in höherem Alter als römischer Beamter in Ägypten weilte, hat in seinem *Philopseudes* «Der Lügenfreund» das Motiv vom «Zauberlehrling» aufgegriffen. Er stellt dort den weisen Pankrates vor, der die Zauberkunst von Isis persönlich gelernt hat und auf Krokodilen reiten kann. Er kann Gebrauchsgegenstände lebendig und dienstbar machen, stattet sie dann mit menschlichen Kleidern aus und läßt sie wie Knechte Wasser holen, einkaufen und kochen; nach getaner Arbeit werden sie durch einen anderen Zauberspruch wieder in leblose Gegenstände zurückverwandelt. Sein Adept Eukrates hat sich den ersten Zauberspruch gemerkt, und es gelingt ihm in Abwesenheit des Pankrates, den Mörser zu beleben und Wasser holen zu lassen. Aber er kennt den Spruch nicht, um ihn mit der Arbeit wieder aufhören zu lassen, so daß das Wasser das ganze Haus überschwemmt. In seiner Not schlägt Eukrates den Mörser mit einer Axt entzwei, hat aber jetzt zwei Diener, die unermüdlich Wasser herbeischleppen. Erst die Rückkehr des Pankrates und der richtige Zauberspruch machen der Not ein Ende. Goethe hat die hübsche Erzählung, die er von Ch. M. Wieland kannte, durch seinen «Zauberlehrling» (1797) unsterblich gemacht, wobei er den Mörser des Reimes wegen in einen Besen verwandelt.

Die Zauberkunst des letzten Pharao Nektanebos, aus dessen Regierung tatsächlich besonders viele magische Zeugnisse (darunter die Metternichstele) stammen, wird in der Erzählung vom «Trug des Nektanebos» bei Pseudo-Kallisthenes (aus römischer Zeit) hervorgehoben. Nach dieser Version flüchtet er nach der persischen Rückeroberung Ägyptens nicht nach Äthiopien, sondern nach Makedonien, wo er durch Zauberkunst und astrologische Kenntnis das Vertrauen und die Liebe der Königin Olympias gewinnt und, als Gott Ammon verkleidet, mit ihr den künftigen Alexander d. Gr. zeugt.

Macht und Einfluß des Zauberwesens führten von Zeit zu Zeit auch zu Gegenmaßnahmen. So wurden auf Initiative des Agrippa, der damals als Aedil amtierte, bereits im Jahre 33 v. Chr. die Zauberer und Astrologen aus Rom vertrieben (Cassius Dio 49, 43,5), und nach Sueton wurden auf Weisung des Augustus im Jahre 13 v. Chr. 2000 Zauberbücher verbrannt. Im Jahre 16 n. Chr. folgte unter Tiberius eine weitere Vertreibung (Tacitus, Ann. 2, 32). Dagegen trifft Kaiser Hadrian bei seiner Ägyptenreise 130 n. Chr. mit dem bekannten Magier Pachrates zusammen, von dessen Künsten er sich sehr beeindruckt zeigt. Mark Aurel profitiert bei einem Feldzug an der Donau 172 vom Regenwunder des ägyptischen Magiers Harnuphis, wofür er sich bei Merkur (also Thot!) durch Münzprägungen erkenntlich zeigt. Septimius Severus versucht bei seinem Ägypten-Besuch 199, die Zauberbücher dem allgemeinen Gebrauch zu entziehen, indem er sie in das Grabmal Alexanders d. Gr. einschließt. Noch Constantius II. (reg. 337–361) lebt in ständiger Furcht vor den geheimen Kräften der Zauberer und der alten Götter. Es gab zahlreiche Prozesse wegen Magie, dazu neue Bücherverbrennungen, die vielleicht der Grund für das Schriften-Versteck in Nag Hammadi sind.

Auf die traditionelle Zauberkunst möchte auch das christliche Ägypten nicht verzichten, wobei es bezeichnend ist, daß der bekannte koptische Abt Schenute (5. Jahrhundert) in Jesus vor allem einen großen Zauberer und Wundertäter sieht, der z. B. für ihn mitten in der Wüste ein Schiff herbeizaubert. Jesus wird bereits in heidnischen Zaubersprüchen angerufen, sogar als Jesus Anubis; wir werden auch noch auf die Gleichsetzung von Bes und Christus in einem koptischen Zaubertext zurückkommen. In einem anderen Text aus dem 7. Jahrhundert wird er als «Jao Christos Pantokrator» offenbar mit dem mächtigen Gott Petbe (Verkörperung der «Vergeltung») gleichgesetzt, denn der Text beschreibt ihn, nach Anspielungen auf Geburt, Tod und Auferstehung, als ein Wesen mit dem Vorderteil eines Löwen und dem Hinterteil eines Bären, mit Falkengestalt und Drachengesicht (Kropp II 152) – nur in dieser fürchterlichen Gestalt traute man ihm die erstrebte Zauberwirkung zu. Und die tierköpfigen Götter der alten Ägypter treten im christlichen Zauber immer noch hervor.

Naheliegend war die Analogie zwischen dem Horuskind und dem Jesuskind und ihrer Betreuung durch die göttliche Mutter; Isis trägt ja schon lange vor dem Christentum den Beinamen einer «Gottesmutter». Die Vermischung verschiedenster Elemente, wie sie den Hellenismus kennzeichnet, setzt sich in der Magie bis ins Christentum fort. So werden in einem Zauberspruch Dämonen vertrieben im Namen des Gottes von Abraham, Isaak und Jakob (Altes Testament), im Namen von Jesus und dem Heiligen Geist (Neues Testament) und in den folgenden Sprüchen mit Hilfe der griechischen Aphrodite, des ägyptischen Sonnengottes Re und des Sternbildes des Großen Wagens (ursprünglich chaldäisch)! Selbst die sumerische Göttin Ereschkigal kommt im hellenistischen Zauber zu neuen Ehren.

Die machtvolle Magie Ägyptens wird, zusammen mit den altägyptischen Göttern, auch in der Versuchung des Heiligen Antonius beschworen, der ihr widersteht und sie besiegt. In seinem Kampf mit den Dämonen bricht die ganze Problematik des zähen Fortlebens der heidnischen Gottheiten noch einmal auf.

Erman hat für das 8. Jahrhundert n. Chr. einen Fund von koptischen Zauberpapyri aus dem Fajum ausgewertet, in denen u. a. eine völlig ägyptische Geschichte von Horus erzählt wird, der auf einen Berg steigt und Vögel fängt; «er schnitt ihn (den Vogel) ohne Messer auf, kochte ihn ohne Feuer, aß ihn ohne Salz». Kein Wunder, daß er Magenbeschwerden bekommt und seine Mutter Isis zu Hilfe ruft. Er will einen Boten-Dämon zu ihr schicken und befragt jeden Dämon: «Wie lange gehst du, wie lange kommst du?» Der erste braucht zwei Stunden für jeden Weg und ist natürlich zu langsam; erst der, welcher antwortet: «Ich gehe mit dem Hauch deines Mundes und komme mit dem Atem deiner Nase», der ist brauchbar. Isis, die er wie eine Alchemistin an einem Kupferofen auf dem Berg von Heliopolis antrifft, sagt ihm die Beschwörung, durch die ihr Sohn geheilt wird. Als christliches Alibi schließt sich jedoch sogleich an die Rede der Isis die Versicherung «Ich bin es, der da redet, der Herr Jesus, der die Heilung gibt».

Sogar in koptischen Liebeszaubern schlüpft der Zaubernde in die Rolle des Horus und beschwert sich bei seiner Mutter Isis, daß er sieben Jungfrauen an einer Quelle fand – «Ich wollte, aber sie wollten nicht», und «Ich wollte lieben die NN, die Tochter der NN, aber sie wollte meinen Kuß nicht empfangen»; am Schluß steht die Beschwörung, daß die NN «vierzig Tage und vierzig Nächte zubringe, indem sie mir anhängt, wie eine Hündin am Hunde, wie eine Sau am Eber» (Kropp II 6–8). In anderen Sprüchen findet sich immer noch das alte Motiv der Drohung mit dem Weltuntergang, wenn der Zauber nicht glückt, Sonne und Mond sollen aufgehalten werden, und der Zauberer ist auch bereit zum Abstieg in die Unterwelt (Amente); neu ist allerdings die Drohung, den Satan zu Hilfe zu rufen – das alte Ägypten kennt diesen «Gegengott» ja nicht.

Im Koran erscheint Ägypten mehrfach als Land mächtiger Zauberer, und viele arabische Autoren des Mittelalters sehen in den ägyptischen Tempeln Bauwerke zur Unterrichtung und Ausübung der Magie. Die bei den muslimischen Ägyptern verbreitete Angst vor hütenden Geistern und ihrer Rache hat viel dazu beigetragen, altägyptische Denkmäler vor der Zerstörung zu bewahren.

Das Ägypten der Zauberkünste 69

Als magische Kunst gibt sich die mittelalterliche Kabbala, die gern mit der Beschwörung mächtiger Geister arbeitet. Eine berühmte Stelle im Talmud spricht davon, daß von zehn Maßen an Zauberei, die in die Welt kamen, Ägypten neun erhalten habe, die ganze übrige Welt nur eines (Qid 49b). Kein Wunder, daß man Amun von No, also den thebanischen Amun, noch im 16. Jahrhundert in Werken der Kabbala als eine Art Oberteufel beschwört, und schon unter den Zauberworten der griechischen Papyri kommt unter vielem Unverständlichen immer wieder der Name des Amun vor, als Ammon auch in den hermetischen Schriften. «Das Krokodil ist machtlos, wenn sein Name ausgesprochen wird», heißt es schon im Leidener Amunshymnus des Neuen Reiches (70. Kap.).

Im Volksbuch vom Doktor Faustus (1587) wird dem großen Magier ein Besuch in Kairo zugeschrieben; wegen der Erwähnung des «ägyptischen Sultans» muß das vor 1517 gewesen sein. Als einer der sieben Oberteufel, mit denen Faust zu tun hat, erscheint Anubis, mit getüpfeltem Hundskopf und Schlappohren; und auch die Krönung der altägyptischen Zauberkunst, einen abgeschnittenen Kopf wieder anzufügen, begegnet im Volksbuch. Dieses erlebte in wenigen Jahren zahlreiche Auflagen und Übersetzungen, darunter 1588 eine Übersetzung ins Niederdeutsche durch Johann Balhorn, der es «verbalhornt» hat.

Ein hübsches Zeugnis für das fortwährende Prestige des Zauberlandes am Nil ist die Komödie *A Bold Stroke for a Wife* von Susannah Centlivre (1667?–1723), aufgeführt 1718 im Lincoln's Inn Fields Theatre in London; dort tritt der Held Oberst Fainall u. a. als ägyptischer Globetrotter auf, ausgerüstet mit einem Zaubergürtel, der seinen Träger unsichtbar macht. Christoph Martin Wieland stellt uns in seiner Märchensammlung *Dschinnistan* (1786–1789) die Karikatur eines ägyptischen Zauberers mit dem pompösen Namen Misfragmutosiris vor, mit pyramidenförmiger Mütze und hieroglyphenbesticktem Rock. Denken wir auch an die ägyptische Zauberin Aithra in Hugo von Hofmannsthals Opernlibretto «Die Ägyptische Helena» (1926) oder an die Zauberszene mit Tabubu in Thomas Manns «Joseph».

Ein letzter Ausläufer altägyptischen Zauberwesens ist der moderne Glaube an den «Fluch der Pharaonen», der den alten Ägyptern ungeahnte Zauberkünste zutraut, die bis heute nachwirken und immer noch Tod und Schrecken verbreiten. Entzündet hat sich dieser Glaube an dem plötzlichen Tod von Lord Carnarvon (1923) nach der Entdeckung des Tutanchamun-Grabes. Aber vorher schon finden wir das Motiv bei Arthur Conan Doyle (1859–1930), dem geistigen Vater von *Sherlock Holmes*, in seinem Krimi *The Ring of Thoth* (1890). Es geht dort um die Rückkehr einer Mumie ins Leben und um einen «Ring des Thot», also wieder Hermes Trismegistos.

Zu den typischen Vertretern des modernen Glaubens an ägyptische Magie gehört Ph. Vandenberg mit seinem Buch *Der Fluch der Pharaonen* (1973), das laut Waschzettel «Licht in das Dunkel der Fluchlegende» bringt; man erfährt dort weiter: «Schon 6000 Jahre alte Papyri berichten Rätselhaftes: Die Zahl der beim Bau der Pyramiden auf geheimnisvolle Weise Gestorbenen war Legion.» Wichtigster Aufhänger für den «Fluch» ist der bereits erwähnte Tod Lord Carnarvons, der sich beim Rasieren verletzte und an einer Blutvergiftung starb, in der Tat kurz nach der Entdeckung des Tutanchamun-Grabes; bei seinem Tod gingen in Kairo die Lichter aus, aber solche Ausfälle kann jeder Ägyptenreisende oft genug erleben. Und wenn Vandenberg auf S. 28 unter denen, die nach der Entdeckung des Grabes «eines vorzeitigen oder unerklärlichen Todes» gestorben sind, auch (neben Breasted und Winlock) Sir Alan Gardiner aufführt, so hat er gründlich daneben gegriffen, da Sir Alan erst 1963 im Alter von 84 Jahren starb. Auch Sir Flinders Petrie, der mit 89 Jahren(!) «völlig unerwartet und unerklärlich» starb (S. 253), ist nicht gerade ein gutes Beispiel; seine Assistentin Margaret A. Murray veröffentlichte 1963 ihre Autobiographie sogar unter dem Titel *My first hundred years...* Insgesamt: Es gibt so wenig Stoff für den angeblichen «Fluch», daß Vandenberg sein Buch mit allen möglichen Histörchen aus der langen Geschichte Ägyptens und seiner modernen Wiederentdeckung füllen muß, dazu mit der angeblichen Mumie auf der *Titanic* und dem Medium Rosemary – amüsant, aber nichtssagend, und insgesamt im besten Fall der Sparte «Kriminalroman» zuzuweisen.

Ägypten in Kriminalromanen wäre ein eigenes reizvolles und ergiebiges Thema. Neben Conan Doyle und natürlich Agatha Christie (*Death comes as the end*, 1932), die dazu auch ein Drama über Echnaton geschrieben hat, wäre hier noch die promovierte Ägyptologin Elizabeth Peters zu nennen mit ihren Romanen *The Jackal's Head* (1968, mit einem Mordversuch in einem Königsgrab), *Crocodile on the Sandbank* oder *The Last Camel Died at Noon*. Angezeigt sah ich jetzt einen neuen Krimi *Die Osiris-Morde* von Morten Harry Olsen, in welchem erst ein Ägyptologe das Rätsel um einen Serienmörder lösen kann. Sicher wird sich Ägypten für diese Sparte auch weiterhin als ergiebige Quelle erweisen.

9. Die Ausbreitung ägyptischer Kulte – Isis und Osiris

Die Anfänge der «Isismission», wie man sie genannt hat, lassen sich spätestens in das 4. Jahrhundert v. Chr. setzen. Bereits für 333/32 ist ein Isistempel in Piraeus bezeugt, aber schon im 6. Jahrhundert fand die Verehrung des libyschen Ammon, des Orakelgottes von Siwa, in Griechenland Eingang. Pindar (um 520 bis nach 446) dichtete einen Hymnus auf ihn (Fragm. 36), und im 4. Jahrhundert häufen sich auch Zeugnisse in Athen und Attika. Auf diesem Hintergrund muß man den Zug Alexanders d. Gr. in die Oase Siwa sehen, um sich dort als Sohn des Ammon bestätigen zu lassen. Später blüht dann eine Verehrung des Jupiter-Ammon in Italien und Spanien auf, wo er gelegentlich auch mit Sarapis gleichgesetzt wird.

Sarapis ist erst unter Ptolemaios I. nach Alexandria «importiert» worden – sein Kultbild wurde angeblich auf Grund eines Traumorakels von Sinope in Kleinasien nach Alexandria gebracht. Er tritt von Anfang an in das Wesen des Osiris ein, der in dieser Zeit nicht mehr nur Herrscher der Unterwelt und der Toten ist, sondern auch Sonnengott. Durch seine Gleichsetzung mit Zeus bzw. Jupiter wird er in römischer Zeit zum Allherrscher, zum Kosmokrator. In der Darstellung erscheint er als griechischer Gott, zeigt aber bisweilen durch einen Zeuskopf mit ägyptischer Atefkrone, daß er die beiden großen Götter, Zeus und Osiris, in sich vereint. Entscheidende Impulse für seine Verehrung kommen dazu durch seine Verbindung mit Isis, die nun ebenfalls in hellenistischem Stil neu «eingekleidet» wird, während der «Kläffer Anubis» (Vergil) als ihr Begleiter für das «exotische» Element sorgt.

Isis war bereits im Ägypten der Spätzeit zu einer universellen Göttin aufgestiegen, die das Wesen vieler anderer Göttinnen in sich aufnahm, so das der Himmelsgöttin Nut, der Hathor oder der Maat. Isis *una quae es omnia* («die eine, die alles ist») wird sie in einer Inschrift aus Capua genannt, und nach dem Hymnus des Isidoros von Narmuthis aus dem 1. Jahrhundert v. Chr. wird sie von allen Völkern unter verschiedenen Namen verehrt. Als Herrin des Himmels und Verkörperung der natürlichen Ordnung hat sie die

Kopf des Sarapis mit dem von Ähren umwundenen Korb (Kalathos). Antike Malerei auf Holz, um 180 n. Chr. Malibu, J. Paul Getty Museum. Photo: Archiv für Kunst und Geschichte, Berlin.

Mächte des Schicksals in ihrer Hand und gewinnt damit überragende Bedeutung für alle, die den unerbittlichen Schicksalsmächten entkommen möchten. Zeus kann nichts gegen das Schicksal tun, aber Isis kann es! Dazu garantiert sie Erfolg und Wohlstand und tritt weiter in ihrer alten Rolle als Schutzgöttin und Nothelferin auf. Wie sie die Feinde des Osiris überwunden hat, verleiht sie als *victrix* ganz allgemein Sieg und Triumph und wird damit auch für den einfachen römischen Legionär attraktiv. Der Beiname *regina* kennzeichnet sie als universelle Königin. Zudem ist sie noch die mütterliche Göttin mit dem Horuskind (*Isis lactans*), und eine Vielzahl von Statuetten und Amuletten sprechen Isis als Schützerin von Mutter und Kind an.

Speziell als Isis-Sothis, auf einem Hund reitend, ist sie die Bringerin der Nilüberschwemmung und damit aller Fruchtbarkeit für Ägypten wie für die ganze römische Welt. Zugleich spiegelt sich in ihrer Rolle als Herrin des Neujahrs ihre alte Bedeutung für den ägyptischen Kalender. Neu ist dagegen ihre Funktion als *Isis pelagia*, als Schützerin der Schiffahrt und Herrin des Meeres, denn im altägyptischen Weltbild spielt das Meer eigentlich keine Rolle.

In den griechischen Isis-Aretalogien, die seit dem 1. Jahrhundert v. Chr. bezeugt sind, sagt Isis u. a. «Ich wurde erzogen von Hermes» und «Ich erfand die Schrift mit Hermes». Trotzdem hat Thot eigentlich wenig Beziehung zum späten Isiskult. Das liegt z. T. daran, daß Anubis Funktionen und Attribute des Hermes-Thot übernimmt und sogar als «Hermanubis» auftritt. Als Vorläufer dieser Verbindung hat man auf Figuren des Thot mit «Schakal-Pantoffeln» hingewiesen, die jedoch eher mit dem schakalgestaltigen «Wegeöffner» Upuaut zusammenhängen.

Anubis steht nach Isis und Sarapis an dritter Stelle, seine Verehrung hat in den Isisheiligtümern einen festen Platz. Als Seelengeleiter verbindet er das Diesseits mit dem Jenseits, wo man ihn auch als Türhüter und sogar als Fährmann antrifft. Dazu galt er schon seit dem Neuen Reich als Sohn des Osiris und tritt daher oft in der Rolle des Horus auf. Dieser spielt fast nur noch als Harpokrates «Horus das Kind» eine Rolle, dessen Kindgebärde (Finger am Mund) jetzt als mystische Schweigegebärde gedeutet wird; Harpokrates erscheint aber auch als Eros und als Herakles mit der Keule, denn er teilt mit ihm die Funktion, gefährliche Tiere zu überwinden.

Osiris, der als Kosmokrator von Sarapis abgelöst ist, behält seine Bedeutung als Herrscher des Jenseits. Im Isis-Heiligtum (Iseum) von Pompei waren seine Auffindung und Anbetung dargestellt. Seine Gleichsetzung mit dem Nil, die jetzt stärker hervortritt, wird im neuen Kultbild des Canopus (ein Krug mit Osiriskopf) konkretisiert, das auf Münzen des 1.Jahrhunderts auftritt und in der Renaissance zu neuen Ehren kam; die Bezeichnung Canopus für den Krug geht auf Herwarth von Hohenburg (1553–1622) zurück und wird dann von A. Kircher aufgegriffen. Osiris-Statuetten fanden im ganzen Römischen Reich weite Verbreitung.

Zum Kult in den Isisheiligtümern gehört auch die Verehrung des Apis-Stieres als Gott der Fruchtbarkeit. Schließlich ist noch auf den Nil als Gottheit hinzuweisen, die als Spender der Getreideversorgung in Rom populär wurde. Vespasian ließ eine Nil-Statue im römischen Pax-Tempel aufstellen, und im Iseum Campense wurden die beiden Flüsse Nil und Tiber nebeneinander verehrt.

Der Isis-Kult außerhalb Ägyptens entwickelte neue Formen, da er ja nicht mehr mit der zentralen Gestalt Pharaos verbunden war. Neben den Priestern und ihren Gehilfen tritt jetzt eine Gemeinde hervor, die in der als Staatskult organisierten ägyptischen Religion fehlt. Um die Götter zu «modernisieren», kleidet man sie hellenistisch ein, stellt sie sogar als Legionäre und zu Pferd dar; selbst Anubis kann vereinzelt als berittener Imperator erscheinen.

Die Ausbreitung des Isis-Kultes setzte im 4.Jahrhundert v.Chr. ein. Damals wurde, wie schon erwähnt, ein Tempel in Piraeus gegründet, um 300 auch in Eretria; es folgten weitere Gründungen auf den Inseln Delos, Rhodos, Kos, Samos, Lesbos und Cypern, dazu in Ephesos. In Athen hält sich der Isiskult bis in das 4.Jahrhundert n.Chr. Im Westen des Mittelmeeres geht Sizilien voran, im 2.Jahrhundert v.Chr. folgt das italienische Festland, vor allem Pompei; Pozzuoli besitzt in dieser Zeit schon ein eigenes Serapeum. Seit Sulla (88–78 v.Chr.) ist der Isiskult in Rom bezeugt, und Isis-Heiligtümer werden nach und nach in nahezu allen Provinzen des Römischen Reiches errichtet. Die Ausbreitung folgte vor allem den Flußtälern als wichtigen Handelsrouten, so in Gallien dem Rhônetal, in Germanien dem Rheintal bis nach Köln, und erreichte im Nordwesten Holland und England (Iseum in London, Serapeum in York), im Nordosten Ungarn; dazu kommen noch Nordafrika und Spanien.

Eine eindrucksvolle Dokumentation der Isisheiligtümer Italiens gab 1997 die große Isis-Ausstellung in Mailand. Am bekanntesten ist natürlich das reiche Material aus Pompei, wo die Wandmalereien in vielen Häusern ägyptisierende Motive aufweisen, sogar griechische Mythen ägyptisierend ausgesponnen werden, so Io als Isis, der Stier der Europa als Apis, Narziss als der ertrunkene Osiris, usw.

Daß man ein Iseum oder Serapeum gern mit ägyptischen Originalwerken ausstattete, gab einen weiteren Impuls für den Abtransport von Denkmälern aus Ägypten, der unmittelbar nach der Eroberung des Landes durch Augustus 30 v. Chr. intensiv einsetzte; dabei waren nicht nur Obelisken (12 und 10 v. Chr. wurden die ersten zwei nach Rom verbracht) und Statuen gefragt, sondern auch bescheidenere Objekte, die als sichtbare Zeugen der religiösen Ausstrahlung Ägyptens hervortreten. Noch in konstantinischer Zeit ist eine Horusstele bezeugt, die auf dem Esquilin neben einer Statue der Isis-Fortuna aufgestellt war; sie zeugt für den andauernden Glauben an die Heilwirkung, die von solchen magischen Stelen ausgeht, wie sie sich auch sonst außerhalb Ägyptens gefunden haben, so in Byblos, Meroë und Axum. Dazu kommt als neues Phänomen die Errichtung «ägyptischer» Bauten in Rom und an anderen Orten Italiens; vor allem die 27 m hohe Cestius-Pyramide, frühaugustäisches Grabmal des Praetors und Volkstribunen C. Cestius Epulo, und die anderen Pyramiden von Rom wirkten als Vorbild für Vorstellungen, die man sich im Mittelalter und noch in der Renaissance von Pyramiden machte. Diese römischen Vorbilder führten dazu, daß man die ägyptischen Pyramiden immer viel zu steil darstellte.

Ägyptenreisen wurden schon gleich nach der Eroberung des Landes Mode. Vergil weilt wohl bereits 29/28 v. Chr. als Begleiter des Maecenas am Nil, Strabon wenig später. Germanicus kam im Jahre 19 n. Chr. auch nach Theben, wo er von einem alten Priester geführt wurde. Seneca hatte einen längeren Aufenthalt (19–31 n. Chr.) bei seinem Onkel, dem Präfekten C. Galerius. Iuvenal kommandiert am Anfang des 2. Jahrhunderts die römische Garnison in Assuan. Später kommen, wie ihre hinterlassenen Graffiti lehren, Besucher aus allen Teilen des Römischen Reiches, auch aus Gallien und Spanien. Einer der letzten prominenten Reisenden ist der Historiker Ammianus Marcellinus, der in den 370er Jahren an den Nil kam. Im Zentrum des Interesses steht das Tal der Könige, wo sich in einigen Gräbern zahllose Graffiti von antiken Besuchern finden; aber man besuchte sicher auch die Pyramiden – Wilhelm von Boldensele konnte 1335 noch eine lateinische Inschrift auf der Cheopspyramide kopieren, die aus der Zeit von Trajan oder Hadrian stammt.

Die Cestius-Pyramide in Rom. Nach einem Stich von Giovanni Battista Piranesi, Le antichità romane, Rom 1784, III, Tav. XL.

Geprägt wurde die weitere Entwicklung durch die sehr unterschiedliche Haltung der römischen Kaiser zu den orientalischen Kulten. Augustus stand ihnen eher ablehnend gegenüber, wobei natürlich die erbitterte Feindschaft gegen Kleopatra mitspielt; das hinderte ihn aber nicht, sein Grabmal und die Ara Pacis mit einer gigantischen Sonnenuhr zu verbinden, der «größten Uhr aller Zeiten» (E. Buchner), deren Zeiger ein Obelisk von Psammetich II. aus Heliopolis war (heute auf dem Montecitorio). Das Liniennetz der Uhr konnte Buchner teilweise in den Kellern römischer Häuser wieder aufdecken. Die ganze Anlage war ein riesiges Horoskop voller kosmischer Symbolik, mit der Empfängnis und der Geburt des Augustus im Zentrum.

Sein einziges Kind Julia schwärmt für ägyptische Motive, die sie in der Ausschmückung ihrer Villa in Boscotrecase verwenden läßt. Tiberius ist entschieden gegen alle orientalischen Kulte eingestellt, auch gegen das Judentum; die Affäre um Mundus und Paulina führte zu einer ersten Verfolgung und zur Zerstörung des *Iseum Campense* auf dem Marsfeld. Caligula bringt dagegen einen völligen Umschwung, gibt sich als Pharao (auch in seiner Geschwisterehe mit Drusilla) und denkt sogar an Alexandria als neue Residenz. Er holt einen weiteren Obelisken nach Rom, der jetzt vor dem Vatikan steht und eigentlich vom ersten Präfekten C. Cornelius Gallus als Siegesdenkmal geplant war. Caligula hatte auch als erster Kaiser eine Ägyptenreise vor, wurde aber vor der Ausführung ermordet.

Auch Claudius steht der ägyptischen Religion positiv gegenüber, und Nero bekundet sein Interesse für die Nilquellen. Dazu hat Nero den Ägypter Chairemon als Lehrer, der für die weitere Verbreitung ägyptischen Wissens in Rom sorgt. Nach Sueton ist Otho (69 n. Chr.) der erste römische Kaiser, der öffentlich am Isiskult teilnimmt. Trotz seiner bekannten Sparsamkeit weiht Vespasian eine große Nilstatue in Rom, nachdem sich bei seinem Besuch Alexandrias im Jahre 69 auch ein Nilwunder ereignet hatte. Zusammen mit seinem Sohne Titus verbringt er die Nacht vor ihrem Triumph über Judaea (71 n. Chr.) im Isistempel von Rom, der in diesem Jahr erstmals auch auf römischen Münzen abgebildet wird. Titus ist wohl auch der anonyme «Pharao», der in den Katakomben von Kom esch-Schukafa in Alexandria vor dem Apis-Stier dargestellt ist, der ab Domitian auch auf Kaisermünzen erscheint.

Domitian entkommt in seiner Jugend den Nachstellungen des Vitellius in der Verkleidung eines Isispriesters, so daß er allen Grund hat, der Göttin seine Dankbarkeit zu bekunden. In seinem Prinzipat wird das Iseum von Benevent errichtet (wobei ägyptische Künstler an der Ausgestaltung mitwirken), das Iseum auf dem Marsfeld erneuert und mit einer Vielzahl von Statuen ägyptischer Herkunft geschmückt. Sich selbst läßt Domitian in Statuen und Reliefs als Pharao darstellen, und die hieroglyphischen Inschriften auf den beiden kleinen Obelisken in Benevent sind zu seinen Ehren entworfen.

Trajan und Hadrian werden im Tempel von Esna beim kultischen Tanz vor der löwengestaltigen Göttin Menhit gezeigt, als Teil eines Rituals zur Besänftigung der gefährlichen Göttin; der Tempel erlebt in dieser Zeit, wie Sauneron nachgewiesen hat, eine geistige Blütezeit. Hadrian fördert die alexandrinische Religion, was sich vor allem in der Münzprägung zeigt; aus seiner Zeit stammt aber auch das kleine Serapeum beim Luxortempel, das 126 n. Chr. errichtet wurde. Als er in Theben den tönenden Memnonskoloß besucht, weiß man immer noch, daß er von Amenophis (III.) stammt; ein Papyrus aus Tebtunis bezeugt noch für die Zeit des Antoninus Pius, daß für die Zulassung zum Priesteramt die Kenntnis der alten Schrift erforderlich ist.

Vor allem aber gründet Hadrian nach dem freiwilligen Opfertod seines Lieblings Antinous im Nil während seiner Ägyptenreise 130 n. Chr. Antinoopolis im Hermopolites, also im Gau des Thot/Hermes, dem auch eine der vier Seiten des Antinous-Obelisken geweiht ist. Erich Winter hat gezeigt, wie eng der Opfertod des bithynischen Jünglings und seine Darstellung auf dem Antinous-Obelisken in Rom, wo er dreimal an Stelle Hadrians vor den Göttern erscheint, mit dem Vorstellungskreis um das uralte ägyptische Sedfest zusammenhängt, das der Verjüngung und Erneuerung Pharaos diente («Hadrianus ren(atus)» auf Münzen). Statuen stellen Antinous, der ja nicht Kaiser war, als Pharao dar. Die Vergöttlichung des Antinous wirkte noch bis in das 5. Jahrhundert weiter, und in der Renaissance wurde er von Raffael als Jonas christianisiert.

Unter Hadrians Nachfolger Antoninus Pius begegnen immer noch ägyptische Motive auf den alexandrinischen Münzen, und weitere staatliche Förderung erhält der Isiskult vor allem durch Commodus, der persönlich die Statue des Anubis bei Festprozessionen trägt. Septimius Severus besucht 199 n. Chr. nach seinem Partherkrieg Ägypten und weilt als letzter Kaiser auch in Theben, wo er den Memnonskoloß reparieren läßt und dessen Tönen beim Sonnenaufgang dadurch zum Schweigen bringt. Wie Cassius Dio (75, 13) berichtet, «nahm er aus fast allen Heiligtümern sämtliche Bücher geheimnisvollen Inhalts (Zaubertexte und Alchemie?)... mit sich fort» und ließ sie offenbar in das Grabmal Alexanders d. Gr. einschließen, «damit in Zukunft niemand mehr dessen Leiche zu sehen bekomme oder lese, was in jenen Büchern geschrieben stand». In beidem hatte der Kaiser Erfolg, die Kenntnis des Grabmals und der Schriften ging verloren.

Als ägyptischer Pharao ließ sich nochmals Caracalla in Statuen abbilden; unter ihm erscheint Sarapis auf römischen Münzen, und auch Severus Alexander ist ein Sarapis-Verehrer. Danach setzt ein allmählicher Rückgang ein; andere orientalische Kulte schieben sich in den Vordergrund, und das Christentum gewinnt an Boden. Diokletian, der seinen Palast in Split mit Sphingen und anderen ägyptischen Kunstwerken schmückt, läßt in seinem Mißtrauen gegen das geheime Wissen der Ägypter ihre alchemistischen Schriften verbrennen; aber Isis und Sarapis spielen noch im 4. Jahrhundert eine Rolle. Der «abtrünnige» Julian gefällt sich noch einmal in der Rolle des Sarapis und läßt im Jahre 362 ein letztes Mal einen Apis-Stier feierlich inthronisieren. Im Endkampf zwischen Christen- und Heidentum umgibt sich Licinius, wie Eusebius berichtet, mit ägyptischen Wahrsagern, Zauberern und Opferpriestern.

Als eine der letzten Bastionen des Heidentums erlischt der Isiskult nach dem generellen Verbot der heidnischen Kultausübung durch Theodosius 391 n. Chr. – dem gleichen Jahr, in welchem das Serapeum in Alexandria verwüstet und geschlossen wird. Der Eifer gegen das Heidentum hinderte die christlichen Kaiser Roms jedoch nicht, ihre Residenzen weiterhin mit Obelisken zu schmücken; 357 wurde der Lateranobelisk im Circus Maximus aufgerichtet, und 390 durch Theodosius der Obelisk auf dem Hippodrom in Konstantinopel. Und noch im 5. Jahrhundert n. Chr. hören wir von der Existenz heidnischer Tempel in Ägypten und von einem Isisfest oberitalienischer Bauern. Aus politischen Gründen blieb ja der Isistempel von Philae noch bis ins 6. Jahrhundert geöffnet und wurde erst unter Justinian, zwischen 535 und 537, geschlossen; hier in Philae haben sich auch die letzten hieroglyphischen und demotischen Inschriften erhalten.

10. Mittelalterliche Traditionen

Durch den Sieg des Christentums wurde der Triumphzug von Isis und Hermes auf dem Höhepunkt seiner Entfaltung gehemmt, obgleich die frühen Kirchenlehrer, angefangen mit Clemens und Tertullian, die Autorität des Hermes Trismegistos noch zu nutzen suchen und immer noch im Banne ägyptischer Weisheit stehen. Man nimmt jedoch an, daß bei der Zusammenstellung hermetischer Schriften in byzantinischer Zeit eine negative Auswahl getroffen und vieles ägyptisch-heidnische Gut ausgeschieden wurde, wodurch es für uns verloren ist und das *Corpus Hermeticum* wohl eine etwas andere Färbung annahm. Aber die hermetische Tradition blieb trotzdem auch im Mittelalter durchaus lebendig, vor allem dank den arabischen (daneben auch armenischen und syrischen) Autoren und der geduldeten, weil stets interessanten und vielversprechenden Alchemie.

Das frühe Christentum ist, trotz aller vordergründigen Ablehnung alles Heidnischen, dem alten Ägypten zutiefst verpflichtet. Vor allem das so lebhaft ausgemalte altägyptische Jenseitsbild hat seine Spuren in christlichen Texten hinterlassen; so treffen wir bei den Kopten und noch später im Islam eine Feuerhölle ganz nach Art der ägyptischen. Der Descensus Jesu, der in der frühen Kirche noch keine Rolle spielt, wird unter dem Eindruck der vielen apokryphen Ausgestaltungen, bei denen auch wieder Ägypten beteiligt ist, ab 359 in das offizielle Credo übernommen. Christus wird zur Sonne im Totenreich, denn sein Abstieg in die Unterwelt hat sein Vorbild letztlich in der Nachtfahrt des altägyptischen Sonnengottes Re; die tägliche Neugeburt des Gottes aus der Himmelsgöttin Nut lebt im christlichen Bildtyp der Madonna Platytera weiter.

In der gnostischen *Pistis Sophia* geschieht die Bestrafung der Sünder in der «äußeren Finsternis», die als riesiger zwölfteiliger (!) Uroboros-Drache erscheint; überdies werden die Straforte noch von tierköpfigen Archonten beherrscht. Dazu kommt das Ringen mit den Dämonen Altägyptens bei Antonius, dies war immer neu die große «Versuchung». Der christliche Drachentöter ist im Triumph des Horus über Seth vorgebildet, und noch nahtloser geht das Bild der stillenden Isis, der Isis lactans, in das der Maria lactans über. Die wunderbare Geburt Jesu konnte man in Analogie zum Horuskind sehen, das Isis postum von Osiris empfängt, und noch durch viele andere Gemeinsamkeiten ist Maria eng mit Isis verbunden.

Die Lehren der offiziellen Kirche konnten erst auf lange Sicht liebgewordene Gewohnheiten des Volksglaubens überwinden. So hielt sich die Mumifizierung in christlichen Kreisen noch weiter, erst der Islam machte damit radikal ein Ende. Bezeichnend ist, was der bekannte Abt Schenute (gest. 451) über die Unversehrtheit des Leibes bei der Auferstehung sagt: «Auch wenn man deine Augen aussticht, wirst du dich bei der Auferstehung mit deinen Augen erheben... Auch wenn man dein Haupt abschlägt, wirst du dich mit ihm erheben ... ohne daß der kleine Finger deiner Hand fehlt oder die kleine Zehe deines Fußes...» Diese in echt altägyptischem Sinne makellose Vollkommenheit des Körpers beim Wiederaufleben wird in vielen koptischen Märtyrerlegenden noch weiter ausgemalt.

Besonders zäh hielt sich die Verehrung des volkstümlichen Gottes Bes. Amulette mit seinem Bild finden sich noch in christlichen Gräbern, und in einem koptischen Zauberpapyrus (Kropp III 10, Taf. 3) werden Bes und Christus gleichgesetzt; Bes war ja in Abydos noch um 500 ein mächtiger und populärer Orakelgott. Noch in unserem Jahrhundert glaubten die Bewohner von Karnak an einen besartigen *Afrit* (Geist), der nachts in den Ruinen des Tempels tanzt.

Ein anderes Amulett zeigt auf der einen Seite einen Christuskopf und neutestamentliche Szenen, auf der anderen eine geflügelte, jugendliche Gottheit (Horus-Sched) als Bändiger von Krokodilen und Skorpionen, dazu von einem Uroboros umrahmt und mit einer Erwähnung vom «Siegel Salomons» im Text. Dazu kommt die Anknüpfung der Jesus-Passion an die Überlieferungen um Osiris, vor allem im apokryphen Nikodemus-Evangelium mit seiner ausführlich geschilderten Hadesfahrt.

Viele Legenden ranken sich um den Aufenthalt Jesu und seiner Eltern in Ägypten. Er wird von Drachen und Lindwürmern begrüßt, die er freundlich streichelt, läßt seine Mutter trockenen Fußes durch einen Bach waten, befiehlt einem gesalzenen Fisch, sich wieder im Wasser zu tummeln, heilt Kranke durch die Berührung seiner Windeln, läßt die Götzenbilder von ihren Säulen herabstürzen, usw. Ganz «altägyptisch» ist das Baum-Wunder, bei dem sich eine Palme vor Maria und ihrem Kind verneigt, damit sie bequem von den Früchten essen kann, so wie die Baumgöttin in Gräbern des Neuen Reiches den Verstorbenen ihre Gaben darreicht. Diese Legenden finden sich außerhalb der «kanonischen» Evangelien, wurden aber von der christlichen Kunst des späten Mittelalters gerne illustriert, etwa an der Decke von Zillis. Nachdem die christlichen Künstler Jahrhunderte lang die Heilige Familie in eine völlig europäische Landschaft hineingestellt hatten, ist Nicolas Poussin («Ruhe auf der Flucht nach Ägypten», 1658) wohl der erste, der mit einem Obelisk und mit Übernahmen aus dem um 1600 entdeckten Nilmosaik von Palestrina zeigen will, daß die Szene in Ägypten spielt.

Natürlich haben gerade die koptischen Christen viele Legenden um den Aufenthalt Jesu in ihrem Lande gesponnen. Als Ziel der Heiligen Familie gilt das Marienkloster Deir el-Muharraq 60 km nördlich von Assiut, wo sie angeblich dreieinhalb Jahre geweilt hat. Aber der Weg führt vorher über Mataria, wo eine alte Tradition den heiligen Baum lokalisiert, und über Hermopolis, die heilige Stadt des Thot, wo die Familie eine Nacht im Vorhof des Tempels zubringt. Dort stürzen während der Nacht die im Inneren des Tempels aufgestellten Götzenbilder unter großem Gepolter von ihren Sockeln – auch ein dankbares Motiv der christlichen Ikonographie. In Maâdi, heute ein Vorort von Kairo, soll die Familie sich eingeschifft haben, um weiter nach Oberägypten zu reisen, aber der größte Teil des Weges wurde zu Fuß und zu Esel zurückgelegt. Dabei stellt sich die Frage, wer auf dem Esel gesessen hat – denn nach orientalischer Sitte tut dies der Mann, also Joseph, aber schon Moses hat nach Exodus 4,20 seine Frau und seine Söhne auf den Esel gesetzt ...

Bereits in der Schrift des Origenes gegen Celsus (I 28) läßt sich die Behauptung greifen, Jesus hätte alle seine magischen Künste, mit denen er Wunder wirkte und auf die er seine Göttlichkeit gründete, in Ägypten gelernt, und zwar als erwachsener Lohnarbeiter. Diese Überlieferung gab es auch in der frühen rabbinischen Literatur, aber sie wurde im offiziellen Christentum natürlich unterdrückt, und es ist das Verdienst von Morton Smith, durch sorgfältige Recherchen diesen «ägyptischen» Hintergrund von Jesu Wirken wieder aufgehellt zu haben; in seinem Buch *Jesus der Magier* (1978) zeigt er, wie sich Motive der griechisch-ägyptischen Zaubertexte sogar in den Evangelien finden. Er vermutet, daß Matthäus mit seiner Legende von der «Flucht nach Ägypten» gegen diese außerchristlichen Legenden anschrieb, während die anderen

Mittelalterliche Traditionen 83

Meister der Passion (um 1460): «Die Flucht nach Ägypten». Öl/Holz. Krakau, Wawel. Photo: Archiv für Kunst und Geschichte, Berlin.

Evangelisten auf die ägyptische *Connection* überhaupt nicht eingehen.

Die christlichen Chronographen stützen sich alle auf den ägyptischen Priester Manetho und seine genauen zeitlichen Angaben; dabei haben sie keine Hemmungen, diese notfalls zurechtzubiegen, um sie der biblischen Chronologie anzugleichen und Menes mit Adam gleichzusetzen.

Die frühen Kirchenväter kennen noch die antike «hermetische» Literatur, und Augustinus (354–430), der ja eine gnostisch-manichäische Vergangenheit hatte, widmet Hermes Trismegistos mehrere Kapitel seines «Gottesstaates» (De civ. dei VIII 23, 24 und 26, XVIII 8). Dabei zitiert er mehrfach aus dem *Asclepius*, u. a. die bekannte Stelle, wonach Ägypten «der Tempel der ganzen Welt» sei. Augustinus kritisiert, daß Hermes zwar schon «den einen wahren Gott» verkündet, sich aber von der Verehrung der Götterbilder doch nicht freimachen kann und das nahende Ende der (heidnischen) Kulte betrauert, das er richtig voraussagt. Obgleich er also «Falsches mit Wahrem vermischt», ist er für Augustinus «der weise Mann» (c. 24) und im Grunde ein Vorläufer christlichen Glaubens:

> Er war als Meister vieler Künste berühmt, in denen er auch seine Mitmenschen unterwies, ein Verdienst, weswegen man nach seinem Tode wollte oder glaubte, er sei ein Gott... (XVIII 8)

Den *Physiologus*, wohl Mitte des 2. Jahrhunderts n. Chr. entstanden, und seine Berührungen mit dem späteren Horapollon erwähnten wir schon; durch diese Sammlung von Geschichten über wirkliche und phantastische Tiere, als eine Art Volksbuch viel gelesen, verbreitete sich ägyptische Tiersymbolik auch im Mittelalter. Ein anderer wichtiger Autor war Plutarch, denn seine allegorische Deutung des Osirismythos machte diesen selbst für das christliche Mittelalter akzeptabel. Isis wird bei Boccaccio (*De claris mulieribus*) in Anlehnung an Diodor und die Isis-Aretalogien als Kulturbringerin geschildert, welche die Menschen den Ackerbau, die Schrift und Gesetze lehrt. Von den hermetischen Schriften war der «Asclepius» ja auf Lateinisch verfügbar und wurde das ganze Mittelalter über gelesen. Trotzdem war der Einfluß Ägyptens im Vergleich zur Spätantike jetzt sehr viel geringer.

Für die Theologen des 12. und 13. Jahrhunderts ist der «Philosoph» Trismegistos eine Autorität, deren Meinung man heranzieht. Petrus Abaelard (1079-1142) kennt in seiner *Theologia christiana* Hermes Trismegistos als uralten und berühmten Philosophen, und der «ägyptische Hermes» bedeutet für Albertus Magnus (ca. 1200-1280) vor allem in der Astrologie eine überragende Autorität. Adelard von Bath, auf den mich Ursula Sezgin hinwies, eignete sich in Sizilien die Kenntnis des Arabischen an und trat im England des 12. Jahrhunderts in einem grünen Mantel und mit einem Smaragdring auf, den Farben des Hermes Trismegistos. Auffällig ist allerdings, daß Hermes Trismegistos auf dem Wandbild des 14. Jahrhunderts in Santa Maria Novella in Florenz fehlt, das Thomas von Aquin (um 1225-1274) umgeben von den berühmten Vertretern der Wissenschaft (darunter Pythagoras und Zoroaster) zeigt, obwohl Hermes Trismegistos auch für Bonaventura und Thomas von Aquin als philosophische Autorität galt. Die Vorstellung von Gott als einer unendlichen Kugel, deren Peripherie nirgendwo und deren Mittelpunkt überall ist, die sich bei Cusanus, Ficino und noch bei Giordano Bruno findet, wurde als «Kreis des Trismegistos» mit der hermetischen Tradition verbunden. Mehr im Volksglauben sind die unheilbringenden «ägyptischen Tage» beheimatet, die auf die altägyptische Bewertung der Tage («Tagewählerei») zurückgehen und in Ketzerprozessen des 13. Jahrhunderts eine Rolle spielen. Die hermetische Alchemie endlich erfreute sich so großer Beliebtheit, daß Papst Johannes XXII. 1317 ihre Ausübung verbot.

Die Gnosis hielt sich als Subkultur das ganze Mittelalter über. Der erste häretische Märtyrer, Priscillian, der 380 von einer Synode in Saragossa als Ketzer verurteilt und 385 in Trier hingerichtet wurde, hatte gnostische Lehren von einem bösen Urwesen, das die Körperwelt hervorbringt, in Spanien verbreitet. Ihm folgten die Euchiten, über die Michael Psellos berichtet, die Paulikianer und ab dem 10. Jahrhundert die Bogomilen, die in Satanael einen erstgeborenen Sohn Gottes sahen, der die Sintflut schickt und Moses die Gesetze gibt; sie breiteten sich von Bulgarien nach Bosnien und Dalmatien aus und hatten zeitweise auch in Byzanz Einfluß.

Gnostische Gruppen traten dann im 11. Jahrhundert in Frankreich und Norditalien auf, und im 12. Jahrhundert entsteht mit den Katharern (der Name ist seit 1163 bezeugt, aber entsprechende Häretiker sind schon 1143 in Köln nachzuweisen) eine religiöse Bewegung, die deutlich an gnostisch-dualistische Ideen anknüpft. Die Welt ist vom Bösen geschaffen, dem Demiurgen des Alten

Testamentes, das für die Katharer eine Offenbarung Satans ist und wie das Kreuz-Symbol (als Marter-Instrument) abgelehnt wird. Es geht diesen Gruppen darum, die Seele, die in neue menschliche oder auch tierische Inkarnationen eingeht (deshalb waren alle diese Gruppen Vegetarier), aus dem Gefängnis des Körpers zu befreien, und sie glauben auch wieder an die Macht des Schicksals und der Magie. Die volkstümliche Bewegung fand in Südfrankreich Unterstützung beim Adel, vor allem bei den Grafen von Toulouse, und mußte in langwierigen Kämpfen niedergerungen werden; ab 1209 fand ein erster Kreuzzug gegen sie statt, 1226 ein weiterer (obwohl die Christen im Heiligen Land damals in weit größerer Bedrängnis waren!). Doch erst 1255 setzte die Eroberung von Quéribus der bewaffneten Bewegung der Albigenser, wie sie auch bezeichnet wurden, ein Ende. In den Pyrenäen blühte die Bewegung noch bis in das 14. Jahrhundert, wobei das Dorf Montaillou durch die erhaltenen Inquisitionsakten und ihre Auswertung durch Emmanuel LeRoy Ladurie (1975) weithin bekannt geworden ist. Auf dem Balkan verschwinden die gnostischen Gruppen erst unter der Herrschaft der Türken im 15. Jahrhundert.

Nur am Rande können wir hier auf die jüdische Mystik, die Kabbala (wörtlich «Überlieferung») eingehen, die im 13. Jahrhundert aufblüht, aber vor allem nach der Diaspora von 1492, der Vertreibung der Juden aus Spanien, in Europa bekannt wird. Wir erwähnten schon (Kap. 8) die Verwendung des Amun-Namens noch in Schriften des 16. Jahrhunderts, wobei man direkt an die antike Zauberliteratur anknüpfen konnte. Die Kabbala möchte einen esoterischen Schlüssel zur Bibel liefern und schwelgt vor allem in Zahlen- und Buchstabenmystik, in *Gematria*. Grundlegende Elemente der Welt sind die zehn Urzahlen (*Sefirot*) und die 22 Buchstaben des hebräischen Alphabets. Wenn z.B. der Zeuge (*ed*), der Richter (*dajan*) und die Formulierung «der Unschuldige und der Schuldige» alle den gleichen Zahlenwert 74 haben (Abulafia), zeigt sich dem Kabbalisten die Stimmigkeit der Welt, so wie die alten Ägypter diese Stimmigkeit im «Wortspiel», im Anklang bestimmter Wörter nachvollzogen. Aber die Abstraktheit, zu der sich die kabbalistischen Überlegungen versteigen, ist der ägyptischen Geisteshaltung völlig fremd. Trotzdem treffen wir in der späteren Esoterik immer wieder eine Verbindung von Ägyptosophie und Kabbala, und für unser Thema ist auch die Verbindung von Moses mit ägyptischer Weisheit relevant, die bei vielen christlichen Schriftstellern eine Rolle spielt.

Schon in der antiken jüdischen Tradition wird Moses als Ägypter gesehen, der mit Hermes identisch ist (so zuerst Artapanos) oder neben ihm steht. Er ist der Erfinder des Schreibens und der Philosophie und nach der Apostelgeschichte (7, 22) «unterrichtet in aller Weisheit der Ägypter», so wie er für Philo in die «symbolische» Philosophie der alten Ägypter eingeweiht ist. Da er im Alten Testament der erste ist, der Geschriebenes verwendet, drängte sich seine Deutung als Schrifterfinder auf. Wie Thot seine Schreibtafel, hält Moses die Gesetzestafeln, und die Griechen kennen ihn als Musaios. Für Apion, gegen den Josephus schreibt, ist Moses ein Ägypter aus Heliopolis; nach Josephus wurde er von der Königstochter Thermutis (die altägyptische Göttin Renenutet!) aufgezogen und kämpfte als ägyptischer Feldherr in Äthiopien. Auch Manetho, Strabon und Tacitus halten ihn für einen Ägypter, wobei er bei ersterem in polemischer Weise zum Führer der Aussätzigen gemacht wird, die 13 Jahre lang in Ägypten wüten, bevor sie vertrieben werden können – eine völlige Umkehr der Bedrückung in der Exodus-Überlieferung und der biblischen Überlieferung überhaupt. Jan Assmann hat diese antijüdische Polemik neu ans Licht gehoben und sie mit dem Weiterleben der Revolution Echnatons im «kollektiven Gedächtnis» verknüpft.

Cosmas, Bischof von Jerusalem um die Mitte des 8. Jahrhunderts, sieht Moses und Hermes Trismegistos als Zeitgenossen, die zusammen in die ägyptische Weisheit eingeweiht wurden, und wendet sich damit gegen die verbreitete Behauptung, die beiden seien identisch. Das zeitliche Nebeneinander der beiden Menschheitslehrer wird dann in der Renaissance wieder aufgegriffen, wobei die ägyptische Herkunft des Moses etwas zurücktritt, von Sigmund Freud aber wieder voll ins Licht gerückt wird. Jan Assmann hat jetzt in seinem *Moses der Ägypter* (1998) diese Linie von der Antike bis zu Freud herausgearbeitet. Der letztere hat Moses ja als erster mit Echnaton und seiner monotheistischen Religionsstiftung verbunden. «Wenn Moses ein Ägypter war, und wenn er den Juden seine eigene Religion übermittelte, so war es die des Ikhnaton, die Atonreligion», schreibt Freud in *Der Mann Moses und die monotheistische Religion* (1939). Nach Freud erklärt sich so auch die Ablehnung des Jenseits bei den Juden, die darin Echnaton folgen, und er deutet selbst die Sitte der Beschneidung als Übernahme aus Ägypten. Noch weiter ins Konkrete geht Kathleen Jenks, wenn sie in ihrem Roman *The River and the Stone. Moses' Early Years in Egypt* (1977) Moses seine Weisheiten direkt von Kia, der Witwe Echnatons, beziehen läßt; diese Nebengemahlin des «Ketzerkönigs» war erst kurz zuvor von der Wissenschaft wiederentdeckt worden.

Bei den arabischen Schriftstellern des Mittelalters erscheint Hermes Trismegistos in alchemistischen Schriften, aber auch in Verbindung mit den Pyramiden. Er gilt als Erbauer der Pyramiden, wobei sicher auch der Namensanklang *haram* – Hermes eine Rolle spielt. Abdellatif hat in sabäischen Schriften gelesen, daß die beiden großen Pyramiden die Grabmale von Hermes und Agathodaimon sind, und Maqrizi dichtet Hermes noch eine ganze Familie an. Nach Ibn Batuta hat Hermes, in weiser Voraussicht der Sintflut, in der Großen Pyramide seine gesamte Weisheit für die Nachwelt bewahrt. Wir kommen auf weitere arabische Pyramiden-Traditionen noch zurück, wenn wir allgemein über die Pyramidenmystik sprechen (Kapitel 18).

Hermetische Züge finden sich auch in der Geschichte vom Gral, wie sie Wolfram von Eschenbach (um 1170–1220) überliefert, wobei Wolfram mit großer Wahrscheinlichkeit bereits Kenntnis der «ars nova» hatte, der Alchemie. Der Name des Einsiedlers Trevrizent «Dreifaches Wissen» weist auf den «dreimalgroßen» Hermes. Er enthüllt Parzival die Geschichte vom Gral, der an einer Stelle als «ein Stein» definiert ist (469,3), gewissermaßen als Stein der Weisen; als heiliges Gefäß aber steht er in der Tradition des Isiskultes und der Verehrung des Osiris als Canopus. Die Formulierung *des trachen ummevart* (483,12), die Wolfram verwendet, weist deutlich auf das Bild des *Uroboros*-Drachen der Alchemie. Der gesprenkelte Feirefiz, Halbbruder Parzivals, vertritt den Orient und geht zuletzt nach Indien, wo der Priesterkönig Johannes als sein Sohn wirkt.

11. Die Renaissance der Hermetik und der Hieroglyphen

Bereits das 13. Jahrhundert sieht eine Renaissance von Pyramide und Sphinx; Pyramiden erscheinen auf christlichen Gräbern in Bologna, Sphingen z. B. als Säulenträger im Kreuzgang von S. Giovanni in Laterano (nach 1222, eine von ihnen bärtig) und in Viterbo. Dazu dienten die ägyptischen Löwen (von Nektanebos I.) vor dem Pantheon als beliebtes Vorbild, das immer wieder nachgeahmt wurde. Man darf annehmen, daß die Kreuzzüge ein neues Interesse für den Orient und auch für Ägypten geweckt haben. Sie haben für Europa ein Tor zum Orient geöffnet, durch welches Formen und Ideen wirken konnten, und in der staufischen «Renaissance» begann man dazu auf die ägyptischen Denkmäler, die sich ja immer noch zahlreich in Italien befanden, wieder aufmerksam zu werden. In San Marco in Venedig begegnet im 13. Jahrhundert die erste abendländische Darstellung der Pyramiden, aber sie sind als Kornspeicher Josephs gesehen, stehen also in keiner esoterischen Tradition.

Durch die Wiederbegegnung mit den antiken Autoren, wie sie vor allem im Rahmen der Platonischen Akademie in Florenz gepflegt wurde, erwachte auch neu das Interesse an den antiken Berichten über Ägypten und seine überlegene Weisheit. Dabei begegnete man im wesentlichen der Spätantike, also einer von Ägypten überaus stark durchtränkten Epoche; die «klassische» Antike blieb einstweilen noch verborgen.

Neben Platon waren es vor allem Plutarch, Diodor und Iamblich, aus denen man schöpfte, und dazu kamen bedeutsame Neufunde: Ammianus Marcellinus mit seiner Obelisken-Übersetzung, 1414 vom Büchersammler Poggio Bracciolini in einem deutschen Kloster entdeckt, Horapollon, dessen *Hieroglyphika* Cristoforo Buondelmonti im Juni 1419 auf der Insel Andros findet, und vor allem das Corpus Hermeticum, das als Werk eines einzigen Weisen des hohen Altertums, des Hermes Trismegistos, angesehen wurde. 1460 brachte Bruder Leonardo von Pistoia aus Makedonien einen Codex mit 14 Traktaten des Corpus Hermeticum nach Florenz mit, wo sich am Hofe der Medici im Jahr zuvor eine neue Platonische Akademie gebildet hatte, die an die Traditionen der 529 von Justinian geschlossenen Akademie in Athen anzuknüpfen suchte. Ihr Leiter Marsilio Ficino (1433–1499) übersetzte auf Wunsch von Cosimo de' Medici die griechischen Traktate des Corpus Hermeticum bereits 1463 ins Lateinische, noch bevor es eine lateinische Übersetzung des Platon gab; das war sinnvoll, da er die hermetischen Schriften für Zeugen einer älteren Philosophie als Platon hielt. Ficino stellt eine Genealogie der Weisheit auf, die von Hermes über mehrere Zwischenglieder bis zu Platon führt. Unter dem Titel *Liber de potestate et sapientia Dei* erschien sein Werk erstmals 1471 in Treviso im Druck (wir befinden uns in der ersten großen Blüte des Buchdrucks!) und erlebte bis zum Ende des 16. Jahrhunderts 16 Auflagen, dazu diverse Übersetzungen; 1497 legte er auch eine Übersetzung von Iamblichs «Ägyptischen Mysterien» vor, und seine *Opera omnia* wurden 1561 in Basel gedruckt. Der griechische Originaltext des Corpus Hermeticum erschien erst 1554 in Paris.

In Ficinos Philosophie, welche die Platonische Akademie von Florenz prägte, ist Platon der Erbe von Hermes Trismegistos, Moses, Orpheus und Pythagoras. Auch Giovanni Pico della Mirandola (1463–1494) geht in seinem Kommentar zum ersten Kapitel der Genesis (*Heptaplus* von 1489) davon aus, daß Moses und die Griechen ihre Weisheit von den Ägyptern gewonnen haben, obwohl er daneben auch die Bedeutung der chaldäischen Weisheit und der kabbalistischen Magie betont. In seiner berühmten Rede *De hominis dignitate* («Über die Würde des Menschen», 1486) beruft er sich mehrfach auf Hermes, daneben auf Zoroaster und die Chaldäer; nach seiner Meinung hat sich «alle Weisheit von den Barbaren zu den Griechen verbreitet». Man brauchte nur die Überlieferungen der antiken und vor allem spätantiken Autoren wieder aufzugreifen, die jetzt zu neuen Ehren kamen und viel gelesen wurden, um zur «alten Theologie» (*prisca theologia*) zurückzufinden. Neben die Bibel trat damit eine noch ältere Offenbarung, auf die man sich berufen konnte. In ihr hatte (bei Pico, Agrippa von Nettesheim und anderen) sogar die Magie wieder einen Platz.

Ihren bildlichen Niederschlag fand diese urzeitliche Offenbarung und Weisheit im bekannten Mosaik des Fußbodens im Dom von Siena von 1488 (der Künstler ist Giovanni di Maestro Stefano), das Hermes Trismegistos als Zeitgenossen des Moses und Gesetzgeber für Ägypten in orientalischem Kostüm zeigt – als großen, ehrwürdigen und bärtigen Mann mit einer Mitra, angeschrieben als

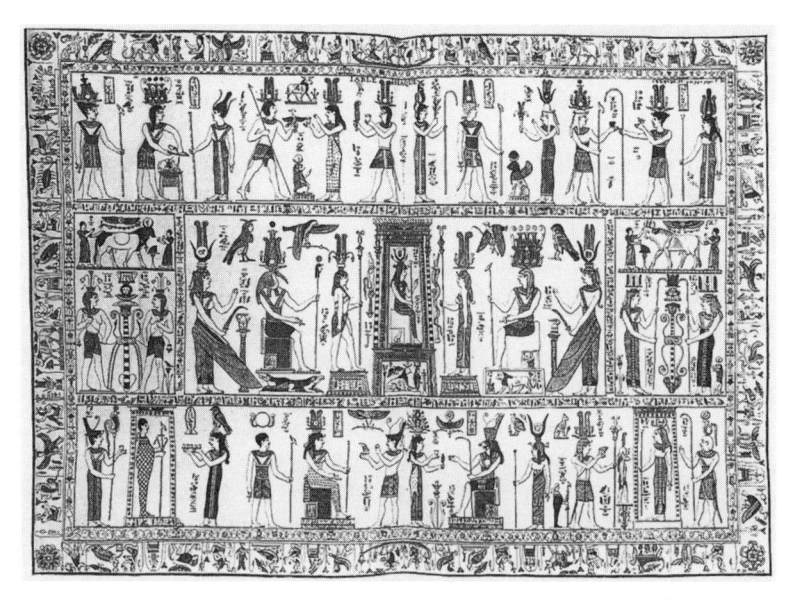

Die *Mensa Isiaca*, jetzt im Museo Egizio in Turin, in der Wiedergabe von B. de Montfaucon, L'Antiquité expliquée et répresentée en figures, II, Paris 1719, pl. 138.

«Hermes Mercurius Trismegistus, Zeitgenosse des Moses». Die Schrifttafel neben ihm wird von geflügelten Sphingen getragen. Nur wenige Jahre später entstanden die Fresken des Pinturicchio im Vatikan (dazu gleich); auch sie zeigen Hermes in Gesellschaft des Moses, dazu der Isis. Von großer Bedeutung für die bildlichen Vorstellungen wurde dann die als *Mensa Isiaca* bezeichnete Bronzetafel, die im Jahre 1527 in Rom auftauchte und von Kardinal Bembo erworben wurde (daher auch *Tabula Bembina*, heute im Museo Egizio in Turin). Die etwas verfremdeten Bildformen dieser Tafel gehen deutlich auf originale ägyptische Formen zurück; die Hieroglyphen sind allerdings zur reinen Dekoration erstarrt und ergeben keinen lesbaren Sinn mehr. Wahrscheinlich ist die *Mensa* im 1. Jahrhundert n. Chr. angefertigt und gehörte zur Ausstattung eines römischen Isis-Heiligtums. Ihr Bildprogramm, mit der thronenden Isis im Zentrum und vielen anderen Götterfiguren, übte einen großen Einfluß auf die zahllosen Nachahmungen ägyptischer Kunst aus, die jetzt in Mode kamen.

Bei Diodor (I 14 ff.) stieß man auf das Paar Osiris/Isis als Kulturbringer der Menschheit (schon Boccaccio hatte ja hier angeknüpft), und der Dominikaner Annius von Viterbo (Giovanni Nanni, 1432–1502), Sekretär von Papst Alexander VI. Borgia, ließ sie in einem Werk über Geschichte und Chronologie der frühen Menschheit in Italien auftreten, um unter Umgehung Griechenlands einen direkten Einfluß der altägyptischen Kultur auf Italien herzustellen und durch erfundene «Inschriften» nachzuweisen. Auf diese Ideen gehen die Fresken des Pinturicchio in der Sala dei Santi im Vatikan (1495) zurück, die den Osiris-Mythos nach Italien verpflanzen und sogar den Apis-Stier mit dem Wappen-Stier der Borgia-Familie gleichsetzen; Isis lehrt hier die Wissenschaften und die Gesetze. Die Protagonisten des Mythos erscheinen in zeitgenössischen Gewändern der Renaissance, nur Hermes wird durch einen Turban orientalisiert und fand nunmehr auch Eingang im Vatikan.

Noch bevor die erste gedruckte Ausgabe von Horapollons *Hieroglyphika* in der lateinischen Fassung 1505 in Venedig bei Aldus Manutius erschien (eine der frühen lateinischen Übersetzungen, von Bernhard Trebatius aus Vicenza, wurde 1518 auch in Basel gedruckt), setzte in Europa eine wahre Hieroglyphen-Leidenschaft ein. Der Architekt Leon Battista Alberti gab in seinem Buch über Baukunst (*Ars Aedificatoria*, 1485) den Anstoß zur Schaffung neuer Hieroglyphen, zunächst vor allem auf Schaumünzen; bekannt ist vor allem sein Symbol des geflügelten Auges. Er lenkte den Blick auch wieder auf den ästhetischen Aspekt der Hieroglyphen, den man in der Fixierung auf ihre symbolische Bedeutung lange vergessen hatte. Neben ihm steht der Dominikaner Fra Francesco Colonna (1433–1527) mit seiner *Hypnerotomachia Poliphili*, dem «Traumliebesstreit» des Poliphilo.

Dieser «so oft zitierte und so wenig gelesene Roman» (E. Wind, S. 124) ist eine Verherrlichung der Antike in Form eines Romans, der zwar erst 1499 gedruckt wurde, aber schon vorher bekannt war und wohl um 1467 vollendet wurde. Er spielt in einer phantastischen Architekturlandschaft mit Pyramiden, Obelisken und Kolossalstatuen, wobei der Autor regen Gebrauch von den Berichten der antiken Autoren über Ägypten macht. Die Holzschnitte aus der Schule Mantegnas in der gedruckten Fassung wurden zu Bausteinen einer neuen Hieroglyphik, die nun ganze Inschriften zu verschlüsseln suchte, etwa das Sallust-Zitat «Durch Frieden und Eintracht (Schlangenstab) wachsen kleine Dinge (Ameise), durch Zwietracht (Feuer und Wasser) nehmen die größten Dinge (Elefant) ab». Ein anderes Bilderrätsel sollte eine Weihung der Ägypter an Julius Caesar wiedergeben. Das Motiv des Elefanten, der einen

Obelisken trägt (nach einem römischen Vorbild in Catania), wurde vielfach kopiert, und Bildzitate aus dem Werk finden sich noch bei Fischer von Erlach 1721 und sogar bei Salvador Dali («Apotheose des Homer», 1944/45: Elefanten und Ameisen). Die *Hypnerotomachia* fand große Verbreitung im damaligen Europa und wirkte lange nach. Und die hieroglyphischen Bilder, welche die Gelehrten der Renaissance neu entwarfen, wurden dann im 17. Jahrhundert als «echte» ägyptische Hieroglyphen weiter kopiert.

Für eine lateinische Übersetzung des Horapollon durch seinen Humanistenfreund Willibald Pirkheimer, die 1512 erschien, fertigte Albrecht Dürer (1471–1528) eine Serie von Zeichnungen zu Horapollon an, von denen wir als Beispiel auf den «Stundenesser» verweisen. Er geht auf Horapollon I 42 zurück: «Den *horoskopos* (Stundenbeobachter) zeigen sie an durch einen Mann, der die Stunden ißt ... weil den Menschen ihre Mahlzeiten zur festgesetzten Zeit zubereitet werden.» Im Zusammenwirken mit Pirkheimer und mit Kaiser Maximilian I. gestaltete Dürer um 1515 seinen monumentalen (350 × 297 cm!) Holzschnitt einer «Ehrenpforte» für den Kaiser, die in emblematischer Weise Leben und Streben Maximilians preisen sollte, versehen auch mit einem «Geheimbild» und mit einer ausführlichen Titulatur des Kaisers – nach Pirkheimer ein «misterium der alten Egiptischen Buchstaben, herkumend von dem künig Osyris»; die Tiere, die dort den Kaiser umgeben, sind alle aus Horapollon entlehnt. Die Hieroglyphen spielten eine solche Rolle bei Dürer, daß schon gewarnt wurde: «man muß sich davor hüten, jeden Löwen, Hund, Kranich usw. einer Dürerschen Zeichnung als Hieroglyphe zu betrachten». Erwähnen wir noch, daß die Hieroglyphen im 16. Jahrhundert auch Bedeutung für die *Ars memorativa* gewannen, für eine Mnemotechnik durch Bilder, vor allem bei Francesco Panigarola (*Trattato della memoria locale*).

Die bis 1997 einzige deutsche Übersetzung Horapollons verdanken wir Johannes Basilius Herold (1514–1567) aus Höchstädt, der in Basler Druckereien als Korrektor arbeitete, aber wegen unehelicher Herkunft nicht zum Universitäts-Studium zugelassen wurde; sein Werk (er hat daneben noch viele historische Werke herausgegeben) wurde 1554 in Basel gedruckt, beruht allerdings auf einer unvollständigen lateinischen Übersetzung des griechischen Textes. Erst 1997 hat Helge Weingärtner eine neue deutsche Übersetzung vorgelegt, die von der guten lateinischen Wiedergabe des Jean Mercier ausgeht.

ADORATIO.

Pierio Valeriano, Hieroglyphica, Basel 1567, Blatt 46: Die Hieroglyphe für «Anbetung» (Adoratio).

Anno 1556 erschien bei Henric Petri in Basel das Werk *Hieroglyphica* des Norditalieners Pierio Valeriano (1497–1558, aus Belluno), die bedeutendste Zusammenfassung der gesamten Hieroglyphik seiner Zeit und von großem Einfluß auf alle folgenden Werke über Hieroglyphen; 1567 und 1575 erfolgten weitere Drucke in Basel, und bis 1678 erschienen 16 Auflagen, dazu eine französische Übersetzung von Gabriel Chappuys 1576 und eine deutsche 1615. Hier ist neben Horapollon auch die *Mensa Isiaca* schon verarbeitet, doch schöpft Valeriano seine Deutungen häufig auch aus der Bibel und benutzt sogar die neugeschaffenen «Hieroglyphen» der *Hypnerotomachia,* denn «auch die Jüngeren haben manche hieroglyphische Zeichen erdacht». Dabei hatte Giulio Romano bereits gegen 1530 originale ägyptische Hieroglyphen in die Dekoration des Palazzo Tè in Mantua einbezogen. Bei Valeriano spielen diese «echten» Hieroglyphen keine Rolle, vielmehr werden mit Vorliebe Beschreibungen der antiken Autoren in sichtbare Bilder umgesetzt, so die angebliche Inschrift am Neith-Tempel in Sais, die Plutarch und Clemens von Alexandria erwähnen: «O ihr, die ihr geboren werdet und sterbt, Gott haßt die Schamlosigkeit», wobei Valeriano von dem Nilpferd, das bei Plutarch die Schamlosigkeit verkörpert (bei Clemens ist es ein Krokodil) keine klare Vorstellung hat. Für ihn sind die Hieroglyphen eine reine Bilderschrift und allein symbolisch zu lesen, ja eigentlich identisch mit unserem Begriff «Symbol», dem erst Georg Friedrich Creuzer wieder zu seinem Recht verhalf.

Basel spielt für uns weiterhin eine Rolle, denn 1574 promovierte hier Johann Fischart zum Dr. jur. und veröffentlichte im Jahre darauf seine «Affentheurlich Naupengeheuerliche Geschichtklitterung», eine deutsche Wiedergabe von Rabelais' *Gargantua*. Wie bereits sein Vorbild, verspottet er darin die verbreitete Mode der Hieroglyphik, die «Namen veränderer & Wortverrucker», die ein Bein für «Pein», ein Bett ohn Himmel (Lit sans ciel) für «Lizentiat», ein A mit einem Mohr für «Amor», einen Laib Brot mit einer Ziege für «Leipzig» setzen, usw.

Die Hermetik der Renaissance griff von Italien sehr bald auf England über, wo Thomas More eine Biographie von Pico della Mirandola schrieb und in seiner *Utopia* (1516) eine Religion mit ausgesprochen hermetischen Zügen schildert, dazu eine Religionsfreiheit ohne jede Gewalt propagiert. In Deutschland fand die Hermetik dagegen bei den lutherischen Protestanten keinen guten Nährboden. Wir wollen noch einen kurzen Blick auf einige herausragende Persönlichkeiten werfen, die mit der Hermetik in Verbindung gebracht werden.

Paracelsus (1493–1541), eigentlich Theophrastus Bombastus von Hohenheim, war 1527/28 Stadtarzt in Basel, wo 1589–1591 auch die erste Gesamtausgabe seiner Werke erschien. Ihm wurde immer wieder ein Aufenthalt in Ägypten zugeschrieben, dort vermutete man «eine Hauptquelle seiner staunenswerten Kunst» und vor allem den Ursprung seines magischen Wissens. Er selber sagt einmal: «Solches alles ist anfenglich bei den Aegyptern gewesen.» Doch scheint er selber zur eigentlichen Hermetik keine Verbindung gehabt zu haben, wenn man vom allgemeinen Prinzip der Entsprechung von Mikro- und Makrokosmos absieht. Aber er wurde zu einer großen Autorität für die Rosenkreuzer und für alle, die mit der traditionellen Wissenschaft uneins waren, und seine Anhänger berufen sich immer wieder auf Traditionen, die von Hermes Trismegistos herstammen. Die Alchemie suchte Paracelsus zur Herstellung von Heilmitteln einzusetzen, als Chemiatrie. Seine Naturphilosophie wurde zusammengefaßt von Oswald Croll (um 1560–1608) in der *Basilica Chymica* (1609, also am Vorabend der Rosenkreuzer-Bewegung), einem sehr einflußreichen Werk.

Pierio Valeriano, Hieroglyphica, Basel 1567, Blatt 219: Obelisk mit der hieroglyphischen Inschrift (nach Plutarch) «O ihr, die ihr geboren werdet und sterbt, Gott haßt die Schamlosigkeit» oder, in der Deutung von Valeriano, «Wir werden geboren und wir altern, wir leben und wir sterben gemäß der Zwiespältigkeit (Nilpferd!) der Natur».

Sein großer Zeitgenosse Nostradamus (Michel de Nostre-Dame, 1503-1566) hat sich, bevor er seine Prophezeiungen in den *Centuries* niederschrieb (sie erschienen erstmals 1555), mit altägyptischer Weisheit und mit den Hieroglyphen beschäftigt und etwa 1545 eine *Interprétation des hiéroglyphes de Horapollo* verfaßt, eine Wiedergabe des alten Hieroglyphen-Werkes in Epigrammen; das Werk wurde 1968 von P. Rollet nach einer Handschrift in der Bibliothèque nationale herausgegeben.

Nikolaus Kopernikus (1473-1543) beruft sich in seiner Grundlegung des neuen heliozentrischen Weltbildes an einer Stelle auch auf Trismegistos als Autorität, denn die hermetischen Schriften der Antike weisen der Sonne bereits eine zentrale Stellung zu, und nach Macrobius lassen sich alle großen Götter auf *eine* solare Gottheit zurückführen. Im *Corpus Hermeticum* betont vor allem Traktat XVI die zentrale Rolle der Sonne, und nach dem *Asclepius* (Kap. 29) ist sie geradezu «der zweite Gott». Für Kopernikus war das Ansehen des Hermes Trismegistos eine wichtige Bestätigung gegenüber der Kirche, die diese Autorität ja zumeist gelten ließ.

Noch weiter geht Giordano Bruno (1548-1600), der die Zerstörung der «guten Religion» der Ägypter durch das Christentum beklagt, das an ihre Stelle «den Kult toter Dinge, absurde Riten, schlechtes sittliches Verhalten und nie endende Kriege» setzt. Er verteidigt Ficino gegen die «grammatischen Pedanten» seiner Zeit, und seine Idee vom unendlichen Weltall ist aus hermetischem Geist geboren. Bruno greift dazu den Gedanken der Seelenwanderung wieder auf, die durch alle Lebensbereiche, durch Mensch, Tier, Pflanze und Mineral hindurchführt. Von altägyptischer Weisheit und Magie hat auch Moses in Ägypten gezehrt, und für Bruno sind, wie für Manetho, die Juden von den Ägyptern vertrieben worden. Die Religion des «allerweisesten ägyptischen Merkur» steht der ursprünglichen göttlichen Weisheit am nächsten, und auf die versöhnende Kraft dieser Religion, gegenüber dem wachsenden Zwist der christlichen Konfessionen und den blutigen Religionskriegen, weist um die gleiche Zeit auch der französische Staatsmann und Protestant Philipp du Plessis Mornay (1549-1623) hin.

Viele andere Zeitgenossen verehrten in Hermes Trismegistos einen der großen Religionsstifter, aber daneben behielt er weiter seinen Platz im Kreis der großen Naturphilosophen. Am Erker der Ratsapotheke in der alten Hansestadt Lemgo hat G. Crosmann 1612 die Bildnisse der zehn berühmtesten Naturforscher, Ärzte und Alchemisten angebracht. Hier finden wir Dioscorides, Aristoteles, Galen, Hippokrates, dazu als sechsten Hermes Trismegistos mit seinem Turban und als zehnten Paracelsus – ein schönes Beispiel dafür, wie man Hermes weiterhin als historische Persönlichkeit behandelte.

Auf dem Boden dieser neuen hermetischen Mysterien brachte die Renaissance eine große Kunst hervor, die an der symbolischen Verschlüsselung Freude hatte. Ihre Werke «waren für Eingeweihte bestimmt, daher erfordern sie eine Einweihung» (Wind, S. 26). Überall suchte man einen geheimen Sinn zu entdecken oder auch auszudrücken, und es muß schon im 16. Jahrhundert, lange vor den Rosenkreuzern, hermetisch orientierte Geheimgesellschaften gegeben haben. Raffael ist einer der ersten Renaissance-Künstler, der die zeitlosen Formen von Pyramide und ägyptischer Sphinx (mit Kopftuch) wieder aufgreift. Er bringt auch die vielbrüstige Göttin, die *Multimammia*, die man bereits in der Spätantike der Isis zugeordnet hatte, zu neuen Ehren. Seine Verkörperung der Philosophie im Vatikan stützt sich auf sie, die nun die «Brüste der Natur» sichtbar vor Augen stellt.

12. Ägyptenreisen: Wunder über Wunder

An die antiken Reisenden, die überall im Lande ihre Graffiti hinterließen, schließen sich fast nahtlos die christlichen Pilger an, die schon im 4. Jahrhundert in solchen Scharen nach Jerusalem eilen, «als wäre der Heilige Geist nur bei den Bewohnern von Jerusalem reichlich vorhanden, sei aber nicht in der Lage, den Weg zu uns zu finden», wie Gregor von Nyssa (gest. 394) tadelnd vermerkt. Auf den Spuren von Moses und Aaron, die sie in einer pharaonischen Doppelstatue im Ostdelta wiedererkennen, wandeln die Nonne Egeria (381/384) und andere, die allerdings nur auf der Durchreise zum Sinai und nach Jerusalem das Niltal berühren und nicht mehr bis nach Oberägypten vordringen. Dieses gerät für die europäische Welt jetzt völlig in Vergessenheit und wird erst am Ende des 16. Jahrhunderts wiederentdeckt. Auch bei den arabischen Autoren werden die Denkmäler Thebens nur selten erwähnt, während der Tempel von Achmim, der an der Route der Mekka-Pilger lag, große Aufmerksamkeit findet.

Besonders heilig für die christlichen Pilger ist der Sinai, wo Moses seine Offenbarung empfing und wo sie selbst in den Felsinschriften (die bereits Egeria erwähnt) Spuren der alten Hebräer erkennen wollen. Man weiß genau, wo es Manna geregnet hat, wo das Goldene Kalb verspeist wurde und wo Moses in seinem Zorn die Gesetzestafeln zerschmettert hat.

Der Strom der Pilger ist nach der arabischen Eroberung Ägyptens und der heiligen Stätten nicht versiegt, wenn auch immer mehr die Handelsinteressen und entsprechend die reisenden Kaufleute in den Vordergrund traten. Auf die Pilger, Diplomaten und Kaufleute folgte dann mit Pero Tafur aus Cordova (1436/37 in Ägypten, danach in verschiedenen europäischen Ländern) der erste wirkliche «Tourist». Wie viele vor ihm, bestaunte er die Pyramiden als Kornspeicher Josephs, doch blieben sie der südlichste Punkt seiner Reise. Viele weitere «Gentleman-travelers» folgten ihm, seit dem 16. Jahrhundert oft mit wissenschaftlichen Interessen. So ist Cyriacus von Ancona, der 1436 zum dritten Mal in Ägypten reist, nicht nur Kaufmann, sondern auch Humanist, der eifrig Handschriften sammelt. Seit dem Ende des 15. Jahrhunderts spielt auch Hermes

Trismegistos bei diesen Reisenden eine Rolle, dank seiner Wiederentdeckung durch die Renaissance. Felix Fabri, der Dominikaner aus Zürich, der 1483 in Ägypten weilt (und u.a. im Sphinx ein Bild der Isis sehen will), spricht von ihm, benutzt aber auch Boccaccios «Genealogie der Götter» als Leitfaden.

Die Kenntnis der antiken Autoren auf der einen und des Alten Testaments auf der anderen Seite versah viele Reisende der folgenden Jahrhunderte mit einem Vorverständnis, das ihre Begegnung mit Ägypten entscheidend prägte. Othmar Keel hat dabei sehr schön den Unterschied herausgearbeitet, der sich seit der Aufklärung und der Französischen Revolution greifen läßt: Die französischen Reisenden bringen ihren Herodot, Diodor und Strabon mit, die englischen (und amerikanischen) wandeln überall auf den Spuren der Bibel und halten, wie die frühen Pilger, nach Bestätigung für biblische Überlieferung Ausschau.

Dazu trat im Epochenjahr 1492 ein neues Motiv, als die Missionsbewegung der Böhmischen Brüder Martin Kabátnik aussandte, um im Orient die «unverdorbene» Kirche zu finden, die sie im Abendland nirgends mehr erblicken konnten. Seine 1518 gedruckte Reisebeschreibung erlebte viele Auflagen, und auch viele andere Reiseberichte erwiesen sich als «Bestseller» der damaligen Zeit, durch die Ägypten dem europäischen Publikum nähergebracht wurde. Das *Itinerario* des Lodovico de Varthema, das 1510 in Mailand erschien, erlebte in hundert Jahren etwa fünfzig Auflagen und wurde aus dem Italienischen in sieben weitere Sprachen übersetzt. Dabei hatten manche dieser Reiseschriftsteller keine Hemmung, eifrig voneinander abzuschreiben.

Auf die Böhmischen Brüder folgten später noch viele weitere Missionen, jedoch mit anderer Zielsetzung. Meist ging es um die Aufnahme von Kontakten zur äthiopischen Kirche, und 1622 wurde eine Kapuziner-Mission nach Kairo entsandt, um die Kopten zu bekehren; sie erreichte dieses Ziel zwar nicht, war aber bis zum Ende des Jahrhunderts sehr aktiv und versorgte europäische Gelehrte wie Nicolas Fabri de Peiresc mit nützlichen Informationen und koptischen Handschriften.

Im 16. Jahrhundert treffen wir schon Reisende mit ausgeprägten archäologischen Interessen, wie den Arzt Pierre Belon (1517–1564). Trotzdem haben die Wiedergaben von Pyramiden (viel zu steil) und Sphinx (als weibliche Büste) in den Reisebüchern wenig mit der Wirklichkeit zu tun. Eines der Wunder, das jetzt in großer Zahl aus Ägypten nach Europa gebracht wird, sind die Mumien. Als Heil-

Ausgrabung von Mumien 1616 bei Kairo. Nach Pietro della Valle, Reise-Beschreibung in unterschiedliche Theile der Welt, Genf 1674, S. 104.

mittel wurden sie seit dem 13. Jahrhundert als Ersatz für das seltene und kostbare mineralische Bitumen benutzt, das zur Wundbehandlung beliebt war. Vor allem im 16. und 17. Jahrhundert blühte der Handel mit ägyptischen Mumien, auch bei Paracelsus findet sich pulverisiertes *Mumia* als Heilmittel; wegen der großen Nachfrage kam es zu förmlichen «Grabungen» und auch zu Fälschungen – Frischverstorbene wurden, entsprechend präpariert, den Europäern als Mumien verkauft. Pietro della Valle aus Rom (1586–1652), der Athanasius Kircher mit koptischen Handschriften versorgte, grub 1616 in einem Mumienfeld in der Nähe von Kairo, wo die Mumien im Sand «eine über der andern, genau wie die Maccheroni im Käse» lagen; zwei von ihnen gelangten über die Sammlung des Fürsten Chigi in Rom schließlich 1728 nach Dresden in das Antikenkabinett von August dem Starken.

Über drei Mumien, die nach Breslau gelangten, veröffentlichte Andreas Gryphius 1662 eine Studie (*Mumiae Vratislaviensies*), die sein Interesse an Riten und heiligen Bräuchen des Alten Orients bezeugt, aber zugleich auch am Phänomen des Todes. Im 18. Jahrhundert ging der Gebrauch als Heilmittel zurück, aber noch 1924 findet sich *Mumia vera Aegyptiaca* in der Preisliste der Firma Merck in Darmstadt. Die Mumien waren aber inzwischen eher zum exotischen Kuriosum geworden, das als typisches Erzeugnis der altägyptischen Kultur zum unverzichtbaren Bestand der jetzt entstehenden Sammlungen gehörte.

Auch andere Objekte fanden ihren Weg nach Europa. Istanbul war schon im 16. Jahrhundert ein Markt für ägyptische Antiken – der kaiserliche Gesandte Busbeck (gest. 1592) kaufte dort für 200 Dukaten eine naophore Statue, die sich immer noch in Wien befindet. Direkt aus Ägypten kamen 1632 zwei schöne Sarkophage der Spätzeit, die Kircher gezeichnet und Lafontaine besungen hat und die sich jetzt im Louvre befinden. Dabei werden die Originale fast von Anfang an von Fälschungen und Nachahmungen begleitet; bereits 1635 schenkte Erzbischof Laud der Bodleian Library in Oxford neben einer echten auch eine eindeutig nachgemachte Totenfigur (Uschebti).

Das Interesse der Reisenden galt aber nicht nur den Mumien und Grabbeigaben, sondern auch den unlesbaren Hieroglyphen, die ja vermeintlich das Geheimwissen der alten Ägypter festhielten. Schon erstaunlich früh beggnen relativ korrekte Wiedergaben von Inschriften; eines der frühesten Beispiele ist die Zeichnung eines Würfelhockers mit Texten von Cl. Duchet (1573), die Baltrušaitis

Ägyptenreisen: Wunder über Wunder 103

Das Tal der Könige in der Wiedergabe von Richard Pococke, Description of the East, Part I, London 1743, pl. XXX.

abbildet und die wesentlich korrekter ist als Wiedergaben des 18. Jahrhunderts, etwa bei Montfaucon. Wir sind damit am Anfang der eigentlich wissenschaftlichen Beschäftigung mit dem alten Ägypten, die aber zunächst noch durchaus «hermetisch» geprägt ist; Michael Vansleb (1672/73 in Kairo, um Manuskripte zu erwerben) interessiert sich für Magie, Claude Sicard (1712 ff.) stößt im Antonius-Kloster auf Mönche, die sich dem alchemistischen Werke widmen. Selbst die Gelehrten Bonapartes sind noch an der esoterischen Dimension Ägyptens interessiert.

13. Triumphe der Gelehrsamkeit: Kircher, Spencer und Cudworth

Die erwachende Wissenschaft der Neuzeit ist ohne die Berufung auf Hermes Trismegistos schwer denkbar, aber sie hat sich bald auch gegen ihn gewandt. 1614 veröffentlichte Isaac Casaubon (1559-1614) aus Genf im Rahmen seiner umfassenden Kritik an Kardinal Cesare Baronius' Kirchengeschichte seine Spätdatierung des Corpus Hermeticum, das für ihn eine Fälschung des frühen Christentums darstellt. Die Hermetik hat sich von diesem Schlag allerdings rasch erholt, und bereits Cudworth (siehe unten) wandte ein, daß Casaubon zu stark verallgemeinert, daß seine Spätdatierung nicht auf das gesamte *Corpus* zutrifft und der *Asclepius* z. B. ursprüngliche ägyptische Theologie enthalte. Aber Francis Bacon verzichtet in seiner von Platon angeregten Utopie *New Atlantis* (1624) auf den dubios gewordenen Hermes und führt nur Moses als Gesetzgeber auf; dazu tritt bei ihm das «Haus Salomons» als eine Art Akademie der Wissenschaften und Vorläufer der Royal Society.

Ein anderer großer Widersacher der Hermetiker ist Hermann Conring (1606-1681) mit seinem Werk *De hermetica Aegyptiorum vetere et novo Paracelsicorum medicina liber unus* von 1648, das 1669 in einer Neuauflage unter dem Titel *De hermetica medicina* erschien. Hier erklärt er alle Bücher, die sich auf Hermes Trismegistos als Autor berufen, als Fälschung. Es habe wahrscheinlich niemals einen Menschen dieses Namens gegeben, und die Medizin und sonstige Wissenschaft der Ägypter sei ohnehin reiner Aberglaube gewesen und von den Griechen weit übertroffen worden, was auch für die Philosophie gelte. Die herrschende Priesterkaste habe mit ihren Kultzeremonien und mit den bunten Hieroglyphen das Volk getäuscht, um es leichter beherrschen zu können. Das Motiv vom Priesterbetrug spielt auch in der späteren Literatur immer wieder eine Rolle.

Unter den bedeutendsten Gelehrten der Geschichte, deren Bilder die Aula Leopoldina in Breslau (von 1728/32) zieren, erscheint als «deutscher Archimedes» auch Athanasius Kircher (1602-1680). In Geisa in Hessen geboren, besuchte Kircher zunächst das päpstliche Seminar in Fulda, wurde 1618 in Paderborn Novize des Jesuitenordens und benutzte seine Studien in Paderborn, Köln und Mainz dazu, sich praktisch das gesamte Wissen seiner Zeit anzueignen. Entsprechend universal war schon sein erster Lehrauftrag: 1629 wurde er Professor der Ethik, der Mathematik und der orientalischen Sprachen (d.h. Hebräisch und Syrisch) in Würzburg. Nachdem die Jesuiten von Gustav Adolf aus Würzburg vertrieben wurden, lehrte er die gleichen Fächer in Avignon, wo er in Kontakt mit dem französischen Gelehrten Fabri de Peiresc (1580–1637) trat, der über eine Sammlung von koptischen Handschriften verfügte und sich für die Hieroglyphen interessierte. Ein kurzes Intermezzo in Wien, als Hofmathematikus Kaiser Ferdinands II., schuf eine bleibende Verbindung mit dem österreichischen Kaiserhaus, aber noch im gleichen Jahr 1633 wurde er in Rom Professor der Mathematik, der Physik und der orientalischen Sprachen.

Der Zufall wollte es, daß im Februar des darauffolgenden Jahres 1634 auf der Piazza Navona in Rom ein typisches Barockfest mit einer «ägyptischen» Maskerade stattfand, das dem neuen Professor sicher nicht entgangen ist. Nur in einer Beschreibung von 1635 erhalten, wurden Fest und Schauspiel erst 1939 wieder ans Licht gehoben, in Ragna Enkings Studie zum Apis-Altar Dinglingers. Inhalt ist, daß der fahrende Ritter Tiamo von Memphis (es ist der Held der *Aethiopika* Heliodors, der dort Thyamis heißt, aber jetzt diesen sprechenden Namen Tiamo trägt) durch laute Verkündung seiner Liebe zu Rosinda den Zorn der römischen Kavaliere auf sich gezogen hat. Diese treten gegen ihn zum Turnier an und halten ihm zunächst in pathetischen Reden vor, daß Schweigen das oberste Gebot aller Liebenden sei – aber dieser Barbar aus Memphis kann das nicht wissen, da er ja aus einem Lande stammt, in dem der Lärm der Katarakte die Bewohner ertauben läßt, wo Anubis wie ein Hund bellt und man die heilige Kuh anbetet, die der hundertäugige Argus bewacht. Vier ägyptische Isisritter kommen den Römern zu Hilfe, und noch einmal siegt Rom, wie unter Augustus, über Ägypten.

Hier in Rom entfaltete Kircher nun über Jahrzehnte hinweg eine ungeheuer fruchtbare Tätigkeit und wurde zum Mittelpunkt der damaligen gelehrten Welt – wer immer Rom besuchte, mußte auch den Pater Kircher und sein «Museum» gesehen haben. Hier, im Bannkreis der römischen Obelisken, begann sich Kircher auch zunehmend mit der ägyptischen Schrift und Sprache zu beschäftigen, wobei das Eindringen in das mit griechischen Buchstaben geschriebene Koptisch, die jüngste Form der altägyptischen Sprache, keine allzugroßen Probleme stellte; hier war von Peiresc, Saumaise und anderen auch schon vorgearbeitet worden, und bereits 1629 wurden die ersten koptischen Drucktypen für den Gebrauch der Propaganda Fide hergestellt.

Als erste Frucht dieser Studien erschien 1636 der *Prodromus* (Bote) *coptus sive aegyptiacus*, der die erste koptische Grammatik enthielt; ihm folgte die *Lingua aegyptiaca restituta* (1644), welche ein für lange Zeit grundlegendes koptisches Wörterbuch bereitstellte, das auf den Arbeiten von Peiresc und den von della Valle gesammelten Handschriften aufbaute. Kircher irrte mit seiner Meinung, die koptischen Buchstaben seien der Prototyp der griechischen, erkannte aber richtig im Koptischen die altägyptische Sprache. Von seinen späteren Werken sind vor allem der *Oedipus Aegyptiacus* (1652–54) und die *Sphynx mystagoga* (1676) zu nennen. Als er im November 1680 starb, konnte Kircher auf 32 lateinisch geschriebene Werke mit 14000 Druckseiten (im Folio-Format!) zurückblicken, und Lichtenberg urteilte mit einigem Recht: «Wenn Athanasius Kircher eine Feder in die Hand nahm, floß ein Foliant aus derselben.»

Er hat in seinen Werken ein beachtlich großes Material an originalen ägyptischen Denkmälern zusammengetragen, dazu relativ exakt beschrieben und abgebildet, so z.B. alle ihm bekannten Obelisken auf über 200 Seiten seines *Oedipus*; dazu sogar Denkmäler in Ägypten, die er selber nie gesehen hat, aber von Reisenden beschrieben erhielt. Sein *Oedipus Aegyptiacus*, der auch eine Beschreibung des Tempels der Isis Campensis in Rom, ein Kapitel «Alchymia hieroglyphica» und einen Abschnitt über die «Nachahmer Ägyptens» enthält, blieb bis zur napoleonischen *Description* das grundlegende, vielbenutzte Werk über Kunst, Wissenschaft, Kultur, Religion und Sprache der Ägypter. Seine Sammlung, das weitbekannte *Musaeum Kircherianum*, das er 1651 eröffnete, wurde erst 1790 von F. Bonanni veröffentlicht. Dieses Kircher-Museum stand neben anderen Sammlungen von Aegyptiaca in Rom (die bereits im 16. Jahrhundert einsetzen), vor allem der der Königin Christine von Schweden, die sich nach ihrer Abdankung in Rom niederließ und dort im Palazzo Riaro eine ägyptische Sammlung aufbaute, die 1724 vom spanischen König gekauft wurde und in das Museo del Prado in Madrid gelangte.

Kircher glaubte, die Bedeutung der Hieroglyphen enträtselt zu haben, und prahlte mit seiner Fähigkeit, fehlende Teile von Obelisken ohne weiteres ergänzen zu können. Er entwarf sogar «neue»

Hieroglypheninschriften, so eine Obeliskeninschrift zu Ehren von Kaiser Ferdinand III., in der er altägyptische Zeichenformen und freie Erfindungen bunt zusammenmischte. Der Kaiser sollte als *Osiris Austriacus* und *Momphta Austriacus* verherrlicht werden, dazu als «Förderer merkurialischer Künste», also als Gefolgsmann des Hermes Trismegistos.

Für Kircher enthalten die Inschriften das philosophische Gedankengut der alten Ägypter, weshalb er die Obelisken-Übersetzung bei Ammianus Marcellinus, die korrekt eine historische Inschrift wiedergibt, für falsch erklärt. Von seinen in etwas schwierigem Latein abgefaßten «Übersetzungen» hat A. Grimm einige ins Deutsche übertragen lassen; man findet diese Kostproben im Katalog der Münchner Ausstellung «Theatrum Hieroglyphicum. Ägyptisierende Bildwerke des Barock», die 1995 gezeigt wurde. Zwei Beispiele daraus:

«Von hier verteilt eine verborgene Betriebsamkeit des heiligen Fischteiches die Materie durch geheime Bewegung zur Empfängnis der Formen in der Natur der Dinge, durch die Bewegung des Sol, der seine sympathische Kraft ausgießt in die viergespaltene Gegend der Welt, wodurch das fruchtbare Reich des Momphta (eine Erfindung von Kircher!) oder des canubischen Geistes gebunden wird an das der Welt zuzubilligende Leben durch die wohltätige Kraft der Feuchtigkeit, die das Zwölfturmgebiet ausgießt...», oder:

«Thaustus oder Osiris wird durch Vorsehung (und) Tugend anfüllen die unterirdische Tempelkammer des heiligen nilotischen Gefäßes mit Überfluß (aller) notwendigen Dinge, & die viergespaltene Welt wird gestürzt werden durch die niedergeschlagene Eule Bebonia, das Leben wird zusammengebracht werden mit dem Überfluß der (Nil)schwelle, die feuchte Substanz der Welt des Zwölfturmgebietes und der großen unterirdischen Tempelkammer wird beherrscht werden durch die viergespaltene Welt.»

Für Kircher ist Hermes Trismegistos, den er in die Zeit Abrahams setzt (*Oedipus Aeg.* I 103), der Erfinder der Hieroglyphen und Verkünder des *einen* Gottes. Kirchers Bücher verwenden viele Zitate aus dem *Corpus Hermeticum* und dem *Asclepius*. Wenn er dabei die Spätdatierung durch Casaubon ignoriert, so handelt er als Vertreter der katholischen Gegenreformation gegen den Protestanten Casaubon.

Umberto Eco hat in seinem Buch *Die Suche nach der vollkommenen Sprache* (München 1993) versucht, Athanasius Kircher als Begründer der Ägyptologie in Anspruch zu nehmen. Dagegen hat

Obelisk mit Inschrift
auf Kaiser Ferdinand III.
Nach A. Kircher,
Oedipus Aegyptiacus, Bd. I,
Rom 1652, Elogium XXVII.

Jan Assmann jetzt zwei andere frühe «Ägyptologen» und Zeitgenossen Kirchers ans Licht gehoben: John Spencer (1630–1693) und Ralph Cudworth (1617–1688). Spencer hat in seiner Dissertation von 1670, viel kritischer als Kircher, alle erreichbaren antiken Nachrichten über die ägyptische Religion gesammelt, um den ägyptischen Hintergrund der mosaischen Gesetze und Einrichtungen aufzuhellen. Für ihn ist die ägyptische Kultur älter als Moses, und sein Zeitgenosse John Marsham scheint der erste zu sein, der Hermes Trismegistos auch chronologisch verankern möchte; er setzt ihn hundert Jahre nach Menes und 800 Jahre vor Moses und dem Exodus an, konkret um 2270 v. Chr. (*Canon chronicus ...*, 1672). Dabei glaubt er, den ägyptischen Gottesnamen Thot in dem Atothes der Königslisten wiederzufinden, also in der 1. Dynastie bald nach Menes, mit dem die historische Königsfolge beginnt.

Ralph Cudworth ist mit seinem Werk *The True Intellectual System of the Universe* (1678) Vertreter eines Urmonotheismus, der sich schon 1624 bei Lord Herbert of Cherbury findet. Ägypten ist auch für Cudworth die Urheimat des Wissens. In Anlehnung an Clemens von Alexandria, aber auch an Plutarch und Horapollon, meint Cudworth, es hätte im alten Ägypten einen esoterischen Monotheismus für Könige und einige Priester gegeben, in den auch Moses eingeweiht wurde. So kam der Monotheismus zu den Israeliten und wurde hier einem ganzen Volk verkündet, nicht nur einem kleinen Kreis von Eingeweihten, weshalb man zur Sicherung die strenge Gesetzgebung brauchte. Die Ägypter hätten nach Cudworth neben ihren vielen Göttern *One Supreme and All-comprehending Deity* verehrt, zu der die Formel *Hen kai Pan* «Eines und Alles» paßt; also eine polytheistische Volksreligion auf der einen, ein Monotheismus der Weisen und Eingeweihten auf der anderen Seite – eine Zweiteilung, die noch bei Georg Friedrich Creuzer nachwirkt (1810). Cudworth geht auch ausführlich auf die bei Plutarch überlieferte Sais-Inschrift ein, auf die wir beim Ägyptenbild der Romantik zurückkommen werden; sie ist seit dem späten 17. Jahrhundert Ausgangspunkt für zahlreiche Darstellungen der «Entschleierung» der Natur.

Bei vielen Gelehrten des 17. Jahrhunderts standen Osiris und Isis weiterhin in hohem Ansehen. Sie galten als universale Kulturbringer, die z. B. ganz konkret dem mythischen König Gambrinus das Bierbrauen beigebracht haben. Vor allem sah man überall etymologische Anklänge, verband neben Paris noch viele andere Ortsnamen mit angeblichen Isis-Kulten und glaubte den ägyptischen

Thot sogar im Tao der Chinesen und im teotl («Gott») der Mexikaner wiederzufinden, oder im indischen König Poros Pharao. Mit solchen vagen Wortanklängen wird bis heute viel Unfug getrieben!

Die Wiedergabe ägyptischer Motive orientiert sich noch im 17. Jahrhundert unverändert an antiken Vorbildern, nicht an originalen Zeugnissen aus pharaonischer Zeit, von denen man trotz Athanasius Kircher noch viel zu wenig kannte. So wird die Isis im geknoteten Gewand der hellenistischen Isis abgebildet, der «hundsköpfige» Anubis mit Schlappohren (Boissard), Osiris mit Falkenkopf; das Sistrum ist zu einem Astrolabium umgestaltet, usw. Als Vorbild dienten dabei vielfach Münzen der Antike, aber im Falle des Anubis wohl auch der Heilige Christophorus mit seinem Hundskopf.

In dieses hellenisierte Bild paßte auch das um 1600 freigelegte Nilmosaik von Praeneste (Palestrina), und es fehlten nur noch die Malereien im Isistempel von Pompei, die erst 1765/66 zutage traten. Nicolas Poussin hat «Zitate» aus dem Mosaik von Praeneste in sein Gemälde «Ruhe auf der Flucht nach Ägypten» (1658) eingebaut. Wir erwähnten schon (Kap. 10), daß er der erste Künstler ist, der dieses so unendlich oft gestaltete Motiv der Flucht nach Ägypten in eine ägyptische Umgebung (mit Tempeln und Obelisk) hineinstellt; schon 1645 hatte er in einer «Auffindung des Moses» den Hintergrund des Bildes mit kleinen Pyramiden und Obelisken versehen und dazu noch einen Sphinx verwendet, um so die Lokalität «Ägypten» anzudeuten.

Die Mensa Isiaca, die auch Lessing in Turin bewundert hat, übte noch bis in den Anfang des 19. Jahrhunderts einen starken Einfluß auf alles Ägyptisierende aus. Höhepunkt dieser Phase der Nachahmung von Antik-Ägyptischem ist der Dresdner Apis-Altar von Johann Melchior Dinglinger, 1731 im Auftrag Augusts des Starken angefertigt, mit der Überführung des neugefundenen Apisstieres nach Memphis im Zentrum. Aber wir wollen hier nicht in Details der Kunstgeschichte und ihrer Ägypten-Rezeption eintreten, sondern uns den Rosenkreuzern zuwenden.

14. «Reformation der ganzen weiten Welt»: Die Rosenkreuzer

Die Bewegung der Rosenkreuzer entstand zu Beginn des 17. Jahrhunderts als eine zunächst rein fiktive Bruderschaft. Wir kennen sowohl ihren mythischen als auch einige ihrer wirklichen Begründer. Christian Rosenkreuz (oder Rosencreutz), angeblich 1378 geboren, soll in Ägypten und dazu drei Jahre bei den mit Hermetik und Astrologie besonders vertrauten Sabäern im Jemen gewesen sein, wo er auch die arabische Sprache erlernte, dazu noch in Fez in Marokko. Die angebliche, wunderbare Auffindung seines Grabmals und des geheimen Buches darin steht ganz in hermetischer Tradition.

Ans Licht gehoben wurde die Bruderschaft von dem schwäbischen Theologen Johann Valentin Andreae (1586–1654), dessen Vater bereits stark an Alchemie und Theosophie interessiert war, und der seine *Chymische Hochzeit Christiani Rosenkreuz anno 1459* vielleicht schon 1607 niederschrieb. Doch wurde dieses Buch erst 1616 veröffentlicht, nachdem das erste Manifest des neuen «Ordens» im März 1614 in Kassel gedruckt worden war. Es trug den anspruchsvollen Titel *Allgemeine und General Reformation der gantzen weiten Welt. Beneben der Fama Fraternitatis, Deß Löblichen Ordens des Rosenkreutzes, an alle Gelehrte und Häupter Europae geschrieben*; als Urheber vermutet man den Tübinger Juristen, Theologen und Arzt (er war auch ein Anhänger des Paracelsus) Tobias Hess (1568–1614) und seinen Freundeskreis. Vorbild war eine satirische Schrift des Italieners Traiano Boccalini, die 1612 in Venedig erschienen war und die damals weitverbreiteten Vorschläge zur Weltverbesserung kritisch zerpflückte. Es folgte eine Flut von weiteren Pamphleten, über 400 Schriften zwischen 1614 und 1625, und schon auf der nächsten Frankfurter Buchmesse 1614 glaubte man dort die ersten «echten» Rosenkreuzer zu sichten, wartete dann aber in den nächsten Jahren vergeblich auf ihr Erscheinen. In ihrer *Confessio* (Kap. 5) hieß es, Gott habe die Brüder «mit seinen Wolken umgeben», so daß sie «von niemand, er habe denn Adlers Augen, gesehen und erkannt werden können». Kepler schreibt noch 1623, er «kenne der guten Brüder keinen», und auch Descartes suchte vergeblich nach ihnen. Dafür tauchten sie 1623 in Paris auf, wurden aber, entgegen ihren Hoffnungen, von Kardinal Richelieu nicht empfangen. Sicher hat das politische Scheitern des «Winterkönigs» Friedrichs V. von der Pfalz 1620 dazu beigetragen, daß die Bruderschaft weiterhin Fiktion blieb und sich nicht «offiziell» konstituierte.

Eine vergleichbare Fiktion dieser Zeit, die auf eine angebliche hebräische Handschrift von 1387 zurückgeht, ist mit dem Namen Abraham von Worms und seinem «Buch der wahren Praktik von der alten Magia» verbunden, dessen älteste Kopien auf das Jahr 1608 zurückgehen und mehr der Kabbala verpflichtet sind. Etwas jünger ist die angebliche Schrift des Abraham an seinen Sohn Lamech über «die heilige Magie des Abramelin», eine fiktive Persönlichkeit, die Abraham Ende des 14. Jahrhunderts in einer ägyptischen Oase getroffen haben will. Ein Kölner Druck von 1725 bezeichnet die Schrift als «Die egyptischen großen Offenbarungen... sammt der Geister- und Wunderherrschaft, welche Moses in der Wüste aus dem feurigen Busch erlernet, alle Verborgenheit der Kabbala umfassend». Das Werk schöpft vor allem aus der Zauberliteratur des 16. Jahrhunderts und versucht, sich die höllischen Geister dienstbar zu machen. Die Magie des Abramelin steht noch bei modernen Hermetikern in hohem Ansehen.

Durch die Forschungen von Carlos Gilly hat sich herausgestellt, daß die Rosenkreuzer-Manifeste schon Jahre vor ihrer Veröffentlichung zirkulierten. Eine erste Antwort des Tiroler Lehrers, Musikers und Alchemisten Adam Haslmayr (1562–1630), der für seine Gegner «ein verwirrter Kopf» war, erschien bereits 1612 im Druck, was zu seiner Verhaftung und Verurteilung führte; viereinhalb Jahre mußte er als Galeerensträfling im Hafen von Genua verbringen, setzte aber selbst in dieser Zeit seine überaus fruchtbare Produktion von paracelsischen und alchemistischen Schriften fort.

In der Symbolgestalt des Rosenkreuzes verbindet sich christliche Passion (Kreuz) mit dem erneuerten Leben aus dem Tod (Rose); beide sind schon bei Martin Luther miteinander vereint.

Die Lehren des Paracelsus (für Haslmayr der «Teutsche Trismegistus» und «Mysteriarch»), Kabbala mit ihrer Zahlenmystik, Hermetik und Alchemie verbinden sich hier zu einer eigentümlichen Mischung, und dazu tritt bald noch die Berufung auf Ägypten. Schon der Arzt und Alchemist Michael Maier (*Silentium post clamores*, 1617) führt die Rosenkreuzer auf Altägypten zurück, wobei er sich vor allem an Plutarch orientiert. Andreae schöpft auch aus der *Hypnerotomachia Poliphili* des Francesco Colonna, und die Rosenkreuzer machen überdies regen Gebrauch von der barocken Emblematik. Dazu tritt vor allem in der *Confessio* von 1615 die allgemeine Endzeit-Erwartung deutlich hervor, die Welt habe «fast den Feierabend erreicht» und werde zum Anfang zurückkehren, müsse aber vorher von Grund auf erneuert werden. Die Polemik der Brüder gilt in erster Linie dem Papst und den «falschen Alchymisten», die die Leute ums Geld bringen, während sie selber «mehr Gold versprechen als der König von Spanien aus den beiden Indien beibringt» (*Fama*).

Die *Chymische Hochzeit* gibt sich als Autobiographie des fiktiven Ordensstifters Christian Rosencreutz, der sich in hohem Alter auf eine Pilgerfahrt begibt, um der «heimlichen und verborgenen Hochzeit» beizuwohnen, zu der er eingeladen ist; dies ist der gnostische «Ruf», der an ihn ergeht. Die Botschaft, die ein Engel mit Posaune ihm ausrichtet, wird noch durch einen Traum bekräftigt, in dem sich der Erzähler in einem finsteren Turm sieht, aus dem er nur mit vieler Mühe hinausgelangt. Vier Rosen auf seinen Hut gesteckt, gibt er sich als «Bruder von dem Roten Rosen Creutz» zu erkennen. Von Hermes als Seelenführer geleitet, geht es dem Orient zu, und viel Wunderbares ist unterwegs zu sehen. Bei Sonnenuntergang betritt der Pilger auf einem hohen Berg das Schloß, in dem das Initiations-Erleben auf ihn wartet und wo die Würdigen von den Unwürdigen (vor allem den falschen Alchemisten) geschieden werden. Die Neueinkleidung, die zum Übergang von der profanen in die heilige Welt gehört, wird durch neue Schuhe und eine Tonsur angedeutet. Auf der goldenen Tugendwaage besteht er am dritten Tage alle Prüfungen und vollzieht damit zugleich das alchemistische *opus*, zu dem die betrügerischen, nur der Goldmacherei ergebenen Alchemisten nicht fähig sind; über sie werden strenge Strafen verhängt, die schlimmsten Betrüger hingerichtet.

Am vierten Tag führt die Jungfrau Alchemie den Pilger zum Quecksilber-Brunnen, auf dem ein Löwe wacht, eine Tafel mit einer Botschaft des Hermes in den Pranken. Man denkt unwillkürlich an Rilkes Verse («Die Ägyptische Maria», 1908):

> Und der Löwe, wie ein Wappenhalter,
> saß dabei und hielt den Stein.

Auch ein leuchtend weißes Einhorn tritt aus den dunklen Bäumen des Gartens hervor und kniet ehrfürchtig nieder. Eine Komödie in sieben Akten (die sieben Stufen des *opus*), die jetzt als Hochzeitsfestspiel im «Haus der Sonne» aufgeführt wird, verbindet Alchemie und Heilsgeschichte. Danach dürfen der Ich-Erzähler und seine Gesellen zum ersten Mal an der königlichen Tafel speisen.

Am folgenden fünften Tag wird Christian in einen unterirdischen Raum des Schlosses geführt, wo er die nackte Venus (in der Alchemie das Kupfer) reglos auf einem Lager erblickt. Eine andere Vision (schon am Ende des vierten Tages) führt ihn in einen langen Saal, in dem drei ungleiche Königspaare thronen, die von einem schwarzen Mann mit einem Beil enthauptet werden – die *mortificatio* des alchemistischen Prozesses, die sich schon in den Visionen des Zosimos findet. Die getöteten Königspaare machen in ihren Särgen eine Meerfahrt (hier schwingen sicher Assoziationen an Osiris mit!) und landen dann auf einer viereckigen Insel, auf der die siebenstöckige *Turris Olympi* steht, in der das alchemistische *opus* schließlich durch eine Wiedergeburt und die mystische Hochzeit vollendet wird. In Jubel und Freude kehrt man zurück, alle Teilnehmer werden zu «Rittern des Goldenen Steins» erwählt, und Christian muß sich wegen seines Venus-Abenteuers als Torhüter verpflichten. Am Schluß bricht der Bericht mitten im Satz ab, es fehlen angeblich zwei Quartblätter, und der Leser wird damit eingeladen, das Fragment durch seine eigene Bemühung zu Ende zu führen.

Andreae hatte mit seiner fiktiven Bruderschaft, die bisher geheimgehalten, nun aber teilweise bekannt gemacht wird, nicht nur eine scherzhafte Mystifikation seiner Zeitgenossen im Sinn. Es geht auch um die damals so intensiv herbeigesehnte Verbrüderung in der gespaltenen Christenheit, die sich wenige Jahre später in die Greuel des Dreißigjährigen Krieges stürzte, und es geht um das verbreitete Gefühl, daß eine neue und allgemeine Reformation dringend notwendig sei, worauf auch Kepler in seinem «Außführlichen Bericht» über den Kometen von 1607 hofft. Diese neue Reformation sollte nicht nur die Religion, sondern auch die Wissenschaft und die Einstellung zur Natur umgestalten. Zeichen am Himmel – die Nova von 1604 und der erwähnte Komet – schienen auf eine bevorstehende Zeitenwende hinzudeuten. So kommt die Botschaft vom Rosenkreuz den chiliastischen Erwartungen der Zeit entgegen – «Europa geht schwanger und wird ein starkes Kind gebären», heißt es in der *Fama*. Aber der Mythos, den Andreae und andere mit ihren Schriften geschaffen haben, begann sogleich ein Eigenleben zu entfalten, wie jeder Mythos.

In England faßte die Idee sehr bald Fuß, und Robert Fludd (1574–1637) schrieb Apologien zur Verteidigung der Rosenkreuzer, die in vielen Kampfschriften angegriffen wurden, so 1617 den *Tractatus Apologeticus Societatis De Rosea Cruce defendens*; kritischer war man dagegen in Frankreich eingestellt, wo 1623 G. Naudé und F. Garasse ihre Gegenschriften druckten. Im gleichen Jahr erschien auch die Kampfschrift des Marin Mersenne gegen Fludd, aus der wir u. a. erfahren, daß Paracelsus und Hermes Trismegistos (!) von der Hohen Pariser Theologischen Fakultät verurteilt seien.

Typisch für die zahlreichen sonstigen Gegenschriften ist der Titel *Kurtze und Trewhertzige Warnung, für dem Rosencreutzer Ungezifer* von Philipp Geiger, 1621 erschienen. 1619 kam es auf Befehl des Landgrafen Moritz von Hessen sogar zu einem ersten Inquisitionsprozeß gegen Rosenkreuzer. Aber viele Gesellschaften des 17. Jahrhundert berufen sich auf die Rosenkreuzer-Fiktion, so daß diese Idee mehr und mehr konkrete Gestalt annahm. Wohl im Gefolge davon blühte eine neue Literatur über Hermes Trismegistos auf, so von Johann Heinrich Ursinus 1661 *De Zoroastre bactriano, Hermete Trismegisto*, von Olaus Borrichius 1674 *Hermetis Aegyptiorum et chemicorum sapientia*, von Christian Kriegsmann 1684 *Conjectaneorum de germanicae gentis origine, ac conditore, Hermete Trismegisto, qui S. Moysi est Chanaan ...* (Hermes als Begründer der germanischen Völker!), von Johann Ludwig Hannemann 1694 *Ovum hermetico-paracelsico-trismegistum*, usw. In Philipp von Zesens Josephs-Roman *Assenat* (1670) wird Hermes Trismegistos als Erfinder der Obelisken und ihrer verborgenen Bilderschrift genannt. Von seinem hohen Ansehen noch im 18. Jahrhundert legt Laurence Sterne in seinem *Tristram Shandy* (1760–67) Zeugnis ab; für ihn ist Trismegistos, der König, Gesetzgeber, Philosoph und Priester, «das größte aller irdischen Wesen» (Buch IV, Kap. 11).

1710 behauptet der schlesische Pfarrer Samuel Richter unter dem Pseudonym Sincerus Renatus, daß die Bruderschaft des Rosenkreuzes «vor etlichen Jahren nach Indien gegangen (sei), um daselbst in besserer Ruhe zu leben», beruft sich aber zugleich auf Hermes Trismegistos und Raimundus Lullus. So wurde von vielen Autoren an der Vorgeschichte und aktuellen Geschichte der Rosenkreuzer-Bewegung weitergestrickt. Man machte im 18. Jahrhundert auch die Ritter des Templerordens zu frühen Rosenkreuzern oder Freimaurern und begründete damit eine neue esoterische Tradition, die bis heute andauert, vor allem in Frankreich, das ja im frühen 14. Jahrhundert den Untergang des Ordens erlebt hatte – im gleichen Jahr 1306, in welchem alle Juden aus Frankreich ausgewiesen wurden, erhob man auch Anklage gegen den Templerorden, verhaftete am 13. Oktober 1307 alle Tempelherren in Frankreich, und am 19. März 1314 wurde der letzte Großmeister Jacques Molay verbrannt. Diesen Feuertod konnte man später, in Freimaurer-Kreisen, mit der Phönix-Legende verbinden.

Die Bewegung der «Gold- und Rosenkreuzer alten Systems» trat im späteren 18. Jahrhundert (seit etwa 1757 greifbar) hervor und gewann vorübergehend auch politischen Einfluß, vor allem in Preußen, wo der Kronprinz Friedrich Wilhelm 1781 aufgenommen wurde. Der neue Orden erwies sich für viele Freimaurer als attraktiv und trat mit einer perfekten Ordensgeschichte an, die sich in Ansätzen schon in der *Aurora Philosophorum* von 1615 und in späteren Legenden findet. Sie führt von Adam zunächst zu Moses, der in Ägypten in die hermetische Weisheit eingeweiht wurde, dann zu Salomo und den Propheten, natürlich auch Hermes Trismegistos, und als Neuerung tritt ein ägyptischer Priester aus Alexandria namens Ormus (aus *Ahuramazda*, dem alten persischen Feuergott) auf, der vom Evangelisten Markus christlich getauft wird, worauf er die ägyptischen Geheimlehren von allem Heidnischen säubert und die Schule der Weisen des Lichtes begründet. Es folgt dann ein angeblich 1196 von drei Brüdern aus Schottland gegründeter «Orden der Bauleute vom Osten», der schließlich von den «Gold- und Rosenkreuzern alten Systems» abgelöst wird.

Im Orden werden eifrig Alchemie (mit z. T. lebensgefährlichen Experimenten) und Kabbala betrieben, und ab dem siebenten Einweihungsgrad (von neun) glaubt man sich im Besitz des Steins der Weisen. Bezeichnend aber ist, daß in diesen Kreisen auch Geisterbeschwörungen gepflegt werden, damit eine weitere Wurzel der späteren Theosophie, und das alles im Zeitalter der Aufklärung und des Rationalismus! Doch verschreibt man sich ohnehin dem Kampf gegen die areligiöse Aufklärung. Dazu paßt, daß der höchste Grad der des «Magiers» ist. Und der oberste «Magier» des Ordens war angeblich ein in Ägypten lebender Venezianer. Das Hochgrad-System wurde von den Freimaurern übernommen, mit denen der neue Orden in enger Verbindung stand.

Unter den zahlreichen Gegenschriften erwies sich *Der Rosenkreuzer in seiner Blösse* von einem «Magister Pianco» (1781) als besonders wirksam. Nach 1787 ging die Bedeutung des Ordens rasch zurück, und staatliche Verbote (1793 in Österreich, 1800 in Preußen) setzten ihm definitiv ein Ende. Für längere Zeit spielen die Rosenkreuzer dann nur noch in der Literatur eine Rolle, bis seit 1865 eine neue Reihe von Gemeinschaften entstand, die sich auf das Rosenkreuz berufen und versuchen, an die legendäre Urgeschichte des Ordens anzuknüpfen, so sehr sie sich in ihren Auffassungen sonst unterscheiden; bei manchen steht die Kabbala, bei anderen die Alchemie im Zentrum.

Die erste dieser Neugründungen war die *Societas Rosicruciana in Anglia* von R. Wentworth. Besonders dem alten Ägypten verpflichtet ist der *Antiquus Mysticusque Ordo Rosae Crucis*, kurz AMORC genannt, 1915 von dem Amerikaner Harvey Spencer Lewis (1883–1939) gegründet, der sein Zentrum seit 1927 in San José in Kalifornien hat, mit einer reizvollen Gruppierung von Bauten in ägyptischem Stil, der geflügelten Sonnenscheibe als Signet und einer inzwischen recht bedeutenden Sammlung ägyptischer Altertümer, die lange Zeit durch den belgischen Ägyptologen Jean Capart mit betreut wurde. Das jetzige Rosenkreuzer-Museum, von Earl Lewis entworfen, stammt von 1967.

Der AMORC beruft sich auf eine uralte Tradition, die auf ca. 1500 v. Chr. zurückgeht; die erste Rosenkreuzer-Gemeinschaft sei bereits von Thutmosis III. begründet worden, und Echnaton habe von hier seine Impulse zur Gründung einer neuen Religion erhalten. Die Pyramiden waren natürlich keine Königsgräber, sondern «places of study and mystical initiation». Thales, Pythagoras und viele andere reisten nach Ägypten und wurden in den Mysterienschulen eingeweiht; ihr vertieftes Wissen brachten sie dann in die westliche Welt zurück. Dank der Bibliothek von Alexandria konnten die Araber die mystischen Lehren weiter tradieren und durch die Kreuzzüge wieder in den Westen vermitteln. Alle bedeutenden Alchemisten waren dieser Auffassung nach auch Rosenkreuzer, und die Alchemie gehört noch heute zum Lehrprogramm des Ordens. Als Rosenkreuzer werden u.a. Albertus Magnus, Paracelsus, Roger Bacon, Descartes, Leibniz und Newton in Anspruch genommen. 1694 wären dann Rosenkreuzer als Siedler auch nach Nordamerika gekommen und hätten einige der Gründerväter der USA beeinflußt.

Spencer Lewis, der Gründer des AMORC, reiste mehrfach nach Ägypten und veröffentlichte 1936 ein Buch mit dem Titel *The Symbolic Prophecy of the Great Pyramid*, in dem er genaue Pläne der unterirdischen Gänge und Säulenhallen unter dem Großen

Die Rosenkreuzer 119

Das Rosicrucian Egyptian Museum in San José (Kalifornien). Photo: Fabienne Haas.

Sphinx und den Pyramiden gibt, «made from secret manuscripts possessed by archivists of the mystery schools of Egypt and the Orient... telling of the ancient forms of initiations held in the Sphinx and the Great Pyramid». Hier finden wir den Abbé Terrasson mit seiner Pyramiden-Einweihung, auf die wir im nächsten Kapitel zurückkommen, aber der Autor verweist auch auf die damals ganz aktuellen Neuentdeckungen von Selim Hassan beim Sphinx von Giza. Auf dieser Linie liegen im Grunde auch die jüngsten Spekulationen über das ungeheure Alter und die Bedeutung des Sphinx.

In Europa steht das «Lectorium Rosicrucianum» im Vordergrund, 1925 von Jan van Rijckenborgh (gest. 1968) begründet, das sein Zentrum in Haarlem in den Niederlanden hat; ein deutsches Zentrum besteht in Frankfurt, mit einem «Christian Rosenkreuz-Tempel» in Calw. Diese «Internationale Schule des Rosenkreuzes», die an die Tradition des «Goldenen Rosenkreuzes» aus dem 18. Jahrhundert anknüpft, versteht sich «als eine gnostisch-esoterische christozentrische Geistesschule» und unterhält keine Beziehungen «zu anderen Gemeinschaften, die ggf. den Namen Rosenkreuz führen, ... da diese andere Ziele anstreben». Das Prädikat «gnostisch» wird durch die selbstgestellte Aufgabe dieser «Mysterienschule» unterstrichen, «im suchenden Menschen die Prä-Erinnerung an das ursprüngliche Lichtreich, das nicht von dieser Welt ist, wieder wachzurufen». Sie versteht sich daher als «Instrument der Universellen Bruderschaft, die sich seit dem Fall der Menschheit darum bemüht, die verirrten Kinder Gottes ... wieder nach Hause zu bringen» und erstrebt «das Wachrufen der im Menschen tief versunkenen Ur-Erinnerung», Befreiung von «den Fesseln dieser Welt», um in das «himmlische Vaterland» einzugehen. Hier sind wir tief in der gnostischen Ideenwelt. Aber die Schule des Rosenkreuzes arbeitet auch mit «an den alchymischen Prozessen der Welt- und Menschheitserneuerung» und erstrebt eine «Transfiguration» des Menschen. In beiden Zweigen der modernen Rosenkreuzer spielt die Sphinx-Symbolik eine große Rolle, sie ist geradezu ein «Markenzeichen» der modernen Esoterik.

Unter den geistigen Ahnherren der Bruderschaft erscheinen u.a. Buddha, Lao-tse, Zoroaster, Orpheus, Plato, Pythagoras, Apollonius von Tyana, Jesus, Mani und natürlich auch Hermes Trismegistos; in der Einleitung zu C. Gillys schon erwähntem Buch über Haslmayr schreibt Joost R. Ritman, der Gründer der Bibliotheca Philosophica Hermetica in Amsterdam, über die hermetisch-christliche Tradition in Alexandria, «wo ihr geistiger Vater, Hermes Trismegistus, wirkte und seine Schriften *Corpus Hermeticum* und *Tabula Smaragdina* verfaßte», und in der Einleitung zum Ausstellungskatalog von 1995 sieht er die Basis des Rosenkreuzes «in den ägyptischen Einweihungsansichten der Priesterstadt Memphis, die in der Bibliothek in Heliopolis niedergelegt waren». Dazu beruft man sich im Orden noch auf die Katharer und Albigenser; alle sind Glieder in «einer universellen Kette, die von der Morgenröte der Zeiten bis in die Gegenwart reicht». Am Anfang dieser «Morgenröte» steht die «ägyptische Urgnosis», und bei Veranstaltungen verweist die Schule immer wieder auf die Lehren des Hermes Trismegistos.

15. Das Ideal einer Bruderschaft – Die Freimaurer

Als Vorläufer der Freimaurer-Bewegung gelten Robert Fludd (1574–1637) und Elias Ashmole (1617–1692), den Madame Blavatsky als «letzten Rosenkreuzer und Alchemist» und ersten Freimaurer sieht. Ashmole wurde 1646 in eine Loge in Warrington, Lancashire, auch als «Haus Salomonis» bekannt, aufgenommen und erscheint später in einer Loge in London. Wie er, wurden im 17. Jahrhundert auch andere Auswärtige in die «Logen» der Bauleute zugelassen. Die Meinung ist verbreitet, daß die englische Freimaurerei aus dem Rosenkreuzertum hervorging, durch Vereinigung mit den mittelalterlichen Traditionen der Maurerzünfte und Bauhütten, wo sich auch die Ansätze zu einer hierarchischen Struktur finden. «Rosie Crosse» und «Mason word» kommen in aufeinanderfolgenden Versen eines 1638 gedruckten Gedichtes von Henry Adamson of Perth vor (Edighoffer). Dabei findet sich die Bezeichnung *freemason* bereits 1376 in einer englischen Handschrift (Nefontaine).

Die Idee einer idealen Bruderschaft ohne Ansehen der Person und der Religion taucht in vielen Schriften des 17. Jahrhunderts auf und steht auch hinter der Gründung der *Royal Society* 1662. Der tschechische Gelehrte Jan Amos Comenius (1592–1670) publizierte 1641 den Plan eines *Collegium lucis,* das seinen Sitz in England haben sollte. Wichtiges Vorbild war die *Fraternitas* der Rosenkreuzer, und die frühen Freimaurer fühlten sich dieser Bruderschaft zugehörig. Als reiner Männerbund beginnend (und der Idee nach immer noch), hat sich die neue Bewegung später auch für Frauen geöffnet und eine Vielzahl von verschiedenen Gruppierungen hervorgebracht. Ihre Symbole, wie Hammer, Winkelmaß, Zirkel und Schurz, entstammen dem Bauhandwerk. Als Versammlungsort dienten am Anfang Tavernen, bevor eigene Logenhäuser errichtet wurden.

Als offizieller Geburtstag der Freimaurer-Bewegung gilt der 24. Juni 1717. An diesem Tage wählten die vier Logen von Südengland Anthony Sayer (1672–1742) zum ersten Großmeister der Freimaurer; das denkwürdige Ereignis fand im Bierhaus «Zur Gans und zum Bratrost» am St. Paul's Churchyard in London statt. Übrigens gründete nur drei Monate später, am 22. September, der Pantheist John Toland (1670–1722) in der Apple Tree Tavern (Charles Street, Covent Garden) einen Druidenorden – Helena Blavatsky verlegt deshalb die Gründung der Freimaurer in diese Taverne. Aber schon im Jahr zuvor gab der venetianische Würdenträger Andrea Cornaro (1672–1742), dessen Onkel Giovanni II. Cornaro um diese Zeit (1709–1722) Doge der Republik war, einen Fresken-Zyklus in Auftrag, der masonische Themen und Symbole enthält, bis hin zum Tempel Salomos und dem Werk des Baumeisters Hiram von Tyros. Der Zyklus wurde von dem erst 19jährigen Maler Mattia Bortolani 1716/17 in der von Palladio erbauten Cornaro-Villa in Piombino (Veneto) ausgeführt, und man kann mit Recht vermuten, daß an diesem eher abgelegenen Ort Zusammenkünfte von Sympathisanten der neuen Bewegung stattfanden.

Als Werk des schottischen Geistlichen James Anderson (1684?-1739) wurden 1723 in London die ersten Konstitutionen der Freimaurer gedruckt; sie waren bereits mit einer legendären Geschichte ausgestattet, die bei Adam und seinen Söhnen beginnt. Noah hätte die Baukunst über die Sintflut hinübergerettet und sein Enkel Mizraim sie nach Ägypten gebracht, wo später Moses als Großmeister des Bundes gewirkt habe. Das Werk erschien in einer Neuausgabe 1738, zugleich mit der Gründung der Großloge von England. Es folgte eine rasche Ausbreitung über ganz Europa, und selbst in der Türkei, China, Indonesien und Amerika wurden Logen gegründet, die erste französische wohl 1725 in Paris, eine erste deutsche unter dem Namen «Absalon» 1737 in Hamburg.

Bereits 1738 erließ Papst Clemens XII. seine Bulle *In eminenti* gegen die neue Bewegung – im gleichen Jahr, in welchem sich der preußische Kronprinz Friedrich in Braunschweig als Freimaurer aufnehmen ließ. Weitere Verbote folgten, 1744 auch durch den Rat der Stadt Genf; in Frankreich waren schon 1737 ein erstes Mal alle Logen verboten worden.

Am Anfang hatten die Freimaurer mit Ägypten noch nichts im Sinn, sondern suchten, auch in ihrer Symbolik, an biblische Traditionen und vor allem an den Tempel Salomos und seinen Baumeister Hiram anzuknüpfen. Allerdings zeigt bereits das Siegel der Loge «Perfetta Unione» in Neapel von 1728 Pyramide und Sphinx. Brauchtum und Symbole der Maurer wurden jetzt neu gedeutet. Dazu kamen Einflüsse der Alchemie, denn im symbolisch zu bearbeitenden Stein der Maurer sah man zugleich den Stein der

Siegel der Loge «Perfetta Unione» in Neapel von 1728 (rechts) und eine spätere Nachahmung. Nach Ruggiero di Castiglione, Alle sorgenti della Massoneria, Roma: Editrice Atanor 1988, Photo n. 8.

Weisen. Auch Kabbala und die Lehren der Rosenkreuzer wurden aufgegriffen; deren vermeintliche Vorgeschichte machte man sich zu eigen und konstruierte eine Traditionskette, die über Tempelherren, Kabbalisten, Gnostiker, Pythagoräer bis zu Salomon, der als Beherrscher der Geisterwelt in hohem Ansehen stand, und über Moses letztlich bis auf Adam zurückreichte. Immerhin erscheint auch Hermes Trismegistos im Namen einer frühen deutschen Loge in Landau. Neben ihn tritt wiederum Moses als Autorität; nach C. Ernst Wünsch (*Horus*, 1783) wurde er vom ägyptischen Priester-Geheimbund in dessen Arkana eingeweiht. Die Richtung der «Strikten Observanz» knüpfte dazu an den mittelalterlichen Templerorden an. Beim Strafgericht 1314 hätten sich einige Tempelherren nach Schottland gerettet und ihr Geheimwissen in den dortigen Bauhütten weitergetragen; von dort habe man auch das System der Hochgrade übernommen.

Die ägyptische Komponente wird erst im späteren 18. Jahrhundert herausgearbeitet, als man vielfach die Ursprünge aller Religion in Ägypten suchte. Dazu kam der nachhaltige Einfluß, der von der Schilderung einer «ägyptischen» Einweihung im Roman *Séthos* des Abbé Jean Terrasson ausging, der Graezist am Collège de France und Übersetzer von Diodor war; sein Roman wurde 1731 anonym publiziert und danach in vielen Auflagen und Übersetzungen verbreitet. Der Held des Romans wird als 16jähriger Jüngling in der großen Pyramide von Giza in die Isis-Mysterien eingeweiht, in deren Mittelpunkt ein Gang durch alle vier Elemente steht, die mit großem Aufwand im Inneren der Pyramide in Szene gesetzt werden. Durch diese Elementenprobe wird Sethos würdig, an den «Geheimnissen der großen Göttin Isis» teilzuhaben. Hier knüpft Cagliostro an, auf den wir gleich zu sprechen kommen, doch gab es schon vorher Bemühungen, Anschluß an gnostisch-hermetisches Gedankengut zu finden.

Antoine Joseph Pernety (1716-1801) begründete 1766 in Avignon einen «Rite hermétique»; zwei Jahre später wurde er als Bibliothekar Friedrichs d. Gr. nach Potsdam berufen. Mehr der Gnosis verpflichtet war die mystische Freimaurerei des Jacques de Pasqually (1727-1774), der seine letzten Jahre auf Haiti verlebte. Bei ihm finden wir die gnostische Lehre vom Fall des Menschen und der Weltschöpfung durch einen untergeordneten Demiurgen; seine gnostische Sexualmagie kehrt bei vielen späteren Gruppen wieder.

Stärker an Ägypten und seinen vermeintlichen Einweihungen orientiert war die Gruppe der «Africanischen Bauherren», auch «Africanische Loge» genannt, die sich 1766 unter Carl Friedrich Köppen (1734-1797) von der Mutterloge «Zu den drei Weltkugeln» in Berlin abspaltete, wobei es zu heftigen Auseinandersetzungen kam. In diesem Kreis entstand die schmale, nur 32seitige, aber höchst einflußreiche Schrift *Crata Repoa. Oder Einweihungen in der alten geheimen Gesellschaft der Egyptischen Priester*, die 1770 anonym erschien und zum Muster einer «ägyptischen» Einweihung wurde. Mit dem bisher ungedeuteten Namen *Crata Repoa* war die von Menes begründete, geheime Priesterschaft der alten Ägypter gemeint.

Die Verfasser (es war neben Köppen noch Johann Wilhelm Bernhard von Hymmen) orientierten sich an Informationen, die antike Autoren über die ägyptischen Priester geben, mit ihren Speiseverboten und anderen Vorschriften, konstruierten daraus aber einen komplizierten Einweihungsweg durch insgesamt sieben Grade. Durch das Tor der Profanen gelangt der Neophyt zum ersten Grad, als *Pastophoris* oder Lehrling. Nach einer Befragung durch den Hierophantes muß er die Probe der vier Elemente bestehen sowie Treue und Verschwiegenheit geloben. Er wird in die Naturlehre und in die «gewöhnliche hieroglyphische Schrift» eingeweiht, dann «ägyptisch» eingekleidet, mit pyramidenförmiger Mütze (= Weiße Krone?), Schurz und Halskragen.

Eine Fastenzeit bereitet ihn zum zweiten Grad als *Neocoris* vor. Dazu gehören eine Liebesprobe und eine Schlangenprobe und als äußeres Zeichen ein Schlangenstab, überdies hält er wie Osiris die Arme kreuzweise über der Brust; als Vorbild dienen hier Reiseberichte des 18. Jahrhunderts (Norden und Lucas). Zum dritten Grad, dem eines *Melanophoris*, gelangt er durch die Pforte des Todes in einen Raum mit einbalsamierten Körpern und Särgen, in dessen Mitte der Sarg des Osiris steht. Hier muß er die Frage beantworten, ob er an der Ermordung seines Herrn teilgenommen habe, und erleidet einen symbolischen Tod, der ja Bestandteil aller Einweihungen ist. Er wird nun auch mit einer neuen Schriftart vertraut gemacht, der hierogrammatischen. An einem Strick gelangt er dann zum vierten Grad, dem eines *Christophoris*, erhält einen bitteren Trank, wird neu eingekleidet und tritt dem königlichen Herrn des Bundes gegenüber. Das Losungswort *Joa* erinnert an den gnostischen Gottesnamen, während er im fünften Grad als *Balahate* das Losungswort *Chymia* erhält und mit der Alchemie vertraut gemacht wird, im sechsten Grad, als *Astronomus*, mit der Sternenkunde und der Götterlehre, wobei jedoch vor der Astrologie gewarnt wird. Durch die Pforte der Götter und mit dem Losungswort *Ibis*, das uns zu Hermes Trismegistos zurückführt, gelangt er schließlich zum siebenten und letzten Grad, dem eines *Propheten*.

Köppen hatte schon 1768, ebenfalls anonym, eine kleine Schrift über den Lateranobelisken vorgelegt («Erklärung einer Egyptischen Spitz-Säule welche vor dem Lateran in Rom zu finden ist»), in welcher er bereits eine «ägyptische» Einweihung im Auge hat: «Die Spitze der Säule stellet durch einen Raben, welcher auf einem Galgen sitzt (der Horusname des Königs!), die natürliche Verfassung eines Menschen vor, der mehr zum Bösen als zum Guten geneigt ist, der aber einen starken Trieb empfindet durch die geheimen Einweyhungen seine Erkenntniß zu erweitern ...»

Wenige Jahre später (1775) zog sich Koeppen, des endlosen Streites unter den Berliner Freimaurern müde, von den «Africanischen Bauherren» (die 1781 formell aufgelöst wurden) und von der Freimaurer-Bewegung überhaupt zurück. Aber sein *Crata Repoa* gehörte fortan zu den Grundschriften der Esoterik und erfreute sich noch bei den Theosophen um Helena Blavatsky großer Beliebtheit.

Der eigentliche Begründer der «ägyptischen» Maurerei wurde dann der umstrittene Graf Cagliostro (d. h. Giuseppe Balsamo aus Palermo, 1743–1795), der nach Gründung verschiedener «ägyptischer» Logen am 24. Dezember 1784 seinen *Rite de la Haute*

Maçonnerie Egyptienne in der Loge *La Sagesse Triomphante* in Lyon begründet (ein *Rite de Memphis* begegnet schon vorher) und sich als Ordensmeister den Titel eines «Großkophta» zulegt. In Paris wurde die «ägyptische» Maurerei im nächsten Jahr eingeführt, doch machte die Halsband-Affäre von 1785 dem Wirken Balsamos dort ein baldiges Ende, der falsche Graf saß fast ein Jahr im Gefängnis der Bastille. In Warschau, wo Cagliostro 1780 ein Gastspiel gab und eine Loge «Tempel der Isis» gründete, hat sich ein Stein mit ägyptischen Motiven gefunden, der wohl zu dieser «ägyptischen» Loge gehörte, und im Baltikum, wo Cagliostro 1779 wirkte, begegnet eine Loge «Isis» in Reval, mit einem Freiherrn von Ungern-Sternberg als Meister vom Stuhl (1784). Auch in Straßburg hat Cagliostro 1780 eine «ägyptische» Loge begründet und den ägyptischen Ritus von dort nach Basel gebracht.

Nach Bode sagte Cagliostro, «daß er seine geheimen Wissenschaften in den unterirdischen Gewölben der ägyptischen Pyramiden erlernt habe, und dort, so wie Moses, in aller Weisheit der Ägyptier unterrichtet worden» sei. In seiner eigenen Lebensbeschreibung behauptet der «Graf», daß er im arabischen Medina erzogen wurde und in Ägypten «mit den Priestern der unterschiedlichen Tempel Bekanntschaft» gemacht habe; zudem sei er im Besitz der ägyptischen Maurerstatuten, die Kambyses im Tempel des Apis gefunden habe. Sein angeblicher Erzieher Althotas, der ihn auf seinen frühen Reisen begleitet, ist wohl dem Erzieher Amedes im Sethos-Roman nachempfunden, aber zugleich auch, vom Namen her, dem Gott Thot mit dem arabischen Artikel al-, also Hermes als Lehrer und Geleiter.

In Mitau hatte sich Cagliostro 1779 noch als direkten Untergebenen des Elias bezeichnet, der zusammen mit Moses und Christus den erhabenen Vorstand des Erdballs bildet; im Jahr darauf berief er sich dann in Warschau auf seine ägyptische Weisheit. Mit seinen phantasievollen Erfindungen hatte er bei einer leichtgläubigen Umwelt immer wieder erstaunliche Erfolge. Selbst Schiller meint: «Er soll die wahre Chymie und Medizin der alten Ägyptier mit herüber gebracht haben», und bezeichnet ihn in diesem Zusammenhang als «neuen Paracelsus», obwohl er in seiner Erzählung «Der Geisterseher» (1788) geneigt ist, solche Praktiken als Schwindel zu entlarven.

Kritischer war Goethe (seit 23. Juni 1780 Mitglied der Loge «Anna Amalia» in Weimar), der Cagliostro in seinem Lustspiel «Der Großkophta» (1791) als Wundermann in der Art des Apollonios von Tyana vorstellt, «so alt als die ägyptischen Priester, so erhaben als die indischen Weisen», also wieder in der alten Verbindung von Indien und Ägypten. Aber die Szenerie, in welcher der Großkophta wandelt, ist ganz von Ägypten geprägt, und im Stück kommt auch eine «Ägyptische Loge» vor, «mit ägyptischen Bildern und Zieraten» geschmückt, dazu die gewohnten Requisiten des esoterischen Ägyptens:

«Meine Einbildungskraft verließ sogleich diesen kalten, beschränkten Weltteil; sie besuchte jenen heißen Himmelsstrich, wo die Sonne noch immer über unsäglichen Geheimnissen brütet. Ägypten sah ich auf einmal vor mir stehen; eine heilige Dämmerung umgab mich; zwischen Pyramiden, Obelisken, ungeheuren Sphinxen, Hieroglyphen verirrte ich mich; ein Schauer überfiel mich.» (1. Aufzug, 4. Auftritt)

Goethe hatte auf seiner Italienreise die Familie Balsamo 1787 in Palermo aufgesucht, um sich über die Herkunft des «Grafen» zu informieren. Als er sein Stück schrieb, hatte Cagliostro seine große Zeit schon hinter sich; 1791 verurteilte ihn die Inquisition in Rom als «Wiederhersteller und Fortpflanzer der ägyptischen Maurerei» zum Tode, doch begnadigte ihn Papst Pius VI. zu lebenslänglicher Haft, in der er 1795 im päpstlichen Gefängnis von San Leo bei Urbino starb.

Gegen seine Betrügereien und gegen den Hang zur Alchemie und Magie ganz allgemein richtet sich auch die Erzählung *Der Stein der Weisen oder Sylvester und Rosine*, die 1786 im ersten Band der Märchen-Sammlung *Dschinnistan* von Christoph Martin Wieland erschien. Hier tritt Cagliostro als «ägyptischer Adept aus der echten und geheimen Schule des großen Hermes» unter dem Phantasienamen Misfragmutosiris auf, im Titelkupfer in einem mit Hieroglyphen verzierten Rock und spitzer, von einem Sphinx bekrönter Mütze dargestellt. Am Hofe des Königs Mark von Cornwall brüstet er sich mit seinen Abenteuern in der großen Pyramide von Giza, die letztlich wieder auf den Abbé Terrasson zurückgehen, aber von Wieland noch weiter ausgeschmückt sind. Eine hieroglyphische Inschrift über dem Eingang des ersten Saales weist die Pyramide als Grabmal des großen Hermes aus, und in einem «Dom von schwarzem Jaspis» findet der Adept den göttlichen Greis auf einem Prunkbett liegend, von Drachen bewacht.

Ägypten war, auch unabhängig von Cagliostro, in der Freimaurerei jetzt fest verankert. Grundlegend wurde der Aufsatz «Ueber die Mysterien der Aegyptier», mit dem der Geologe und Mineraloge

Christoph Martin Wieland, Der Stein der Weisen oder Sylvester und Rosine, aus: Dschinnistan oder auserlesene Feen- und Geistermärchen, Bd. I, Winterthur 1786.

Ignaz von Born (1742–1791) 1784 in Wien das neue *Journal für Freymaurer* eröffnete; im Jahr zuvor hatte C. E. Wünsch in seinem Buch *Horus* verkündet, daß der ägyptische Priester-Geheimbund Moses in seine *Arkana* eingeweiht habe. Die Abhängigkeit Moses' von Ägypten betont ebenso Karl Leonhard Reinhold in *Die Hebräischen Mysterien oder die älteste religiöse Freymaurerey*, die er als «Bruder Decius» veröffentlichte (1788); vorher hatte Reinhold für das *Journal* von Born bereits mehrere Beiträge über die hebräischen und andere «Mysterien» verfaßt. Kennzeichnend ist auch der Titel eines Werkes von Johann Gottfried Bremer, das Karl Philipp Moritz 1793 herausgab: *Die Symbolische Weisheit der Aegypter aus den verborgensten Denkmälern des Altertums, ein Theil der Aegyptischen Maurerey, der zu Rom nicht verbrannt worden*. Hier entfaltet sich in sieben Stufen das Zeremoniell der «ägyptischen» Mysterien. Als das Werk erschien, saß Cagliostro bereits im päpstlichen Verlies, und sein Manuskript über die «Ägyptische Maurerei» war öffentlich verbrannt worden!

Von Born hebt die Ähnlichkeiten zwischen der Einweihung des ägyptischen Priesters und des Maurers hervor, wobei er sich vor allem auf den Bericht des Apuleius stützt. Für seine Schilderung der «Verfassung, Pflichten und Kenntnisse der ägyptischen Priester» bezieht er sich vorwiegend auf Diodor und Plutarch – altägyptische Quellen kannte man ja noch nicht. Die Pyramiden sieht er nicht als Stätten der Einweihung, doch bewahren sie das Wissen der alten Ägypter.

Im gleichen Jahr 1784, in welchem der Aufsatz von Borns (und wenig später ein paralleler Aufsatz «Über die Mysterien der Indier») erschien, wurde Mozart in die Loge «Zur Wohltätigkeit» in Wien aufgenommen, und man nimmt an, daß er Ignaz von Born, dem Meister vom Stuhl der Loge «Zur wahren Eintracht» und geistigen Oberhaupt der Wiener Freimaurer, in der Gestalt des Sarastro ein Denkmal gesetzt hat. Schon 1779 hatte Mozart seine Musik zum Schauspiel *Thamos* von Tobias Philipp von Gebler (1773) komponiert, das im «Sonnentempel von Heliopolis» spielt und wiederum von Terrassons *Séthos* zehrt; sogar ein Oberpriester mit dem Namen Sethos begegnet hier.

1791 folgte dann als Krönung Mozarts *Zauberflöte* nach dem Textbuch seines Logenbruders Emanuel Schikaneder. Hier werden die Anliegen der Freimaurer in ägyptischem Gewande auf die Bühne gebracht, bis hin zu den «Mysterien der Isis» und der Einweihung in einer Pyramide (so die Szenen-Anweisung), wobei auch

Schikaneder neben Wieland auf Terrasson zurückgreift. Hinter der «Königin der Nacht» verbirgt sich die böse Königin Daluca des Sethos-Romans. In den frühen Inszenierungen der Oper bewegt sich das Geschehen noch in einem recht allgemeinen Märchen-Orient, der eher von Türkischem beeinflußt ist; erst die Bühnenbilder von Karl Friedrich Schinkel (1781–1841) von 1815 und von Simon Quaglio von 1818 betten die Oper in großartige ägyptische Kulissen ein und haben lange nachgewirkt.

Ein kurzer Blick in die Neue Welt zeigt, daß auch im Kampf um die Unabhängigkeit der Kolonien Freimaurer eine entscheidende Rolle spielten. George Washington, Thomas Jefferson, Benjamin Franklin und andere Gründerväter der USA waren Freimaurer und haben das neue Staatsgebilde mit ihren humanitären und religiösen Idealen erfüllt. So ziert noch heute eine Pyramide, welche die Verbindung zu Ägypten betonen soll, die Dollarnoten der amerikanischen Bundesbank, mit dem strahlenden Auge im Dreieck darüber, das auf den Großen Architekten des Universums deutet. Und die Bundeshauptstadt Washington weist den mit 170 Meter größten je errichteten Obelisken auf.

B. Franklin trat als amerikanischer Gesandter in Paris in die dortige Loge «Les Neuf Sœurs» (gemeint sind die neun Musen) ein, deren Meister vom Stuhl er 1779 wurde. Dieser 1776 gegründeten Loge (1773 war der «Grand Orient de France» ins Leben gerufen worden) gehörte eine Vielzahl von führenden Persönlichkeiten der Zeit an, so d'Alembert, der Marquis de Condorcet, der Marquis de Lafayette, die späteren Revolutionäre Desmoulins, Danton und Sieyès, auch der Professor der Medizin Joseph Ignace Guillotin, der Bildhauer Houdon, der Maler Jean Baptiste Greuze und der Komponist Piccini; Sekretär war Antoine Court de Gebelin, auf den wir beim Kartenspiel Tarot zurückkommen müssen. Franklin führte auch den Naturforscher und Weltreisenden Georg Forster in die Loge ein, und am 5. April 1778 sogar den greisen Voltaire.

Die Umtriebe zwielichtiger Gestalten wie des «Grafen» Cagliostro, dazu die Geheimbündelei der Logen, schreckten allerdings auch viele ab. So Herder, der durch seine Freimaurer-Freunde nach Riga berufen wurde, wo er 1766 in die Loge «Zum Schwert» eintrat, sich aber bald enttäuscht zeigte. Auch die «Strikte Observanz» löste Widerstand aus und führte zur Suche nach neuen Geheimbund-Formen. Zu diesen Suchenden gehörte August Frh. von Knigge, der 1780 in den 1776 von Adam Weishaupt gegründeten Orden der *Illuminaten* eintrat, welcher über Friedrich Wilhelm II. von Preußen vorübergehend auch großen politischen Einfluß gewann; im folgenden Jahr erschien seine Abrechnung *Über Jesuiten, Freymaurer und deutsche Rosencreutzer*, in der alle drei «Orden» in einen Topf geworfen werden. 1786 prangert v. Knigge die Freimaurer nochmals an, in seinem «Beytrag zur neuesten Geschichte des Freymaurerordens in neun Gesprächen mit Erlaubnis meiner Oberen herausgegeben». Verbreitet war damals der Verdacht, daß die Jesuiten (1773 in Österreich verboten) Einfluß auf Freimaurer und Rosenkreuzer zu nehmen suchen; die Abkürzung SJ (Societas Jesu) wurde entsprechend als *Superiores Incogniti* aufgelöst.

Die verbreitete Skepsis und Frustration formuliert Georg Forster mit Insiderkenntnissen in einem Brief vom 20. Dezember 1783 an den Schweizer Historiker Johannes Müller so: «Bleiben Sie bei Ihrem Entschluß, geheime Gesellschaften und Wissenschaften nicht zu suchen. Ich lasse die Frage unentschieden, ob es wahre geheime Wissenschaften gebe oder nicht; aber das ist doch ausgemacht, daß das meiste, was von dieser Art in der Welt herumgetragen wird, falsche Vorspiegelung, Lug und Trug, oder wenn wir das Gelindeste glauben, fromme Selbstverblendung ist.»

Der ägyptische Einfluß zeigt sich im 19. Jahrhundert vor allem im ägyptischen Stil vieler Logenräume, in der Architektur wie in der Dekoration; Beispiele lassen sich aus der Alten wie aus der Neuen Welt beibringen, so aus Boston/Lincolnshire, Brüssel, Edinburgh, Paris, Philadelphia und vielen anderen Orten. Ägyptische Elemente werden aber auch beim Bau von Synagogen und Kirchen benutzt, so wenig empfand man sie jetzt als «heidnisch». Die Verbindungen der Freimaurer zum alten Ägypten betont nachdrücklich Alexandre Lenoir (1762–1839), der sich auch um eine «Entzifferung» der Hieroglyphen bemüht hat, in einem 1814 erschienenen Werk, das die Elementen-Prüfungen Terrassons auch im Bilde vorführt. Daneben werden weiterhin «ägyptische» Riten neu begründet, etwa durch den Archäologen Alexandre Dumège (1780–1862) in Toulouse («Amis du Désert») und später durch den Memphis-Misraim-Ritus. In Ägypten selber entstehen jetzt zahlreiche Logen, die zum Teil direkt an die Tradition altägyptischer Mysterien anknüpfen wollen.

Noch in neuerer Zeit fehlte es nicht an Versuchen, die «ägyptischen» Ursprünge der Maurerei zu konkretisieren. So wollte C. E. Gernandt 1905 den «ersten Tempel der Freimaurer in Aegypten» mit dem Tempel Ramses' II. in Abydos identifizieren, und Ägypten mit seinen reich dokumentierten Kulten bleibt vor allem für die rituelle Komponente der Freimaurer eine unerschöpfliche Quelle. Im übrigen aber orientiert man sich nicht nach dem «Schönen Westen» des altägyptischen Jenseits, sondern nach dem «Ewigen Osten».

16. Goethe und die Romantik – «Hieroglyphisch denken»

Als der junge Goethe im Winter 1768/69 in eine schwere physische und psychische Lebenskrise geriet, da war es die Welt des Hermes Trismegistos, die ihm Heilung und neue Impulse gab. Er selber beschreibt diese Zeit im 8. Buch von *Dichtung und Wahrheit*, und den geistigen Hintergrund hat Rolf Christian Zimmermann in seiner Untersuchung über *Das Weltbild des jungen Goethe* aufgehellt; dort wird deutlich, daß die «Bekehrung» Goethes nicht eine zum Christentum, sondern zu einer Hermetik mit christlichen Zügen war. «Der neue Platonismus lag zum Grunde; das Hermetische, Mystische, Kabbalistische gab auch seinen Beitrag her, und so erbaute ich mir eine Welt, die seltsam genug aussah», schreibt Goethe, wobei er lange Winterabende «an diese Seltsamkeiten» wendete. Gefährtin dieser Studien war Susanne von Klettenberg, die zum Kreis der Frankfurter Pietisten gehörte und die Goethe in den *Bekenntnissen einer schönen Seele* verewigt hat. Nach dem Studium von Paracelsus und Basilius Valentinus wagten sich beide sogar an alchemistische Experimente, die auch bei den Freimaurern und Rosenkreuzern beliebt waren: «Nun wurden sonderbare Ingredienzien des Makrokosmus und Mikrokosmus auf eine geheimnisvolle, wunderliche Weise behandelt.» Auf das «Frankfurter Intervall» folgte der Aufenthalt in Straßburg, wo Goethe weiterhin die Alchemie als seine «heimliche Geliebte» pflegte. Vieles von dem, was er sich bei diesen «hermetischen» Studien angeeignet hat, ist in seine spätere Dichtung eingeflossen, vor allem in den *Faust*.

War es hier ein hermetisch gebrochenes Ägypten, dem Goethe begegnete, wie auf anderer Ebene dem Ägypten der Bibel oder dem der antiken Autoren, so traten ihm auf seiner Italienreise 1786 bis 1788 zum ersten Mal ägyptische Originale entgegen, die «herrlichen aegyptischen Denkmale», vor allem natürlich in Rom. Der erste Entwurf zu dem bekannten Gemälde Tischbeins *Goethe in der Campagna* zeigt den Dichter auf einem zerbrochenen Obelisken, der mit Hieroglyphen bedeckt ist, die später getilgt wurden. Aber auch in Rom war eine saubere Trennung von Originalen und

Nachahmungen schwer möglich, und Goethe, der u.a. die Cestius-Pyramide gezeichnet hat, begeisterte sich besonders für eine Pyramiden-Rekonstruktion von Louis-François Cassas (1756-1827): «Es ist diese Zeichnung die ungeheuerste Architecturidee, die ich zeitlebens gesehen, und ich glaube nicht, daß man weiter kann.» Cassas versieht seine Phantasie-Pyramide zusätzlich noch mit Säulenhalle, Obelisken und einer Sphinxallee.

In seiner Eigenschaft als Museumsdirektor in Weimar läßt Goethe auch Abgüsse von ägyptischen Originalen in Rom anfertigen, denn «diese unschätzbaren Sachen muß man besitzen». Seine eigene private Sammlung an *Aegyptiaca,* die erst 1980 veröffentlicht wurde, ist allerdings von kläglicher Qualität, im Gegensatz zu ganz hübschen ägyptisierenden Dingen im Geschmack der Zeit, die er besaß. Trotzdem sah er dahinter, dank seinen hermetischen Studien, das verklärte Ägypten der Antike. Und man erblickte im 18. Jahrhundert die Stärke der alten Ägypter ohnehin vor allem in der Baukunst.

In seinen späten Jahren formuliert Goethe einmal, im Brief an Rühle von Lilienstern (vom 12. August 1827), seine «Abneigung gegen jenes wüste Todtenreich»; er habe Ägypten in der letzten Zeit wenig Aufmerksamkeit zugewendet – «einem allzu ernsten Lande, welches die wunderlichsten Schriftzüge für ewig zu versiegeln schienen». Denn die anfangs so positive Einstellung zu Ägypten hat sich bei Goethe unter dem Einfluß des späten Herder entscheidend gewandelt und mündete in eine Frontstellung zu den Romantikern und ihrer Ägyptenbegeisterung. Deswegen sagt Goethe in der Straßburger Zeit, daß er seine «mystisch-kabbalistische Chemie» ängstlich vor Herder zu verbergen suchte.

Dabei hat Herder selber eine Wandlung erlebt. In einer Schrift von 1768 über Winckelmann wirft er diesem noch vor, daß er die Ägypter überall mit griechischen Augen sieht und am Ideal der Griechen mißt – «So sehr Grieche ist selbst Herodot kaum.» Herder sieht in Hermes Trismegistos den symbolischen Erfinder der Zahlen und Buchstaben und veröffentlicht noch 1801 in seiner Zeitschrift *Adrastea* einen «hermetischen» Dialog zwischen Hermes und Pymander.

Aber in seinen *Ideen zu einer Philosophie der Geschichte der Menschheit* (1784-1791) verfällt Herder in den gleichen Fehler wie Winckelmann. Dabei hat er in der Wertung von S. Morenz dem «maßstabgerechten Begreifen geschichtlicher Phänomene» Bahn gebrochen und manche durchaus richtige Einsicht in das Wesen

Ägyptisierende Tasse und Untertasse aus Goethes Besitz...

der altägyptischen Kultur formuliert. Er sieht aber in Ägypten und seinen Hieroglyphen nur einen «ersten rohen Kinderversuch des menschlichen Verstandes,» denn auch «die rohesten Wilden in Amerika hatten Hieroglyphen», wobei er an die Mexikaner und ihre Bilderschriften denkt. Heute wird wohl niemand mehr die Azteken oder Maya als «roheste Wilde» bezeichnen. «Daß aber die Ägypter so lange bei dieser unvollkommenen Schrift blieben und sie Jahrhunderte hin mit ungeheurer Mühe auf Felsen und Wände malten: welche Armut von Ideen, welch einen Stillstand des Verstandes zeigt dieses!» Die Hieroglyphen hätten den Ägyptern den Weg zur Wissenschaft versperrt, die Pyramiden seien Zeichen des Aberglaubens und des herrscherlichen Despotismus, und «die Mumien zeigen, daß die Bildung der Ägypter nicht schön war»!

In einem Brief von 1826 findet auch Goethe, daß Mumien nicht gerade ein «unerläßlicher Bestandteil eines Museums» seien, sondern ein «Modeartikel, und die Mode spricht: Was viele haben, muß jedermann haben. Zu was es nutzt, fragt niemand». In seinen späten Jahren sind ihm ägyptische, wie auch indische und chinesische Altertümer, «immer nur Curiositäten; es ist sehr wohl gethan, sich und die Welt damit bekannt zu machen; zu sittlicher und ästhetischer Bildung aber werden sie uns wenig fruchten».

Fasziniert war das 18. Jahrhundert von der Idee einer Universalsprache, die allen Zeiten und Völkern verständlich ist und sich in den ägyptischen Hieroglyphen materialisiert, die von Hermes Trismegistos erfunden wurden, wie z.B. Pernety in seinem *Dictionnaire mytho-hermétique* von 1758 behauptet. Auch in dem repräsentativen *Großen Universal-Lexikon Aller Wissenschafften und Künste* von Zedler (1730 ff.) ist Hermes Trismegistos Erfinder der Hieroglyphen. Diese waren ja, trotz aller Bemühungen von Kircher und anderen, immer noch nicht entziffert, und auch der jetzt so beliebte Vergleich mit der chinesischen Schrift, deren Kenntnis die jesuitischen China-Missionare nach Europa vermittelten, führte nicht weiter, obwohl immer neue Versuche unternommen wurden, das Ägyptische vom Chinesischen her aufzuhellen.

Die Abhängigkeit der chinesischen von der ägyptischen Kultur propagierte vor allem der Abbé Jean Jacques Barthélémy, und man dachte damals sogar an eine einstige Eroberung Indiens und Chinas durch die mythischen Könige Osiris und Sesostris sowie die Anlage ägyptischer Kolonien in diesen fernen Ländern. Joseph de Guignes legte der Académie des Inscriptions in Paris 1758 eine Abhandlung vor, in der China als ägyptische Kolonie «bewiesen» wird, und Newton fügte das Auftreten des ägyptischen Eroberkönigs am Ganges in sein chronologisches Gerüst exakt unter dem Jahre 974 v. Chr. ein.

Gegen die «wahnwitzigen Bemühungen» Kirchers, den Hieroglyphen einen philosophischen Sinn zu unterlegen, wandte sich William Warburton (1698–1779) in *The Divine Legation of Moses* (1737–41), wobei er sich auf Horapollon und andere antike Autoren beruft. Er verspottet Kircher, der sich mit spätantiken Platonikern und gefälschten Schriften des Hermes abmüht, «which contain Philosophy not Egyptian to explain old monuments not Philosophical». Auf den Obelisken vermutet er, wie auch Leibniz, historische Texte, denn geheime Weisheit könne man nicht auf öffentlich aufgestellten Denkmälern finden (ähnlich später Herder: «Geheimnisse schreibt man nicht an Thurm und Wände»). Die Schrifterfindung hat für Warburton praktisch-kommunikative, nicht esoterische Gründe; auf seine Sicht stützt sich dann u. a. Diderot in seinem Hieroglyphen-Artikel für die große Französische Enzyklopädie.

Im Jahr 1775 erschien in Göttingen Christoph Meiners *Versuch über die Religionsgeschichte der ältesten Völker besonders der*

Egyptier, in welchem sich die wachsende Kritik an der Hermetik artikuliert und Casaubon zu neuen Ehren kommt. Meiners verweist Hermes Trismegistos «aus dem Reiche der Geschichte ... in das unermeßliche Reich alt seyn sollender egyptischer Schimären» und faßt am Schluß die kontroversen Meinungen zu Hermes wie folgt zusammen: «Wer alles dieses zusammen nimmt, wird mirs hoffentlich nicht übel nehmen, wenn ich aufrichtig erkläre, daß ich nichts davon weiß, was Hermes war, und that; daß ich daran zweifele, ob es jemahls jemand gewußt habe, und künftig entdecken werde, und daß ich dahero alle Untersuchungen über diesen Punct für den unverantwortlichsten Zeitverlust halte.» Später, in seinen *Briefen über die Schweiz*, wurde Meiners zu einem heftigen Kritiker von Cagliostro, man verdankt ihm jedoch auch einen Aufsatz über die «Geschichte der hieroglyphischen Schrift» im Göttinger historischen Magazin von 1789.

Aber auch von diesem Schlag, wie von Casaubons Spätdatierung, hat sich die Hermetik wieder erholt. Magie, Geisterglaube und Alchemie blühen weiter, obwohl Lavoisier 1789 mit seinem *Traité élémentaire de Chimie* die Grundlagen der modernen Chemie schafft. Der Leipziger Physiker Christlieb Benedict Funk legt 1783 ein Werk über «Natürliche Magie» vor, die «... von Professoren ... gelehrt werden könne», und Jung-Stilling, dessen *Heimweh* uns gleich beschäftigen wird, verfaßt daneben eine «Theorie der Geister-Kunde» (1808).

War die Isis-Religion einstmals der letzte große Gegner des jungen Christentums gewesen, so schlug nun in der Französischen Revolution noch einmal ihre Stunde, umgeformt zu einem Kult der «Göttin der Vernunft» oder der Natur, den man an die Stelle des Christentums setzen wollte. Der Archäologe und Politiker Charles-François Dupuis (1742–1809) führte in seinem *Origine de tous les cultes* (1794) alle Religion auf eine ursprüngliche Verehrung der Natur und der Gestirne zurück, deren Wiege Ägypten sei. Dazu traten ganz konkrete Spekulationen über eine Verbindung der Isis mit dem Namen Paris, und man glaubte, Notre-Dame sei auf den Ruinen des früheren Isis-Tempels erbaut; Dupuis verklärte die Kathedrale selber als ein Iseum. Unter Napoleon wurde Isis geradezu die Schutzgöttin von Paris. Ägyptische Formen wie Pyramide, Obelisk und Sphinx waren in der Revolutionszeit ausgesprochen populär und wurden keineswegs als Symbole der herrschenden Klasse angesehen.

Die *Fontaine de la Régéneration* von 1793. Nach: Ägyptomanie. Ägypten in der europäischen Kunst 1730–1930 (Ausstellung Wien 1994), S. 108.

Höhepunkt der neuen Isis-Verehrung war die Einweihung der *Fontaine de la Régénération* von Jacques Louis David auf den Trümmern der ehemaligen Bastille am 10. August 1793. Hier strömte das regenerierende Wasser aus den Brüsten einer thronenden ägyptischen Göttin aus bronziertem Gips, die mit dem «obligaten» Königskopftuch geschmückt ist und dazu noch einen Königsschurz trägt. In der Festrede von Hérault de Sèchelles wurde sie als Verkörperung der Natur angesprochen.

Pläne, das Straßburger Münster in einen Tempel der Vernunft umzuwandeln, wurden nur im Ansatz verwirklicht, durch die Aufstellung eines Monuments, das wiederum von einer *Multimammia*, einer vielbrüstigen Göttin der Natur, in der man Isis vermuten darf, beherrscht wurde. Und in der neuen, revolutionären Zeitrechnung, welche zeitweise die christliche ersetzte, kam auch der altägyptische Kalender mit seiner zehntägigen Woche und seinen Monaten zu einheitlich 30 Tagen (passend zur Idee der Égalité!) wieder zu Ehren, nur daß die Epagomenen jetzt *sans-culotti-*

des genannt wurden. Nach dem Konkordat, das Bonaparte im Juli 1801 mit Papst Pius VII. schloß, kehrte Frankreich jedoch zur katholischen Religion zurück, und die Reste des revolutionären Kultes verschwanden. Aber inzwischen hatte sich bereits die romantische Bewegung Ägyptens bemächtigt.

Die «mondbeglänzte Zaubernacht» (Tieck) der Romantiker paßt aufs beste zu Pyramiden und Sphingen, der Blick auf die Nachtseite der Welt erfaßte auch Ägypten, und dazu trat, sehr im Gegensatz zu Herder, die Aufgeschlossenheit für Bilder und speziell für «Hieroglyphen» jeglicher Art.

Von großem Einfluß erwies sich die angebliche Inschrift im Tempel der Isis zu Sais, die Plutarch (*De Iside* c. 9) überliefert und die Schiller in seinem Gedicht «Das verschleierte Bild zu Sais» (1795) verwendet, allerdings in verkürzter Form und auf die «verschleierte Wahrheit» umgedeutet, während das Heben des Schleiers in der ausführlichen Fassung beim Neuplatoniker Proklos (410–485) eindeutig die geschlechtliche Vereinigung meint; dort heißt es:

> Was ist und was sein wird und was ward, bin ich;
> mein Gewand hat noch niemand gelüftet.
> Die Frucht, die ich gebar, wurde die Sonne.

Schiller hat diesen Text, der «auf einer Pyramide zu Sais» gefunden worden sei, auch noch in seinen Aufsätzen «Die Sendung Moses'» (1790) und «Vom Erhabenen» benutzt. Und Kant sagt in seiner «Kritik der Urteilskraft» (1790): «Vielleicht ist nie etwas Erhabeneres gesagt oder ein Gedanke erhabener ausgedrückt worden als in jener Aufschrift über dem Tempel der Isis (der Mutter Natur): ‹Ich bin alles, was da ist, was da war und was da sein wird, und meinen Schleier hat kein Sterblicher aufgedeckt›.» Für Beethoven (der ihn eingerahmt auf seinem Schreibtisch stehen hatte) und viele andere Zeitgenossen war dieser Spruch Inbegriff der altägyptischen Weisheit. Jetzt sah man die Hieroglyphen gern als ein kluges Mittel der ägyptischen Priester, ihren Glauben an die göttliche Einheit und ihr Wissen um die tiefsten Geheimnisse vor der abergläubischen Menge zu verbergen.

Den Schleier der Isis hebt der Held von Heinrich Jung-Stillings *Heimweh*, das 1793/94 verfaßt wurde. Dieser Held, Christian von Ostenheim, zieht als ein moderner Kreuzritter in den Orient und gelangt dabei auch nach Ägypten, wo er in der Großen Pyramide in einen geheimen Orden eingeweiht wird. Im Zentrum dieser Einweihung steht wiederum die Elementenprobe nach dem Vorbild des Sethos-Romans von Terrasson. Nach Jung-Stilling haben sich die «großen Weisen des Abendlandes» nach Ägypten gewendet «und sich da mit den wenigen ächten Nachkommen der uralten Schüler des Hermes vereinigt»; er vermutet dort eine «verborgene Gesellschaft der Eingeweihten».

Diese Sehnsucht nach dem Orient und speziell nach Ägypten hat wenig später (das Fragment entstand 1798/1800) Hölderlin in seinem *Tod des Empedokles* formuliert. Empedokles sagt dort zu Pausanias:

> Und will die Seele dir nicht ruhn, so geh
> Zum andren Strome, zu den Ernsteren,
> Und frage sie, die Brüder in Ägyptos.
> Dort hörest du das ernste Saitenspiel
> Uraniens und seiner Töne Wandel.
> Dort öffnen sie das Buch des Schicksals dir.

In seinem Gedicht *Der Archipelagus* hat Hölderlin auch den Nil besungen:

> ... der Erstgeborne, der Alte,
> Der zu lange sich barg, dein majestätischer Nil jetzt
> Hochherschreitend von fernem Gebirg, wie im Klange
>   der Waffen,
> Siegreich kommt, und die offenen Arme der sehnende reichet.

Um die gleiche Zeit, 1798, entstand ein weiteres Fragment, Novalis' *Die Lehrlinge zu Sais*, das bereits im Titel auf den Versuch anspielt, den Schleier der Göttin zu heben. Die suchenden Jünglinge, die Novalis beschreibt, sind «voll Sehnsucht und Wißbegierde ... um die Spuren jenes verloren gegangenen Urvolks zu suchen ... jene heilige Sprache ... von der einige Worte ... noch im Besitz einiger glücklichen Weisen unter unsern Vorfahren gewesen sein mögen»; sie wenden sich nach Sais und «seinem Tempelarchiv», um Aufschluß zu erhalten, denn:

> Fern im Osten wird es helle,
> Graue Zeiten werden jung ...

Schon lange vor der Romantik hatte Johann Georg Hamann (1730–1788), der «Magus des Nordens», verlangt, «durch Kreuzzüge nach den Morgenländern und durch die Wiederherstellung ihrer Magie» sich darum zu bemühen, «die ausgestorbene Sprache der Natur von den Toten wieder auf(zu)wecken».

In der Tradition dieser esoterischen Orient-Sehnsucht steht noch Rudolf, der Held von Eichendorffs *Ahnung und Gegenwart* (1815). Er reist «zu den Magiern nach Ägypten, um hier zum Wesen der Dinge vorzudringen», ähnlich wie der Held im Epos *Der Franke in Egypten* der Karoline von Günderrode. Auch Peter Schlemihl, in Adalbert von Chamissos «wundersamer Geschichte» vom schattenlosen Helden (1814), nimmt seinen ständigen Aufenthalt in Ägypten, konkret in der Wüste der Thebais, denn: «Es stand plötzlich fest und klar in mir: hier ist dein Haus», in den Höhlen der christlichen Einsiedler, von wo er mit seinen Siebenmeilenstiefeln die übrige Erde erkundet.

Neben der Naturmystik war «hieroglyphisch» zu denken und zu sprechen das Ideal für viele Romantiker, und Clemens Brentano spricht sogar von «hieroglyphischen Fußstapfen». In seinem *Bogs der Uhrmacher* beschreibt er eine Mumie, von der sich «Hieroglyphen» ablösen und «zu lebendigen Tieren» werden; die Erwähnung des Ibis zeigt, daß dabei an ägyptische Bildzeichen gedacht ist, wahrscheinlich stand ein mumiengestaltiger Sarg mit seiner Dekoration Pate.

Die Romantiker knüpfen damit direkt an die Suche des 18. Jahrhunderts nach einer Universalsprache an, die für alle verbindlich ist, und setzen sich zum Ziel, das «Buch der Natur» zu entschlüsseln. Dieses hatten ja schon Paracelsus und seine Jünger als zweite Offenbarung Gottes neben der Bibel anerkannt. Jetzt finden die Hieroglyphen Aufnahme in die Kunsttheorie der Romantiker. «Die erste Kunst ist Hieroglyphistik» heißt es bei Novalis. In einer Vorwegnahme der Tiefenpsychologie verweist Gotthilf Heinrich Schubert (*Symbolik des Traums*, 1814) dazu noch auf «eine auffallende Verwandtschaft» der «hieroglyphischen Bildersprache ... mit der Traumbildersprache» und sieht hier Möglichkeiten für einen tieferen Einblick in die uns umgebende Natur, «von welcher sich unsre gewöhnliche Naturkunde nichts träumen lässet».

In diese Bemühungen gehören Philipp Otto Runge (1777–1810) und seine «hieroglyphischen» Bilder (so von Joseph von Görres und Friedrich Schlegel bezeichnet), wobei «Der Morgen», mit seiner Kinderschar im Blütenkelch, direkt von einer Plutarch-Stelle inspiriert ist. Auch Goethe sah in diesen Bildern von Runge «wahre Hieroglyphen ... ein wahres Labyrinth dunkler Beziehungen, dem Beschauer durch das fast Unergründliche des Sinnes gleichsam Schwindel erregend». Zu den ganz konkreten Symbolen, die bei Novalis, Runge und anderen wieder auftauchen, gehört der uralte Uroboros, die Schlange mit dem Schwanz im Maul, und auch das Interesse an der hermetischen Kunst der Alchemie bleibt weiterhin lebendig. Die romantische Natursymbolik wirkt dann noch bei Caspar David Friedrich weiter.

Durch den dänischen Marineoffizier Frederik Ludvig Norden (*Drawings of Some Ruins and Colossal Statues at Thebes in Egypt*, 1741) und den englischen Reisenden Richard Pococke, dessen *Description of the East* 1743 erschien, war man inzwischen mit eingehenden Beschreibungen und Wiedergaben von Denkmälern in Ägypten vertraut geworden. Aber noch die Gelehrten der Expedition Bonapartes hatten kein Gefühl für original altägyptische Kunst, ihr Auge war an den späten Verfremdungen und Nachahmungen geschult; trotzdem haben sie, noch vor der Entzifferung, sehr brauchbare Textkopien geliefert. Im Gefolge der französischen Expedition setzte ein stetiger Strom von Originalwerken ein, der aus Ägypten in die jetzt entstehenden großen europäischen Sammlungen gelangte und vor allem von den europäischen Konsuln in Kairo gespeist wurde. Damit hatte man künftig ein getreueres Anschauungsmaterial vor Augen.

Im Zusammenhang mit der Französischen Expedition entstand u. a. die Legende, wonach Bonaparte und Kléber im August 1798 in der Cheops-Pyramide von einem ehrwürdigen Alten, einem Nachfahren altägyptischer Weiser, initiiert worden seien, konkret in den sogenannten Ritus von Memphis, der damals in Freimaurer-Kreisen beliebt war. Hier stoßen wir nochmals auf die Rolle der Großen Pyramide als Einweihungsstätte, die auf Terrasson zurückgeht, und auf den angeblich ägyptischen Ursprung der Freimaurer.

Die Hinwendung der Romantik zur Nachtseite der Welt und die Entdeckung des Unbewußten führten auch zur Sicht Ägyptens als Alptraum, woran man bei der Beschäftigung mit der Ägypten-Rezeption meist vorbeigeht. Greifbar wird dieser Aspekt bereits in den schauerlichen Szenerien des Architekten Jean-Louis Desprez um 1780, wo u. a. der Tod als ägyptischer Priester erscheint. Bei Ludwig Tieck (*Franz Sternbalds Wanderungen*, 1798, III 2) erregen die Pyramiden Ägyptens «Entsetzen oder Schauer», und bei der Ägyptenreise Ludovicos in diesem Roman (III 8) ist von der Quelle der Weisheit, die bei den anderen Romantikern im Vordergrund steht, keine Rede; es werden rein äußerlich Pyramiden, Nil und die «Sandwüsten mit ihren Sphinxen» beschworen. Immerhin ist das Nilland aber auch für Tieck «die Wiege der Menschheit» (III 1).

Ägypten als regelrechtes Trauma hat Aleida Assmann in den *Confessions of an English Opium Eater* aufgezeigt, die Thomas DeQuincey 1822 veröffentlichte, also im Jahr der Entzifferung der Hieroglyphen. Hier steigen erschreckende Bilder aus dem Unbewußten auf, die zum Teil auf die Kamin-Entwürfe von Piranesi zurückgehen. Ägypten erscheint nun als Verkörperung des bedrohlich Fremden, dazu wiederum in Gesellschaft von Indien und jetzt auch von China. DeQuincey fühlt sich der Götterwelt der alten Kulturen ausgeliefert:

«Ich war der Götze und war der Priester, angebetet wurde ich und als Opfer dargebracht. Vor dem Zorne Brahmas floh ich durch alle Wälder Asiens ... Dann trat ich plötzlich vor Isis und Osiris. Sie klagten mich einer Untat an, die den Ibis und das Krokodil mit Schaudern erfüllt habe. Tausend Jahre lang lag ich begraben in steinernen Särgen bei Mumie und Sphinx, in enger Grabkammer still im Herzen ewiger Pyramiden.» Und dann, als Höhepunkt: «I was kissed, with cancerous kisses, by crocodiles.»

Gleich darauf sieht er sich noch einmal dem «abscheulichen Kopf des Krokodils» gegenüber – «his leering eyes looked out at me, multiplied into a thousand repetitions: and I stood loathing and fascinated». Aleida Assmann kommentiert den Kuß des Krokodils wie folgt: «Das Krokodil wird hier zum Inbegriff des Fremden; in dieser Chiffre kippt das Sublime um in physischen Ekel und Angst.»

Aber das Krokodil steht auch für eine neue Ägyptensicht, die jetzt, nach 1830, vorübergehend in den Vordergrund tritt: das «exotische» Ägypten, in welchem sich nun zwischen den altvertrauten Pyramiden und Sphingen auch Krokodile und Löwen tummeln. Martin Kaiser hat in einem Aufsatz von 1971 verschiedene amüsante Zeugnisse für dieses exotische Ägyptenbild zusammengetragen, das sich u.a. bei Dichtern wie Ferdinand Freiligrath (1810–1876), Emanuel Geibel, Victor Hugo und Gottfried Keller findet; letzterer hat das Stipendium, das er 1844 von der Zürcher Regierung für eine Orientreise erhielt, leider nur für eine Reise nach Heidelberg benutzt. In Freiligraths Gedicht *Der Wecker in der Wüste* (1838) weckt das Gebrüll des Löwen in der Wüste sogar die Königsmumie in ihrer Pyramide auf:

> Es lauscht Kamel und Krokodil
> des Königs zürnendem Gebrüll.
> Es hallt zurück vom Nilesstrand
> und von der Pyramiden Wand;
> die Königsmumie, braun und müde,
> erweckt's im Schoß der Pyramide.

Die auferweckte Königsmumie erinnert sich dann an ihre einstigen Glanztaten,

> als Siegesbanner mich umflogen,
> als deine Ahnen, Leu mich zogen ...
> und diese Sohle, schlaff und dürr,
> trat auf des Mohren Haargewirr,
> trat auf die gelbe Stirn der Inder
> und auf den Nacken der Wüstenkinder...

Den nötigen Kommentar zu dieser Art von Dichtung hat schon Heinrich Heine in seinem *Atta Troll* gegeben:

> Ist der Freiligrath kein Dichter?
> Wer besäng' den Löwen besser
> Als sein Landsmann, das Kamel?

Aber Chamisso sagte überschwenglich, als der Gedichtband 1838 erschienen war: «Seitdem dieser angefangen zu singen, sind wir andern alle Spatzen», und auch Brentanos Urteil war sehr positiv. Man schätzte allgemein die neue, kraftvolle Sprache, hinter der die romantische Verschwommenheit zurückblieb. Freiligrath selber bezeichnete seine Dichtung als «Wüsten- und Löwenpoesie»; er entführt den Leser in eine exotische Welt, die sicher auch von modernen Reiseberichten und vom anbrechenden Kolonialismus gespeist wird, aber in vielen Motiven (so Pharao als Bezwinger Indiens bei Diodor oder das ganz unägyptische Löwengespann, das Marcus Antonius gelenkt haben soll) immer noch von den antiken Autoren und ihrem Orientbild abhängt. Im Gesamtbild ist Ägypten nun eine Provinz des türkischen Reiches, des modernen Orients, in den die Züge der pharaonischen Zeit mit eingeschmolzen sind. Eine parallele Sicht haben die als «Orientalisten» bekannten Maler, die vor allem in Frankreich das 19. Jahrhundert prägen. Die Arbeit der Ägyptologen hat dann im weiteren Verlauf des Jahrhunderts das pharaonische Ägypten wieder deutlicher vom antiken und türkischen Morgenland abgehoben.

Insgesamt setzte damit eine Entwicklung ein, die vom esoterischen Ägypten weit fortführte. Erst die Theosophen haben im letzten Viertel des 19. Jahrhunderts das Ägypten der Weisheit und der Initiation wieder in den Vordergrund gestellt. Sie knüpften dabei an die Überlieferungen der Rosenkreuzer und der Freimaurer an, aber konnten auch schon erste Anleihen bei der inzwischen etablierten Wissenschaft der Ägyptologie machen. Hier hat dann auch die Bildende Kunst neue Impulse erhalten, die Maler des Symbolismus haben sich vielfach von Helena Blavatskys *Isis Unveiled* inspirieren lassen.

17. Theosophie und Anthroposophie

Von *Theosophie* und *Anthroposophie* spricht man schon seit dem 16. Jahrhundert, wobei vor allem Jakob Böhme immer gern als Theosoph bezeichnet wurde, aber auch Franz Xaver von Baader (1765–1841) und andere. Unter dem Einfluß eines weiteren Theosophen, des schwedischen «Geistersehers» Emmanuel Swedenborg (1688–1772), wurde bereits 1783 eine «Theosophical Society» in London gegründet. Wir wollen uns hier aber nur mit ihrer späteren Nachfolgerin und mit der aus ihr hervorgegangenen Anthroposophie Rudolf Steiners (nicht mit der von Robert Fludd) beschäftigen.

Die im September 1875 in New York gegründete Theosophische Gesellschaft hat als Vorläufer die Geheimgesellschaft *Hermetic Brotherhood of Luxor*, die nicht nur im Namen eine doppelte Verbindung zu Ägypten aufweist (Hermes und Luxor), sondern dazu das ägyptische Lebenszeichen *Anch* als Signet verwendete. Das Siegel der neuen Gesellschaft weist gleich zwei altägyptische Symbole auf, die Uroboros-Schlange und das Lebenszeichen *Anch*, und man überlegte als Name auch «Ägyptologische» oder «Hermetische Gesellschaft», wie Oberst Olcott in seinen Erinnerungen berichtet. Von Anfang an bestand eine wichtige Verbindung zum Spiritismus, der in der Theosophie immer wieder hervortritt. Ein Schlüssel-Erlebnis bildeten die Vorfälle in Hydesville, N.Y. im Dezember 1847; dort traten zwei Mädchen von 12 und 13 Jahren in Kontakt mit der Geisterwelt und lösten dadurch einen regelrechten *boom* von weiteren Medien aus, die bis in höchste Kreise Glauben fanden. Dazu kam wieder Indien als ein weiterer geistiger Hintergrund, Karma und Reinkarnation gehörten zum festen Glaubensbestand der Theosophen, und ein äußeres Zeichen war die Verlegung des Sitzes der Gesellschaft 1879 nach Bombay und im Dezember 1882 nach Adyar, einem Vorort von Madras. Nachdem die Gesellschaft in New York fast ausgestorben war, breitete sie sich nun rasch aus; bis 1885 war sie, nach dem Vorbild der Freimaurer organisiert, auf 121 «Logen» angewachsen, und ab 1886 wurden nationale Sektionen gebildet.

Im Mittelpunkt der Gesellschaft stand Helena Petrowna Blavatsky (1831–1891), in Jekaterinoslav (Dnjepropetrowsk) als Tochter des Obersten Peter Hahn geboren; die Mutter war eine Dolgorukij, stammte also aus fürstlichem Hause. Helena war 1848 nur wenige Wochen mit Nikifor Blavatsky, dem Vicegouverneur von Eriwan im Kaukasus, verheiratet, floh dann nach Konstantinopel, ist 1872 auch in Kairo bezeugt und behauptete später, sieben Jahre in Tibet verbracht zu haben, wo sie vom Meister Morya eingeweiht worden sei; in ihrem Isis-Buch ist davon allerdings noch keine Rede. Seit 1873 lebte sie in den USA und veröffentlichte nach Gründung der Gesellschaft 1877 *Isis Unveiled: A Master-Key to the Mysteries of Ancient and Modern Science and Theology,* das in vielen Auflagen und 1909 auch in deutscher Übersetzung erschien. Mit diesem Werk möchte sie den Schleier der Isis endlich heben und umschreibt als Ziel der neuen Gesellschaft «to experiment practically in the occult powers of Nature, and to collect and disseminate among Christians information about the oriental religious philosophies» (S. XLI). Sie schreibt den alten Kulturen ein überlegenes Wissen zu (I 6), das es wieder ans Licht zu heben gilt – man muß die Wahrheit in den ältesten Texten suchen (I 444). Moses und Aristoteles waren in ägyptische Weisheit eingeweiht, Pythagoras und Platon haben alle ihre Philosophie aus den Büchern des Hermes Trismegistos gelernt (I 444), und Isis «ist nur das Symbol der Natur» (I 16).

Sie spricht viel von «Hermetischer Philosophie», und Paracelsus ist für sie der erste wahrhaft Eingeweihte der Neuzeit (II 349); aber neben der Tradition, die von der Hermetik und Paracelsus herkommt (I 100 nennt sie Paracelsus, Cagliostro und Mesmer in einem Atem!), versucht sie auch, sich der zeitgenössischen Ägyptologie zu bedienen. Der damals gerade edierte Papyrus Ebers ist für sie, wie für seinen Herausgeber Georg Ebers, eines der sechs hermetischen Bücher über Medizin, die Clemens von Alexandria nennt, und das Totenbuch, das für sie uralte Weisheit darstellt (die älteren Pyramidentexte wurden ja erst 1881 entdeckt), benutzt sie nach der Übersetzung von Birch in von Bunsen, *Egypt's Place in Universal History* (1867). Für die ägyptische Einweihung aber ist für sie das Freimaurer-Werk «Crata Napoa» (sic!, für Crata Repoa) die Quelle (II 364f.). Die Pyramiden sind Einweihungsstätten, und der «Porphyr-Sarkophag» in der Cheops-Pyramide war ein Taufbecken («baptismal font») für die Neugeburt des Neophyten (I 519). Hier möchte sie mit einer «Esoterischen Schule» für einen inneren Kreis von Eingeweihten anschließen.

I 205 zählt sie als Bestandteile der Geheimwissenschaften auf: Alchemie, Kabbala, Pythagoras, Magier, Neuplatoniker, indische Gymnosophisten, chaldäische Astrologen, und die Magie als «ancient Psychology» («as old as man»: I 18); dazu kommt als moderne Zutat noch der Spiritismus, und die gnostische Geheimlehre, mit Jesus verbunden, erwähnt sie an anderen Stellen. Insgesamt also eine bunte Mischung der verschiedensten religiösen Strömungen. Sie betont überdies mehrfach, daß Indien und Ägypten geistesverwandt sind. Es geht der Theosophie wesentlich darum, eine Essenz aller Religionen zusammenzubrauen, und man muß sie vor allem als eine Gegenreaktion auf den Materialismus und die erstarrte christliche Theologie der Neuzeit sehen.

Neu ist bei Helena Blavatsky die Konstruktion einer frühen Geistesgeschichte der Menschheit, in deren Zentrum die untergegangenen Kontinente Lemuria (wo Adam und Eva lebten) und Atlantis stehen; darüber handelt sie in ihrem zweiten Werk *The Secret Doctrine* (1888). Sie beruft sich dafür auf die sogenannte *Akasha-Chronik*, die dann später auch bei Rudolf Steiner eine große Rolle spielt; in ihr hätte alles geistige Geschehen seine Spuren hinterlassen, also eine Art kollektives Gedächtnis des Kosmos. Peter Paddon, ein Esoteriker unserer Zeit, verrät uns, daß sie von Thot/Hermes persönlich geführt wird (*Book of the Veil*, S. 107). Während Atlantis ja in einer alten Tradition steht und damals durch mehrere Bücher wieder populär wurde, ist der Kontinent Lemuria erst 1874 von P. L. Slater «erfunden» worden, als einstige Landbrücke zwischen Vorderindien und Madagaskar. Damit wollte Slater die Verbreitung der Lemuren erklären, die heute nur noch auf Madagaskar vorkommen, einstmals aber auch in Europa und Nordamerika; diese Gruppe von Halbaffen ist wegen ihrer lärmenden nächtlichen Aktivität nach den römischen Seelen von Verstorbenen benannt, die nachts als Geister umgehen. Thomas Mann spricht von diesem untergegangenen Kontinent am Anfang seines Josephs-Romans.

Nach heftigen Kontroversen und Skandalen verließ Helena Blavatsky im März 1885 Indien, reiste in Europa und ließ sich 1887 in London nieder, wo sie am 8. Mai 1891 starb. In England sympathisierte der Dichter William Butler Yeats mit den Theosophen und wurde 1887 Mitglied der Gesellschaft; wenig später wechselte er jedoch zum Hermetic Order of the Golden Dawn, der mehr der westlichen Esoterik verpflichtet war und zu dem später auch der exzentrische Aleister Crowley als Mitglied gehörte. Auch George Bernard Shaw war in Kontakt mit den Theosophen, er beschreibt

Annie Besant in *Arms and the Man* (1894, deutsch als «Helden») als Raina, die sich schlußendlich nicht für ihren bulgarischen Kriegshelden, sondern für den wenig kriegerischen Schweizer «Schokoladesoldaten» Bluntschli entscheidet.

Prägend aber war die Ausrichtung auf östliche Weisheit; ein Vertrauter Helena Blavatskys, Franz Hartmann (1838–1912), der nach kurzem Aufenthalt in Adyar später einer unabhängigen «Theosophischen Gesellschaft in Deutschland» vorstand (mit Theodor Reuß als Vizepräsident), trat zum Buddhismus über. Andere wichtige Vertraute von Helena Blavatsky waren die schwedische Gräfin Constance Wachtmeister (seit 1884) und Annie Besant (1847–1933), die auch als Frauenrechtlerin hervortrat und 1889 Mitglied der Theosophischen Gesellschaft wurde; bis zum Tod Helena Blavatskys 1891 war Frau Besant deren engste Mitarbeiterin. Seit 1893 lebte auch sie in Indien und bemühte sich sogar, Sanskrit zu lernen; 1905 veröffentlichte sie *Uralte Weisheit. Die Lehren der Theosophie,* und von 1907 (nach dem Tod des Mitbegründers Henry Steel Olcott) bis zu ihrem Tod 1933 war sie Präsidentin der Theosophischen Gesellschaft in Adyar. Dort erschienen, bei aller Konzentration auf indische Weisheit, durchaus auch Schriften über Hermes Trismegistos, darunter sogar ein «Evangelium des Hermes» (Madras 1949). Daneben gab es immer wieder Verbindungen zu den Freimaurern.

Annie Besant, der eine «Orientalisierung» der Theosophie vorgeworfen wurde, versuchte seit 1909, den aus einer Brahmanen-Familie stammenden Jiddu Krishnamurti (1895–1986) als «Weltheiland», als Reinkarnation des Weltenlehrers aufzubauen, was u. a. zur Trennung Rudolf Steiners von der Theosophischen Gesellschaft führte; dieser hatte seit der Jahrhundertwende laufend Vorträge, vor allem über mystische Erfahrungen, in einem theosophischen Kreis in Berlin und später auch an anderen Orten gehalten und amtete seit Oktober 1902 als Sekretär der Deutschen Sektion der Adyar-Gesellschaft. In seinem Buch *Theosophie* von 1904 machte er sich die Vorstellungen über Reinkarnation und Karma voll zu eigen, aber der «östliche Weg» der anglo-indischen Richtung war für ihn nicht gangbar, vor allem nach der «Entdeckung» und Propagierung Krishnamurtis.

Wegen wachsender Differenzen wurde Anfang 1913 die deutsche Sektion der Theosophischen Gesellschaft von Annie Besant aufgehoben; gleich darauf erfolgte die Gründung einer eigenen Anthroposophischen Gesellschaft durch Rudolf Steiner und seine

Anhänger, die noch im gleichen Jahr mit dem Bau des ersten Goetheanums in Dornach begannen. Steiner war übrigens schon 1888 in Wien bei Maria Lang und Friedrich Eckstein (1861–1939) in Berührung mit der Theosophie gekommen, lehnte aber die Richtung von Hartmann (auch dieser hielt sich zeitweilig im Wiener Kreis auf) und insbesondere die spiritistischen Auswüchse ab; er findet bei den Theosophen neben Offenheit für geistige Impulse auch «Trivialität und Dilettantismus» (in: *Mein Lebensgang*, S. 293). Was er ablehnt, ist die Propagierung von Buddhismus und Hinduismus in Europa, wo ja die Christen bereits einen «Wahrheitskern» besäßen. Krishnamurti ist für ihn nur «ein Hinduknabe», dem er keine Bedeutung beimißt.

Krishnamurtis Vater war seit 1882 Mitglied der Theosophischen Gesellschaft und zog 1909 mit seinen beiden Söhnen nach Adyar um. Dort, am Strand von Madras, wurde der 14jährige von Charles Webster Leadbeater (1847–1934) «entdeckt». Dieser ist eine höchst schillernde und dubiose Figur. Ehemals anglikanischer Geistlicher, wurde er Theosoph und folgte Helena Blavatsky nach Indien. Leadbeater hatte zweifellos gewisse parapsychologische Fähigkeiten, wurde aber auch immer wieder in homosexuelle Skandale verwickelt und zeitweise aus der Gesellschaft ausgeschlossen. Er und Annie Besant, die eng zusammenwirkten, wurden angeblich von zwei weisen Meistern in Tibet (die auch Frau Blavatsky gesehen haben will) initiiert; beide berufen sich immer wieder auf Weisungen und Ratschläge dieser beiden Gurus, die der «Großen Weißen Bruderschaft» angehören, welche die Geschicke der Welt lenke.

In der Theosophischen Gesellschaft herrschte damals – auch das ist ja alte esoterische Tradition – die Erwartung eines neuen Messias. Maitreya, der sich vorher in Krischna und dann in Jesus verkörpert hatte, strebte nach einer neuen Inkarnation. Leadbeater war ausersehen, einen geeigneten Knaben zu finden, und wurde zuerst in den USA bei einem 14jährigen fündig, der mit seiner Mutter von Frau Besant nach Indien geholt wurde, dort aber den gerade (im April 1909) neu «entdeckten» Krishnamurti vorfand, dem auch Annie Besant huldigte und ihn sogar adoptierte – eine etwas peinliche Situation. Das Gespann Leadbeater/Besant konstruierte noch eine Inkarnationsgeschichte des neuen Heilands, die über 48 Inkarnationen (einmal auch als Schüler Buddhas) bis um 75000 v. Chr. zurückreicht, als der Manu, der dann auch bei Steiner eine große Rolle spielt, seine auserlesene Gruppe von Atlantis nach Arabien und weiter nach Zentralasien führte. Das hinderte Leadbeater nicht, 1913 noch einen weiteren indischen Messias zu «entdecken».

Seit 1912 lebten Krishnamurti und sein Bruder in Europa, später dann bevorzugt in Kalifornien. Er hatte Mühe mit englischen Schulen und interessierte sich zeitweilig mehr für Sport und Motorräder als für Esoterik; erst in Kalifornien machte er Erfahrungen mit Kundalini Yoga. Vielen Berichten zufolge muß er eine starke magische Ausstrahlung gehabt haben. Der Tod seines Bruders und neue Skandale um Leadbeater (der seit 1914 in Australien wirkte) lösten bei Krishnamurti eine Wende aus; 1929 löste er selber den Orden seiner Anhänger auf («Orden des Sterns im Osten») und trat 1930 aus der Theosophischen Gesellschaft aus, mit der bemerkenswerten Begründung «Wahrheit läßt sich nicht organisieren». Seit dem Zweiten Weltkrieg trat er dann mit philosophischen Schriften und mit unzähligen Vorträgen hervor und weilte seit der Unabhängigkeit 1947 auch wieder viel in Indien. Er hat nie geradezu geleugnet, eine Verkörperung Maitreyas zu sein, und beim 50-Jahres-Jubiläum der Gesellschaft (1925) hat er sich nochmals mit ihm identifiziert. Aber wir haben hier, wie bei Sabbatai Zwi im 17. Jahrhundert, der als erklärter Messias der Juden zum Islam übertrat, den bemerkenswerten Fall eines abtrünnigen Messias, der seiner Berufung untreu wird.

Auf die weiteren Schicksale der Theosophischen Gesellschaft brauchen wir hier nicht einzugehen, da sie mit Ägypten kaum noch zu tun haben. Es gab eine starke Zunahme der Mitglieder, aber auch viel Kritik; nach der Meinung von Papus (zu ihm Kap. 19) hat die Theosophische Gesellschaft fleißige Sammelarbeit geleistet, aber keine wirkliche Initiation vermittelt. Nach dem Tod von Annie Besant am 20. September 1933 wurde George Arundale, ein Gegenspieler von Leadbeater, Präsident der Gesellschaft und blieb es bis zu seinem Tode 1952. Danach folgten, beginnend mit C. Jinarajadasa, den noch Leadbeater auf Ceylon «entdeckt» hatte, indische Präsidenten. Die New-Age-Bewegung, die in den 1960er Jahren um sich griff, hat zweifellos starke Wurzeln in der Theosophie, mit der sie die Vorliebe für östliche Geisteswelt und religiösen Synkretismus teilt.

In der Schweiz fand die Theosophie Eingang durch Alfredo Pioda (1848-1909), Verfasser einer *Teosofia* (1889), der im September 1889 eine AG «Fraternitas» gründete, mit deren Hilfe er auf dem Monte Verità bei Ascona ein Laienkloster errichten wollte; beteiligt an dem Unternehmen waren die schon genannten Vertrauten

Helena Blavatskys, C. Wachtmeister und F. Hartmann. Es wurde nichts daraus, und 1900 erwarben Henri Oedenkoven und Ida Hofmann von Alfredo Pioda das Gelände auf dem Monte Verità, der in den folgenden Jahren zu einem Experimentierfeld für neue Lebensarten, für neue und für ihre Zeit höchst radikale Ideen wird. Vegetarier, Naturheiler, Anarchisten und Theosophen besetzen den «Berg der Wahrheit», machen ihn zu einem Heiligtum der Alternativen und schreiben ihm jene «sakrale Topographie» ein, die Harald Szeemann in seiner Ausstellung über den Monte Verità (1978) beschworen hat.

In diesem Umkreis entstanden auch die Eranos-Tagungen, die von Olga Fröbe-Kapteyn ins Leben gerufen wurden, die sich dabei von Rudolf Otto und C. G. Jung beraten, aber auch von Martin Buber anregen ließ. Seit 1933 finden die jährlichen Tagungen regelmäßig in Ascona und seit 1993 auf dem Monte Verità statt; sie hatten am Anfang das Ziel, östliche und westliche Religiosität und Geisteswelt zusammenzuführen, mit Einbezug von «esoterischen» Bereichen. Der Psychologe Erich Neumann nannte sie ein «kleines Glied der Goldenen Kette», der hermetischen Aurea Catena, die mit Hermes Trismegistos ihren Anfang nimmt. Die Tagungen genießen immer noch hohes Ansehen, und die inzwischen weit über 60 Jahrbücher bieten reiches Material für die verschiedensten esoterischen Fragestellungen.

«Allen Gerüchten zum Trotz war Rudolf Steiner nie auf dem Monte Verità. Er hatte aber in Ascona sehr viele Anhänger, die seinem Vortrag vom 19. Sept. 1911 in Locarno-Monti bei Elfriede Rathgen beiwohnten» (so W. Schönenberger im Katalog *Monte Verità*, S. 73). Trotzdem: Auch Rudolf Steiner (1861–1925) kam aus der theosophischen Bewegung, und auch für ihn war Ägypten geistige Heimat. Er hielt im September 1908 in Leipzig zwölf Vorträge für Mitglieder der deutschen Sektion der Theosophischen Gesellschaft, die unter dem Titel *Ägyptische Mythen und Mysterien* erstmals 1911 gedruckt wurden. Steiner beruft sich für die «komplizierte» Reinkarnation auf Helena Blavatsky (10. Vortrag) und betont schon im 1. Vortrag, daß unsere Seelen bereits im alten Ägypten präsent waren. «Wir selber lebten wohl einst im alten Ägypten», sagt er in einem anderen Vortrag ein Jahr später. Es geht ihm aber darum, «mit den Mitteln der okkulten Forschung» noch weiter, zu noch früheren Kulturen zurückzuschauen, in die lemurische und atlantische Periode. So handeln diese Leipziger Vorträge, ganz in theosophischer Tradition, überwiegend von unserer kosmischen Vergangenheit und von den verschiedenen Weltaltern, die Ägypten vorausgehen, wobei im gegenwärtigen 5. Weltalter das Ägyptische des 3. Weltalters wieder auflebt. «Unsere modernen Wahrheiten sind wiedergeborene ägyptische Mythen», und «die ganze moderne Kultur erscheint uns als eine Erinnerung des alten Ägyptertums», sagt Steiner in einem Stuttgarter Vortrag 1908; er demonstriert diese Seelenwanderung der Ideen an Kopernikus, der schon im alten Ägypten verkörpert war und dort die überragende Stellung der Sonne miterlebt hat. Im Hermes-Vortrag von 1911 betont er, daß «diese Kultur ... etwas geheimnisvoll Verwandtes mit dem (hat), was dieser Mensch der Gegenwart selbst will und sich als Ziel setzen mag».

«Isis und Osiris sind geistige Wesen auf dem Monde, aber ihre Taten finden wir auf der Erde» heißt es im 8. Leipziger Vortrag. Das erinnert an manichäische Lehren (Kephalaia XXIX), wonach der «Dritte Gesandte» seinen Platz in der Sonne, Jesus ihm zur Seite im Mond hat, wobei hier noch alter chaldäischer Gestirnsglaube hineinspielen mag; der manichäische Weg zur Erlösung führt über Mond und Sonne, aber schon bei den Pythagoräern sind Sonne und Mond das Paradies. Zuvor hatte Steiner im 7. Vortrag die Osiris«sage» im wesentlichen nach Plutarch berichtet, so wie er sich für den Tierkult auf Diodor stützt. Er kommt darauf in mehreren Vorträgen in Dornach zehn Jahre später zurück. Die Sphinx ist für ihn ein geflügeltes Wesen und Symbol für geheimnisvolles Wissen «aus grauen Vorzeiten», und auch sonst ist er der antiken Tradition über Ägypten verpflichtet, nicht der modernen Ägyptologie. Seine Lehre vom immer tieferen Herabsteigen des Menschen in die Materie, bis mit Christus ein neuer Aufstieg aus der Materie beginnt, mutet gnostisch an, vor allem, wenn Steiner betont, daß der Mensch wieder hinaufgeführt werden soll in die geistigen Welten, damit er «wieder hineinschauen kann in die Welten, aus denen er heruntergestiegen ist».

Wir treffen im 9. Vortrag auch wieder Zarathustra und Hermes Trismegistos («der große Initiator») in trautem Verein. Dem letzteren hat Steiner einen eigenen Vortrag gewidmet, der im Februar 1911 in Berlin gehalten wurde. Thot-Hermes ist dort «derjenige Geist, der nach den alten Überlieferungen die urältesten Aufzeichnungen der Weltweisheit gemacht hat», aber konkret erfährt man eigentlich nichts über ihn, im Gegensatz zu Moses, für den Steiner die alttestamentliche Überlieferung benutzt; Moses ist für ihn «ein Schüler der ägyptischen hohen Schulen, der Mysterien», womit er sich wiederum in antike Traditionen stellt. Im Vordergrund aber stehen Osiris und Isis, die Steiner in einem Vortrag vom Dezember 1920 («Die Suche nach der neuen Isis, der göttlichen Sophia») geradezu als «die Mutter des Heilandes» und als «Maria-Isis» anspricht.

Im vierten und letzten seiner Mysteriendramen («Der Seelen Erwachen», 1913) spielt das 7. und 8. Bild als Einweihungsszene in einem ägyptischen Tempel («Ein Tempel etwa nach ägyptischer Art»), wobei im 8. Bild «Die Ägypterin» auftritt, dazu die früheren Inkarnationen aller Akteure des Dramas. «In Sphinxgestalt» sind Lucifer und Ahriman in dieser Szene anwesend – allerdings als Steinersche Sphingen, die auch Stier- und Engel-Komponenten enthalten, denn die Sphinxgestalt «sollte etwas nachbilden, was man inspiriert gesehen hat» (Geheimnis der Trinität, S. 42, 1922). Aber daß die ägyptische Sphinx (ganz unägyptisch mit Adlerflügeln!) die vier Evangelistensymbole in sich vereinigt, hatte man schon im 18. Jahrhundert behauptet.

«Wir dürfen nicht in schulmäßiger Weise ägyptische Mythologie treiben», sagt Steiner im letzten Leipziger Vortrag und gibt entsprechend im 11. eine höchst eigenwillige, sehr realistische Erklärung der tierköpfigen Götter, an die der Darwinismus eine Erinnerung darstelle; dieser ist für ihn «nichts anderes als altes ägyptisches Erbgut in materialistischer Form». Im letzten Vortrag werden auch Pharao und seine Einweihung besprochen; die Uräus-Schlange an der Stirne Pharaos repräsentiert die geistige Macht, die er in sich aufgenommen hat, und die 42 Totenrichter sind Ahnen, vor denen man sich zu verantworten hat. Auf das Totengericht kommt er immer wieder zu sprechen und zitiert sogar aus dem Totenbuchspruch 125. Auffällig ist dagegen sein völliges Schweigen über Echnaton, den großen Verehrer des Lichtes.

Besonders fasziniert war Steiner von der Form der Mumie, Ägypten ist für ihn geradezu eine «Mumienkultur». Durch die Kunst der Mumifizierung wollten die Ägypter verhindern – so Steiner, – daß die Menschen wieder herunterkommen auf die Erde; sie sollten in der geistigen Welt bleiben, und durch die Mumien verkehrten die Ägypter mit Naturkräften. Hier fließt sogar der moderne Mythos vom «Fluch der Pharaonen» mit ein: Nach Steiner herrscht in der Umgebung einer Mumie immer eine «Giftatmosphäre», denn durch die Macht des Wortes wurde den Mumien eine Drohung eingepflanzt, die noch heute wirkt und Menschen tötet, die mit ägyptischen Mumien und Gräbern in Berührung kommen. Das

Szenenbild aus dem Mysteriendrama «Der Seelen Erwachen» von Rudolf Steiner, etwa 1932. 8. Bild: Ein Tempel nach ägyptischer Art, Dekorationsentwurf M. und W. Scott-Pyle. Photo: Emil Gmelin.

führte Steiner 1924, also kurz nach der Entdeckung des Tutanchamun-Schatzes und dem Tod des Earl of Carnarvon, vor den Arbeitern am Goetheanum in Dornach aus.

In einem anderen Vortrag, 1918 in Dornach, geht er auf die «Sternenmysterien» der Pyramiden ein, die von sternkundigen iranischen Eroberern gebaut seien, nicht von den Ägyptern. Hier sind wir schon beinahe bei den Außerirdischen, aber Steiner schöpft einiges aus dem damals sehr populären Buch *Der Kampf um die Cheopspyramide* (1902) des Ingenieurs Max Eyth (1836–1906).

In seinen etwa 5000 Vorträgen ist Steiner immer wieder auf die «Hermesweisheit» zu sprechen gekommen. Hermes Trismegistos ist für ihn nach Zoroaster der zweite große Eingeweihte, von dem sich viele geheime Überlieferungen herleiten. Bedeutsam ist, daß das Prinzip der Geheimhaltung, bisher für alle esoterischen Gruppen verbindlich, 1923 offiziell aufgegeben wird, wodurch ein markanter Unterschied zu anderen esoterischen Zirkeln entsteht. Und während Blavatsky und Besant sich immer wieder auf ihre Einweihung durch die großen Meister in Tibet berufen, hören wir bei Steiner nichts über eine solche konkrete Einweihung; er besaß zwar mehrere Hochgrade im Memphis-Misraim-Ritus der Freimaurer, hat sich aber bald von diesen distanziert.

Nach der Meinung von Steiner ist neben Hermes und Zoroaster auch Christian Rosenkreuz eine historische Gestalt, ein Eingeweihter, der sich immer wieder neu verkörpert hat. Rosenkreuz und der Theosoph und Okkultist Louis-Claude de Saint-Martin (1743–1803) sind für Rudolf Steiner Vertreter der alten Mysterienweisheit, für die die «Philister» des 19. Jahrhunderts blind waren. So knüpft Steiner an diese ältere Tradition an und hält anfangs auch noch Verbindung zu masonischen Kultformen.

Eine ausführlichere Darstellung der altägyptischen Kultur aus anthroposophischer Sicht, d.h. im Sinne einer «Mysterienwissenschaft», gab 1955 Ernst Uehli (1875–1959). Er geht von den Gedanken Steiners aus, ergänzt sie aber dank seiner Beschäftigung mit der neueren Ägyptologie durch eine mehr ins Detail gehende Darstellung der ägyptischen Geschichte und der Prinzipien der ägyptischen Kunst. Auch für ihn ist Hermes Trismegistos der Begründer der «ägyptischen Kulturepoche» (251), der «Urlehrer ... der eine Mysterienschulung durch Zarathustra erhalten hatte» (34) – wohlgemerkt durch den älteren Zarathustra, der dem 7. Jahrtausend v. Chr. angehört, wie sich auch Hermes als menschlicher Verkünder der Urweisheit vom Gott Thot unterscheidet, dem «Ursprung dieser Urweisheit» (64f.). Dabei ist der «ältere» Zarathustra keineswegs von Steiner oder den Theosophen entdeckt worden, sondern Frucht einer Lektüre von Plutarch, der in *De Iside* Kap. 46 den «Magier Zoroastres» erwähnt, «der 5000 Jahre älter sein soll als der Trojanische Krieg», mithin in das 7. Jahrtausend gehört; Plutarch überträgt auf ihn die dualistische Lehre des jüngeren Religionsstifters. Und bereits Plinius (*Nat. hist.* 30,8) spricht von *zwei* Zoroaster.

Die «heliopolitanischen Hermespriester», zu denen auch Imhotep als Eingeweihter gehört, spielen bei Uehli eine wichtige Rolle; sie stehen auch hinter Echnaton, der gegen die Amunspriester von Theben «das große Sonnengeheimnis» seines Aton-Glaubens verkündet. Uehli versucht überdies, das anthroposophische Bild des Weltwerdens im Osirismythos wiederzufinden, den er wiederum nach Plutarch wiedergibt, so wie er für Echnaton von Weigall abhängig ist. Aber er benutzt daneben auch die alttestamentliche

Überlieferung (etwa die Josephs-Geschichte) problemlos als gesicherte historische Quelle.

Wer sich in die altägyptischen Mysterien einweihen ließ, wurde in den Sarkophag der Großen Pyramide gelegt, der Fallstein wurde gesenkt (ein unangenehmes Gefühl!), und nach drei Tagen erfolgte die Aufnahme in die Bruderschaft der Eingeweihten, mit dem «Henkelkreuz der Isis», Uräus und Kopftuch als äußeren Insignien; so Uehli, und er behauptet auch noch, daß der Sphinx von Giza ursprünglich Flügel hatte, weil er Mensch, Löwe, Stier und Adler in sich vereinigt. Da ja Zarathustra den Urlehrer eingeweiht habe, sucht Uehli, wie schon Steiner, eine «iranische» Herkunft der Pyramiden, konkret aus den «iranischen Sternenmysterien», plausibel zu machen (144ff.). Jedenfalls sind die Pyramiden nach dieser Meinung Einweihungsstätten, und die Pyramiden- wie die Sargtexte können nur von Eingeweihten stammen (195).

Zur Bedeutung der Mumie als Mittel der Gottesbefragung und Verbindung zur geistigen Welt, die ja Steiner schon so betont hatte, steuert Uehli noch die beliebte Schauergeschichte bei, daß eine Mumie an Bord der *Titanic* den Untergang des Schiffes (1912) bewirkt habe; der anthroposophische Dichter Albert Steffen hat diese Geschichte als Drama gestaltet («Fahrt ins andere Land»), das im Herbst 1938 am Basler Stadttheater aufgeführt wurde. Hier steht die Mumie einer Prinzessin «der 16. Dynastie», die allen Menschen Unglück bringt, im Mittelpunkt der Handlung. In einem Vorspiel sieht man ein ganzes Ägyptologen-Team unter der Leitung eines Professors Theodor Fisher (der u. a. an die Reinkarnation glaubt) bei der Arbeit in dem thebanischen Grab, in welchem die Mumie entdeckt wurde. «Hieroglyphen ringsum», heißt es in der Anweisung zum Bühnenbild, die auch eine Darstellung des Totengerichts erwähnt, in der Hermes «mit Adlerhaupt» (!) auftritt. «Man hört fernes Schakalgeheul, das im Verlauf der Handlung stärker wird.»

Professor Fisher bringt die Mumie an Bord der «Titanic», wo sich fast die ganze Expedition wiedertrifft. Am Ende des 3. Bildes taucht der schwimmende Eisberg auf, «in Form einer Pyramide, die ins Riesenhafte wächst». Beim Untergang erscheint der Professor mit dem Mumienkasten auf dem Rücken, weil er die Kabine nicht als würdige Grabstätte einer ägyptischen Priesterin empfindet. «Wir tragen das alte Ägypten in unseren Seelen», heißt es noch; der Mumiensarg mit seiner Dekoration spendet den Untergehenden Trost und rettet zuletzt noch einen Säugling...

Die Idee Rudolf Steiners von der Einweihung Pharaos (sie geht letztlich auf Formulierungen bei Clemens von Alexandria und Plutarch zurück) hat Frank Teichmann aufgegriffen und konsequent ausgestaltet; er ist Vertreter einer jüngeren Generation von Anthroposophen und hat sich überdies mit dem alten Ägypten äußerst gründlich und mit eigenen Forschungen auseinandergesetzt. Schon in seinem Buch *Der Mensch und sein Tempel – Ägypten* (1978) ist es für ihn eine «Tatsache, daß es in Ägypten Mysterienstätten gegeben hat, in denen die ägyptischen Pharaonen eingeweiht worden sind» (S. 8), und ohne Einweihung konnte in Ägypten niemand König werden (67); in alter Tradition sieht auch Teichmann die Pyramide als die «Stätte, in der die Krönung, die Einweihung des Pharao stattfand» (99), und Rudolf Steiner habe die alten Einweihungspraktiken genau beschrieben (90f.). Eine königliche Initiation im alten Ägypten hat auch der bekannte italienische Hermetiker Julius Evola (1898–1974) vertreten.

Noch einen Schritt weiter geht Teichmann in *Die Kultur der Empfindungsseele* (1990); dort greift er Rudolf Steiners Unterscheidung einer Empfindungsseele, Verstandesseele und Bewußtseinsseele als drei Stufen des menschlichen Bewußtseins auf, die in Robert Fludd einen frühen Vorläufer hat. Teichmann sieht im alten Ägypten ein typisches Beispiel für die erste Stufe der Empfindungsseele, aber seine These ist vor allem, daß sich das Bewußtsein des Pharao von dem der gewöhnlichen Ägypter grundlegend unterschieden habe. Schon Erwin Horstmann hatte betont, daß im alten Ägypten nur die Eingeweihten logisch denken konnten, und in letzter Konsequenz ist Pharao für Teichmann der einzige Mensch im alten Ägypten, der denken konnte – «der gewöhnliche Ägypter hat kein Denken» (138); allerdings spricht er an anderer Stelle von einer «kleinen Gruppe von Menschen ... die zu analytischem Denken fähig waren» (84). Und nur Pharao konnte «wahrnehmen, was in geistigen Welten geschieht» (123). Diesen Einblick erhielt er durch vorübergehende Entfernung seiner Ka-Seele, und «diese Prozedur fand tatsächlich auch in einem Sarge statt» (196, ähnlich Uehli und ebenso E. Horstmann). Das Motiv der Einsargung des Einzuweihenden taucht ja in der modernen Esoterik immer wieder auf – bei den Freimaurern mehr symbolisch, nicht real, aber in manchen modernen Sekten scheint es das höchste Erlebnis zu sein, eine Nacht im Sarkophag der Cheops-Pyramide zu verbringen.

So stellt Teichmann seine Sicht Ägyptens in eine esoterische Tradition, zu der auch die Reinkarnation gehört, und man vermißt eigentlich nur die Berufung auf Hermes Trismegistos; statt dessen wird die Gestalt des Imhotep (also des späteren Asklepios) stark herausgestellt (129 ff.), der aber gerade kein Pharao war. Die Unterweltsbücher sind Mysterientexte, um Pharao in die Geheimnisse des Sonnenlaufes einzuweihen, deshalb hebt Teichmann auch den prinzipiellen Unterschied in der Dekoration von Königs- und Beamtengräbern hervor. Aber die Beamten finden schon in der 18. Dynastie und vor allem nach der Amarnazeit andere Wege, den Grabherrn in die Geheimnisse des Sonnenlaufes einzubinden – zunächst durch die Sonnenhymnen im Eingang des Grabes, dann durch die ausgeklügelten Bilder des Sonnenlaufes in immer neuen Variationen, die sich in den Gräbern und Totenbüchern der Ramessidenzeit finden.

Man wird sagen dürfen, daß der Versuch Steiners, eine *rationale Mystik* zu begründen, fragwürdig bleibt, denn Mystik ist stets und überall irrational. So ist auch der Begriff einer «Mysterienwissenschaft» oder «Geheimwissenschaft» schon in sich widersprüchlich und paradox. Das Problem liegt ja darin, daß Wissenschaft überprüfbar und verbesserungsfähig sein muß, wenn nicht Willkür regieren soll; sie kann daher niemals geheim und nur für Eingeweihte bestimmt sein oder sich auf rein intuitive Einsichten berufen, auch wenn diese durchaus Richtiges treffen mögen. Denn man kann auf der anderen Seite nicht leugnen, daß aus der Esoterik der Anthroposophie viele fruchtbare Impulse, bis hinein in das praktische Leben, ausgegangen sind.

18. Pyramiden, Sphinx und Mumien – Ein Fluch für Pharaonen

Wer im Altertum, im Mittelalter oder in der Neuzeit nach Ägypten reiste, bestaunte vor allem die Pyramiden von Giza. Schon auf Diodor wirkten sie, als ob sie irgendein Gott (ein Außerirdischer also!) gemacht und in den Wüstensand gesetzt habe (I 63,7); aber Diodor weiß auch noch, daß sie als Gräber erbaut wurden (64,4). Diese Kenntnis ging bei den christlichen wie bei einigen islamischen Autoren des Mittelalters verloren. Für die einen waren sie, schon im 8. Jahrhundert zu belegen, die Kornspeicher Josephs, für die anderen Schatzkammern und mächtige Talismane zum Schutz vor der Sintflut; bei den arabischen Autoren wird immer wieder Hermes Trismegistos als Erbauer der Pyramiden angesehen, weil er die Sintflut kommen sah und das menschliche Kulturerbe vor ihr retten wollte.

Die Deutung als Kornspeicher scheint letztlich auf Gregor von Nazianz (4. Jahrhundert) zurückzugehen. Auf einigen Karten des Mittelalters und der Renaissance ist sogar ihre Form in Vergessenheit geraten, da sie in der Überlieferung oft nur als *turris* «Turm» bezeichnet sind. Auf der anderen Seite findet sich die korrekte Erwähnung als Grabstätte noch bei Isidor von Sevilla und in karolingischer Zeit bei Hrabanus Maurus (*De universo*).

Als Kornspeicher sind die Pyramiden in den Mosaiken von S. Marco aus dem 13. Jahrhundert in Venedig abgebildet. Zweifel an dieser Deutung werden bei Wilhelm von Boldensele artikuliert, der 1335 Ägypten bereiste, und erst gegen Ende des 15. Jahrhunderts führt die wachsende Kritik dazu, daß sie wieder als Grabmale angesehen werden. Das Wissen darum, daß es sich um Gräber handelt, war bei den arabischen Autoren durchaus lebendig geblieben, und wir finden dort sogar die Deutung als Grab des Hermes Trismegistos und des Agathodaimon (Mas'udi, gest. 956; Abdellatif, Maqrizi); daneben kennt z. B. Moqaddasî um 985 auch schon die Deutung als Kornspeicher Josephs, wobei man sich in islamischer Zeit immer wieder darum bemüht, Spuren für das Wirken Josephs in Ägypten aufzufinden.

Ein gründliches Werk über die Pyramiden hat der aus der Nähe von Dendera stammende Abu Ja'far al-Idrisi (1173–1251) zusammengestellt; es wurde 1989 in einer kritischen Edition von Ulrich Haarmann vorgelegt und trägt den blumigen Titel «Buch von den Lichtern der oberen Himmelskörper: Über die Enthüllung der Geheimnisse der Pyramiden». Für Idrisi stehen die Pyramiden an der Spitze der Wunderdinge, die der Gläubige in dieser Welt sehen kann und sehen soll; für nordafrikanische Pilger waren daher die Pyramiden eine beliebte Station auf ihrer Reise nach Mekka. So berichtet Idrisi von einem marokkanischen Pilger, der von seinem Scheich gleich wieder auf die Reise geschickt wird, weil er versäumt hatte, diese Weltwunder in Augenschein zu nehmen.

Fast ein Viertel des Textes von Idrisi gilt der Frage, ob die Pyramiden *vor* oder *nach* der Sintflut errichtet wurden, wobei die überwiegende Mehrheit der Gewährsleute für die Option *ante* ist; ein Freund al-Idrisis, al-Halabi (gest. 1267), geht sogar so weit, ihre Errichtung mit Präadamiten zu verbinden, also mit Menschen, die eine frühere Erde bewohnten, womit wir schon beinahe wieder bei den «Außerirdischen» sind... Der Sphinx soll nach einer Handschrift des 14. Jahrhunderts einst auf der Cheops-Pyramide gestanden haben und von dort durch die Gewalt der Sintflut zu Boden geschleudert und zertrümmert worden sein. Über die umstrittene Frage, wieviele Kamele auf dem oberen Plateau der Pyramide Platz finden (denn die Spitze war schon im Mittelalter nicht mehr vorhanden), geben die arabischen Autoren sehr unterschiedliche Angaben, die von eins bis zwanzig reichen. Aber Idrisi berichtet auch schon über Bemühungen um eine exakte Vermessung der beiden großen Pyramiden; man macht sich dazu über die Technik ihrer Erbauung Gedanken und bewundert bereits, wie die Neuzeit, die perfekte Kunst der pharaonischen Steinmetze, die an Zauberkraft grenzt und nach Maqrizi sogar direkt auf Zauberkunst zurückgeht. Aber «Allah weiß es am besten!» Von dem Geographen und Historiker Ibn Fadlallah al-'Umari (gest. 1348) stammt der berühmte Ausspruch «Alles fürchtet sich vor der Zeit, die Zeit aber vor den Pyramiden».

Nach der anderen ausführlichen Schilderung, die al-Maqrizi (1364–1442) gibt, sind die Pyramiden von König Surid wegen der bevorstehenden Sintflut errichtet und mit «Talismanen, Wundern, Schätzen, Götzenbildern und mit den Leichnamen ihrer Könige» angefüllt, dazu mit den Geheimwissenschaften der Ägypter beschriftet worden. So wurden die materiellen und die geistigen Schätze der Alten über die Sintflut hinaus bewahrt, und für jede Pyramide wurde ein besonderer, furchterregender Schatzhüter

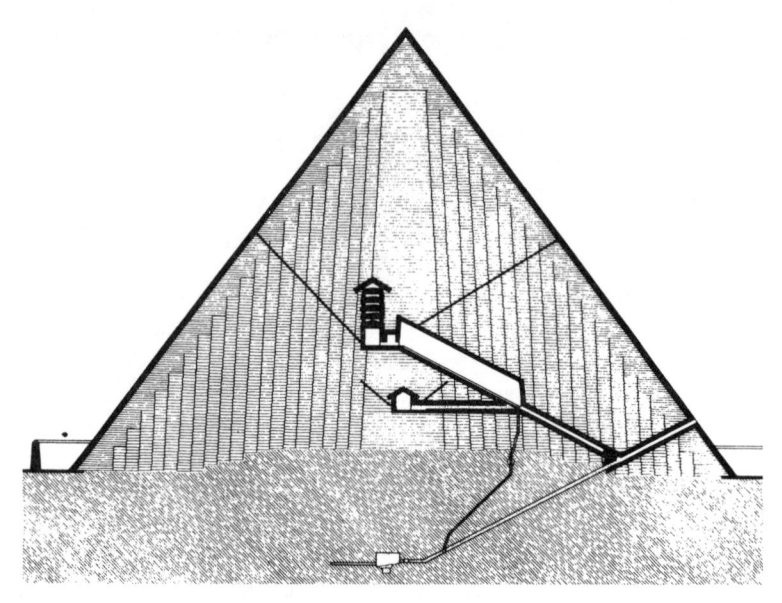

Querschnitt durch die Cheops-Pyramide. Die Hauptkammer liegt nicht unterirdisch wie bei den anderen Pyramiden, sondern in der Mitte des Bauwerkes. Der untere Maßstab gibt ägyptische Ellen. Nach L. Borchardt, «Einiges zur dritten Bauperiode der großen Pyramide bei Gise», in: Beiträge zur ägypt. Bauforschung und Altertumskunde Heft 1/3, Kairo 1932, Taf. I.

bestellt. Auf einen Traum des Königs Surid führt bereits der Astrologe Abumasar (787–886) den Bau der Pyramiden zurück.

Bei al-Mas'udi (gest. 956) und anderen Autoren (zuerst wohl bei Ibn Abd al-Hakam im 9. Jahrhundert, der sich auf ältere Quellen stützt, die bis zu einem Sohn des Ägypten-Eroberers Amr ibn al-As zurückreichen) wird eine Königin Daluka erwähnt, die nach dem Untergang Pharaos im Roten Meer auf den Thron gelangte und eine Mauer um ganz Ägypten gebaut habe. Sie war für ihre Weisheit berühmt und erbaute auch die ägyptischen Tempel, in denen sie die Geheimnisse der Natur aufbewahrte. Als Werk einer Königin Daluka erscheinen die Pyramiden dann auch bei europäischen Reisenden des 17. Jahrhunderts, so bei Sandys (1610) und dem gleich zu besprechenden Greaves. Johann Georg Herwart von Hohenburg scheint auch die arabische Tradition zu kennen, wonach Pyramiden und Sphinx als Bollwerke gegen die (Nil)flut errichtet wurden (*Admiranda ethnicae Theologiae Mysteria propalata*, 1623). Diese Überlieferung wirkt fort, da die Königin Daluka dann im Sethos-Roman des Abbé Terrasson (1731) in der Schreibung Daluca wieder begegnet. Im Hinblick auf jenen Roman ist jedoch festzuhalten, daß keiner dieser älteren Reisenden in den Pyramiden Einweihungsstätten sieht, während im 16. und 17. Jahrhundert die Deutung des Cheops-Sarkophages als geplante Grabstätte des Pharao, der beim Exodus im Roten Meer ertrank, sehr beliebt ist. Daneben unterstellte man den Pyramiden immer wieder auch eine astronomische Zielsetzung.

Eine neue, wissenschaftlich geprägte Einstellung brachten die Forschungen und Messungen von John Greaves (Professor der Astronomie und der Mathematik in Oxford) 1637, der auch die «Luftkanäle» der Cheops-Pyramide bereits erwähnt; seine *Pyramidographia* von 1646 und die *Pyramidologia* von 1663 bildeten nun für lange Zeit die Grundlagen für jede Beschäftigung mit diesen Bauwerken, ergänzt durch die sorgfältigen Untersuchungen des französischen Konsuls Benoît de Maillet (1692 ff.). Viele Reisende des 18. Jahrhunderts nahmen eifrig Messungen an und in der Großen Pyramide vor.

Allerdings blühte daneben auch die Pyramidenmystik. Der Naturforscher Thomas Shaw, 1721 in Kairo, meint, das Innere der Cheops-Pyramide passe nicht zu einem Grab; er hält sie daher für einen Tempel und glaubt auch an unterirdische Gänge, an Verbindungen mit dem Sphinx und mit anderen Pyramiden. Den Sarkophag sieht er als Mittel einer mystischen Verehrung des Osiris. Ihm folgt der Mediziner Charles Perry in *A View of the Levant* (1743); auch er glaubt, daß die Große Pyramide für religiöse Mysterien bestimmt war. In mystische Dimensionen, buchstäblich über die Wolken hinaus, erhob sich die Pyramide auch in den Visionen von Künstlern dieser Zeit, so bei Fischer von Erlach (1721) und vor allem bei Hubert Robert in seinem Ölgemälde von 1760, das zuletzt in der Ausstellung «Ägyptomanie» zu sehen war (Nr. 22); hier verschwindet die steil aufragende Pyramide, mit winzigen Menschen an ihrer Basis als Kontrast, hoch über den dramatisch geballten Wolken ins Unendliche. Die römische Cestius-Pyramide mit ihrem steilen Winkel verbindet sich in diesen Visionen mit antiken Berichten über die gewaltigen Bauten des Königs Moeris.

Cornelius de Pauw meint in seinen *Recherches Philosophiques sur les Egyptiens et les Chinois* (1773), die Pyramiden seien nicht Grabmäler, sondern Tempel zu Ehren «des Wesens, welches das Universum erleuchtet» (eine typische Formulierung der Aufklärung), wobei er in den Kammern der Cheops-Pyramide allerdings das Grab des Osiris sehen will. Überdies entstammen die Pyramiden (de Pauw war preußischer Hofbeamter!) einem grandiosen Beschäftigungsprogramm der ägyptischen Könige, die damit ihren Untertanen Arbeit verschafften. Er sieht die Pyramiden also auch ökonomisch positiver als Toynbee in seiner *Study of History* (1934–39), wo die moderne rationalistische Geschichtsbetrachtung Triumphe feiert: «Die Fetische, an denen Ägypten krankte, haben ihr Sinnbild in den Pyramiden erlebt, die mittels Zwangsarbeit errichtet wurden, um die königlichen Herren jener versklavten Untertanen zu verewigen.» Sklaverei spielt bis heute eine Rolle, wenn von der Errichtung dieser Bauten die Rede ist, obwohl sie im Alten Reich noch kein ökonomischer Faktor war.

Inzwischen hatte 1731, wie bereits erwähnt (Kap. 15), der Abbé Terrasson mit seinem Roman *Séthos* die Idee aufgebracht, daß die Große Pyramide als Einweihungsstätte gedient habe. Das wurde sehr bald von den Freimaurern und dann in vielen esoterischen Gruppierungen aufgegriffen. Nach der eindrücklichen Schilderung von Terrasson muß der Initiand im Inneren der Pyramide lange unterirdische Gänge durchwandern und neben anderen Hindernissen einen tosenden Wasserlauf überwinden.

Einer speziellen Pyramidenmystik, die überall verborgene Gänge und Kammern zu finden hofft, huldigte Giovanni Battista Caviglia, der seit 1816 an den Pyramiden forschte. Er propagierte überdies eine geheime Gesellschaft von *Fratres lucis*, «Brüder von Luxor», die sich auf alte Isismysterien zurückführten und angeblich nächtliche Zusammenkünfte in der Cheops-Pyramide abhielten. Caviglia versuchte, auch Champollion bei dessen Aufenthalt in Kairo in diese Kreise hineinzuziehen.

Noch James St. John, 1832 in Giza, hält die dortigen Pyramiden für Tempel, die Cheops und seine Nachfolger der Hathor (= Aphrodite) errichtet haben, denn man hatte inzwischen im Sarkophag der von Belzoni 1818 erstmals geöffneten Chephren-Pyramide Rinderknochen gefunden, die St. John auf die kuhgestaltige Hathor deuten wollte.

Grundlegend waren dann die Arbeiten von Oberst Richard N. Howard Vyse 1837, für die Vermessungen vom Ingenieur John S. Perring unterstützt. Ihr dreibändiges Werk *Operations carried on at the Pyramids of Gizeh* blieb für lange Zeit die «Bibel» der Pyramidenforscher; im zweiten Band gibt Vyse eine immer noch nützliche Zusammenstellung früherer Äußerungen zu den Pyramiden.

Pyramiden, Sphinx und Mumien – Ein Fluch für Pharaonen 165

Die Sargkammer in der Cheops-Pyramide. Nach: Luigi Mayer, Views in Egypt, London 1801.

Um diese Zeit mußte der französische Konsul (1829–1837) Mimaut beim Vizekönig Mohamed Ali Vorschlägen entgegentreten, die Pyramiden als Steinbruch für den geplanten Staudamm nördlich von Kairo zu benutzen! Allerdings war auch Vyse nicht gerade zimperlich und setzte für seine Untersuchungen sogar Schießpulver ein.

Nachdem schon Terrasson die Idee von der Großen Pyramide als Einweihungsstätte aufgebracht hatte, verband Edmé-François Jomard, der für Napoleons *Description de l'Égypte* (1809 ff.) das Kapitel über die Pyramiden von Memphis schrieb, diese Idee mit der Meinung, in den Pyramiden seien die Erkenntnisse altägyptischer Wissenschaft niedergelegt. Das Gefühl, die Pyramiden seien Zeugnisse einer verlorengegangenen hohen Wissenschaft, muß um 1800 herum weit verbreitet gewesen sein. Auch der «Graf» Cagliostro, der die «ägyptische» Freimaurerei verbreitete, glaubte, daß sie den Schatz der menschlichen Wissenschaften und Kenntnisse bewahren, weshalb er die geheimen Wissenschaften in ihren unterirdischen Gewölben erlernt haben will.

Jomards Annahme einer besonderen Maßeinheit, die in den Pyramiden verwendet wurde, griff der englische Buchhändler John Taylor auf, der in seinem Buch *The Great Pyramid, why was it built and who built it* 1859 den Pyramidenzoll einführte, den der schottische Astronom Piazzi Smyth (1819–1900) übernahm und weiter verteidigte, auch gegen Isaac Newton, der bereits den korrekten Wert der altägyptischen Elle bestimmt hatte. Aus dem Verhältnis der Pyramidenhöhe zum Erdumfang (Taylor) wurde bei Smyth ein Verhältnis zwischen Pyramidenhöhe und Entfernung Erde – Sonne, dazu glaubte er auch das spezifische Gewicht der Erde aus den Maßen des Sarkophages ablesen zu können, samt weiteren Eckdaten der Astronomie. Aus den Maßen der Innenräume wollten Smyth und viele nach ihm die ganze biblische Geschichte und ihre Fortsetzung ablesen, und Smyth sah in all diesen Beziehungen ein Ergebnis göttlicher Offenbarung.

Seine Messungen vor Ort (1865) mündeten in das mehrbändige Werk *Life and Work at the Great Pyramid* (1867), das zu einer Quelle der Inspiration für die Pyramidenmystik wurde, zusammen mit seinem früheren Werk *Our Inheritance in the Great Pyramid* (1864). Ein Sohn seines Mitarbeiters Petrie, William Flinders Petrie, ging Ende 1880 nach Ägypten, um durch weitere Messungen die Theorien von Smyth zu untermauern. Von diesen blieb allerdings nichts übrig, und Petrie zitiert am Ende der Einleitung zu seinen *Pyramids and Temples of Gizeh* (1883) einen amerikanischen Anhänger der Pyramiden-Theorien, der ihn besuchte und nach einigen Tagen traurig sagte: «Well, sir! I feel as if I had been to a funeral.»

Aber der Patient war nur scheintot, denn obgleich Petries Ergebnisse negativ waren und ihn selber bekehrten (er wurde durch seine späteren Arbeiten zum Begründer der ägyptischen Archäologie), blühte die Pyramidenmystik weiter und fand in Deutschland durch Max Eyths Roman *Der Kampf um die Cheopspyramide* (1902) neue Nahrung; vor allem nach dem Ende des Ersten Weltkriegs erschien, auf der Suche nach neuer Orientierung, eine Flut von Schriften dazu. Darin wurden u.a. auch noch die Atomgewichte und die Trächtigkeitsdauer der Säugetiere aus den Pyramidenmaßen abgelesen! Für andere waren die Pyramiden steingewordener Kalender oder gigantisches Observatorium zur Beobachtung der Gestirne oder Orientierungspunkt für geodätische Messungen. Fazit war immer wieder, daß die Ägypter zur Zeit der Pyramiden in den Naturwissenschaften einen Standard besaßen, wie ihn Europa erst im 19. Jahrhundert wieder erreicht hat. Deswegen schrieb man ihnen u.a. die Kenntnis des heliozentrischen Weltbildes und der Präzession der Erdachse zu. Wie dieser Standard verloren ging, weiß Peter Tompkins: Alexander d. Gr. ließ Heliopolis, «den Mittelpunkt der ägyptischen Wissenschaft», zerstören, um seine eigene Hauptstadt in Alexandria zu errichten, und bekanntlich galt Heliopolis «als die bedeutendste Universität der Welt»; Tompkins sagt nicht, daß Moses und Pythagoras dort immatrikuliert waren, aber «zur Zeit Ramses' III. ... sollen dort 13000 gelehrte Priester gewirkt haben» (S. 228).

Das Wiederaufflammen dieser «Epidemie» der Pyramidendeutung, wie er es nennt, veranlaßte Ludwig Borchardt zu seinem Vortrag «Gegen die Zahlenmystik an der großen Pyramide bei Gise»; das war 1922, also unmittelbar vor der Entdeckung des Tutanchamun-Schatzes, der die Pyramiden wieder etwas aus dem öffentlichen Interesse verdrängte. Borchardt weist darauf hin, daß man die Pyramiden nicht isoliert betrachten darf, da sie immer Teil eines größeren Ganzen sind, zu dem auch ausgedehnte Kult- und andere Anlagen gehören; allein für ein «Eichamt» (als Aufbewahrungsort des Normalmaßes, das einige im Sarkophag des Cheops verkörpert sahen) wäre das ein etwas übertriebener Aufwand. Außerdem könne man aus Zahlen jeglichen Unsinn herausholen oder beweisen.

Doch auch Borchardt ist es nicht gelungen, diesen Spekulationen ein Ende zu setzen, sie flammen immer wieder auf. Wir treffen hier erneut auf Rosenkreuzer und Theosophen, etwa auf Georges Barbarin, dessen *Le secret de la Grande Pyramide ou la fin du monde adamique* 1936 in den Editions Adyar erschien. Für Adam Rutherfords *Pyramidology* (1957–1972 in vier Bänden) ist die

Große Pyramide eine weitere Offenbarung des Schöpfers neben der Bibel, die eine im Stein, die andere im Wort. Rutherford hat in England ein eigenes Institut für Pyramidologie gegründet, und er definiert diese «Wissenschaft» als «science that deals with the Great Pyramid's scientific demonstration of Biblical truth, true Christianity and the Divine plan respecting humanity on this planet», also die Pyramiden als frühe Zeugen des Christentums. Ähnliche Spekulationen fanden seit 1971 durch das schon erwähnte Buch von Peter Tompkins (deutsch als «Cheops. Die Geheimnisse der großen Pyramide – Zentrum allen Wissens der alten Ägypter») weite Verbreitung; die Verlagswerbung für sein Werk bringt es auf den Punkt: «Die Große Pyramide war kein Pharaonengrab, sondern Zentrum allen Wissens der alten Ägypter.» Dazu traten und treten immer wieder «Eingeweihte» auf, die genau Bescheid wissen über die geheimen Kammern in der Pyramide und die Archäologie dazu bringen wollen, nun endlich das komplett erhaltene Begräbnis des Cheops mit all seinen Mysterien ans Licht zu bringen.

Selbst der bedeutende amerikanische Physiker Luis Alvarez beteiligte sich 1968 an der Jagd nach *Hidden Chambers* mit Hilfe des Nachweises von kosmischen Strahlen, und in den 1980er Jahren boomte diese moderne Schatzsuche dank dem Entgegenkommen der ägyptischen Altertümerverwaltung, wofür man Details im Pyramiden-Buch von R. Stadelmann findet. Das Ergebnis war ein wenig hereingewehter Flugsand, den man bei Bohrungen in der Pyramide fand... Im Grunde wirkt hier der antike Bericht Herodots über einen Kanal unter der Großen Pyramide immer noch weiter. Dazu reißen die Versuche nicht ab, das Wunderwerk der Pyramiden und seine Errichtung durch übernatürliche Fähigkeiten der Ägypter zu erklären.

Aber es gibt daneben auch noch ganz andere und amüsante Deutungen der Pharaonengräber, so die eines österreichischen Ingenieurs, für den diese Bauwerke Anlagen zur Berieselung der Wüste sind (W. Ennsthaler, *Regenzauber der Pharaonen*, 1976). Oder die umwerfende Theorie von Davidovits, die er mehrfach auf Kongressen vorgetragen hat, die Pyramiden seien aus Kunststein gebaut! Nach einer weiteren, erst 1997 vorgestellten Erkenntnis (Manfred Dimde: *Die Heilkraft der Pyramiden*) ist das ganze Plateau von Giza eine Art «Umspannwerk» für kosmische und Erdenergien, eine Aufladestation für Bio-Energien und von daher praktische Lebenshilfe, in die auch Obelisken und Sphinx einbezogen werden... Dazu referiert bereits Tompkins Beobachtungen, die in Italien und

Jugoslawien gemacht wurden, wonach Milch in pyramidenförmigen Packungen auch außerhalb von Kühlschränken unbegrenzt haltbar bleibt (S. 297), und das tschechoslowakische Patentamt soll einem Ingenieur ein Patent für seinen «Cheopspyramide-Rasierklingenschärfer» erteilt haben. Da man dies alles seit Jahrzehnten weiß, ist es völlig unbegreiflich, daß nicht schon längst in jedem Haushalt eine Pyramide steht (wobei das Material beliebig ist), die den Kühlschrank und vieles andere überflüssig macht.

Seit 1993 erfolgte die Reinigung und Erforschung der «Luftkanäle» (besser: Modellkorridore, bestimmt für den Aufstieg der Ba-Seele oder den Ka des verstorbenen Königs) in der Cheops-Pyramide durch das Deutsche Archäologische Institut in Kairo, mit Hilfe eines von dem Ingenieur R. Gantenbrink konstruierten Roboters. Diese Arbeit führte wegen eines Verschlußblockes im südlichen Korridor zu neuen Spekulationen über verborgene Schätze. Dazu kommen noch neue Theorien über das hohe Alter des Sphinx von Giza, dessen Erosion auf gewaltige Regenfälle und damit auf eine vorgeschichtliche Feuchtperiode zurückgeführt wird, die wiederum mit einer bestimmten Gestirnskonstellation um das Jahr 10500 v. Chr. zusammenhänge; durch die Medien erfuhren alle diese Spekulationen große Verbreitung und Wirkung in der Öffentlichkeit.

Solche «Entdeckungen» sind nicht neu, denn bereits 1911/12 gab es eine Kontroverse in den Medien um das Alter des Sphinx und um seine stellare Deutung; Howard Carter, der Entdecker Tutanchamuns, geht in einem seiner Briefe darauf ein. Überzeugender erscheint die poetische Deutung von al-Iskandarâni (gest. 1135), der den Sphinx von Giza als Tugendwächter sieht, der die sich liebenden großen Pyramiden auseinanderhält...

In jüngster Zeit werden die Pyramiden in einer anschwellenden Flut von Literatur als Werk von Außerirdischen vorgestellt. Von Däniken hat hier viele Nachahmer gefunden, und auch in diesen Kreisen beruft man sich zum Teil wiederum auf Hermes Trismegistos. Die ägyptischen Götter werden zu Außerirdischen stilisiert, welche die Geschicke der Menschheit aus der Ferne lenken und gelegentlich auch direkt eingreifen. Die bevorstehende Jahrtausendwende gibt solchen Spekulationen weiteren Auftrieb, und als neueste Blüten möchte man auch auf dem Mars Pyramiden und einen Sphinx erkennen.

Was sich sonst noch alles in der Cheops-Pyramide tummelt, beschreibt Stadelmann (S. 279) so: «Noch vor Sonnenaufgang und am frühen Morgen versammeln sich Gläubige von Sekten von Pyramidenmysterien, Angehörige mystisch angehauchter Freimaurerlogen in der Grabkammer und der sog. Königinnenkammer, um sich stundenlang der Meditation und dunklen Gesängen hinzugeben», und er weist auch auf die Gefahren hin, die sich daraus für das Ökosystem in der Pyramide ergeben. Die nächste große Zusammenkunft an den Pyramiden von Giza ist für den Silvesterabend 1999 geplant ...

Neben den Pyramiden üben die ägyptischen Mumien eine starke Faszination aus. Hatten Reisende schon seit dem 17. Jahrhundert Mumien von ihrem Besuch am Nil mitgebracht (vgl. Kapitel 12), so wurde es im 19. Jahrhundert vor allem in England zur Mode, ihre Auswicklung als gesellschaftliches Ereignis zu zelebrieren, zu dem man seine Freunde oder auch zahlende Gäste einlud. Aufsehen erregten insbesondere die öffentlichen Demonstrationen, die der Arzt Thomas Joseph Pettigrew in den 1830er Jahren vornahm. Dadurch wurden diese «Dörrleichen», wie Heinrich Schäfer sie genannt hat, noch populärer und zugleich literaturfähig. In die bildende Kunst fanden sie als «Schmuckmumien» im späten 18. Jahrhundert Eingang.

Schon am 19. März 1696 war in Paris eine Komödie *Les Momies d'Égypte* von Jean-François Regnard (1655–1709) aufgeführt worden; das längst verschollene Drama im Stil der *Commedia dell'arte* ist von Claude Aziza am Kolloquium «L'Égyptomanie à l'épreuve de l'archéologie» in Paris wieder ans Licht gehoben worden, und er hat auf S. 561–583 der Akten dieses Kolloquiums (Paris 1996) auch den Text neu abgedruckt. Hier wird Osiris durch Scaramouche verkörpert, Mark Anton durch Arlequin und Kleopatra durch Colombine, die sich dazu als Ägypterin verkleidet; außerdem wirken «plusieurs momies» mit. In der 5. Szene verwandelt sich die Bühne in eine Ruine, «parmy laquelle on voit des Pyramides d'Egypte, avec plusieurs Tombeaux». Osiris tritt auf, und in der 8. Szene erblickt man Mark Anton und Kleopatra, bzw. Arlequin und Colombine, als Mumien, die sich nach heftigem Streit wieder versöhnen. Das Grab von Mark Anton verwandelt sich dann in eine Tafel, an der Mumien aufwarten und alle es sich schmecken lassen, während die Sibylle zum allgemeinen Einbalsamieren auffordert, «um länger am Leben zu bleiben».

Jean Paul verwendet das Reizwort «Mumien» als Untertitel seines Fragments «Die unsichtbare Loge» (1792), in dem wir auch dem Grafen Cagliostro und den Mischwesen begegnen («die ägyptische Gottheit, ein Stückwerk aus Tierköpfen und Menschen-Torsos»). Im Gefolge der intensivierten Beschäftigung mit Mumien zu Anfang des 19. Jahrhundert schrieb Edgar Allan Poe seine Erzählung *Some Words with a Mummy* (1845), wo er direkt von einer typischen Mumien-Demonstration ausgeht, bei der die Mumie aus den ineinander geschachtelten Särgen herausgeschält wird. Poes originelle Idee ist, daß die Mumie mit Hilfe von Elektroschocks ins Leben zurückgebracht wird und mit den Anwesenden ein Gespräch «zur Gänze in einfachem Ägyptisch» führt, wobei Mr. Gliddon (der frühere amerikanische Konsul in Kairo) als Dolmetscher dient; Poe bedauert dazu, daß in den Setzkästen der amerikanischen Druckereien die hieroglyphische Schrift völlig fehlt, sonst hätte er dem Leser das Gespräch auch noch Ägyptisch mitgeteilt. In einem herrlichen Intermezzo wird die frierende Mumie noch mit einem Frack und Beinkleidern ausstaffiert. Sie eröffnet das Gespräch mit einem Bekenntnis zum Urmonotheismus und macht sodann die Errungenschaften der modernen Technik, Wissenschaft und Architektur lächerlich, die Ägypter waren in jeder Hinsicht sehr viel weiter; nur bei den modernen Hustenpillen muß die Mumie zuletzt beschämt verstummen – auf dieser Höhe der Pharmazie war man im alten Ägypten noch nicht!

Übrigens wurde das erste «Gespräch» mit einer Mumie bereits im 7. Jahrhundert vom Bischof Pisentios von Koptos geführt, der vor den Persern in die Wüste flieht und sich in einer Höhle mit Mumien verbirgt. Ein Begleiter findet ihn bei der Rückkehr im Gespräch mit einer dieser Mumien, die sich für die Zwiesprache erhoben hat und Pisentios erklärt, daß sie alle Griechen und Götzenverehrer waren, also späte Heiden.

Bekannt wurde dann vor allem Théophile Gautier (1810–1872) mit seinem *Roman de la Momie* (1857), nachdem er vorher schon die Erzählung *Le pied de momie* (1840) sowie zwei Gedichte auf den Pariser Obelisken aus Luxor (1851) veröffentlicht hatte. Gautier, der erst 1869 nach Ägypten reisen konnte, geht sehr stark vom Alten Testament aus, der Exodus und Moses interessieren ihn ganz besonders. Eine deutsche Nachahmung schrieb August Niemann (1839–1919) unter dem Titel *Das Geheimnis der Mumie* (1885).

Bei Gautier findet ein Lord Evandale, der Belzoni nachempfunden ist, mit Hilfe des Ägyptologen Rumphius (d.h. Lepsius!) ein Grab im Tal der Könige, das dem von Sethos I. nachgebildet ist,

The Nobility and Gentry, Visiters and Inhabitants of BATH and its Vicinity, are respectfully informed, that

TWO EGYPTIAN MUMMIES,

A MALE AND FEMALE,

In the highest State of Preservation, *with various other Relics*,

BROUGHT TO THIS COUNTRY BY

Mr. BELZONI,

The celebrated Traveller, are now open for Exhibition at

10, New Bond-Street.

The MUMMIES are of the first Class: the Inspection of them it is presumed must be highly satisfactory to every Person, as exhibiting two distinct Specimens; the Bandages of the Male having been entirely removed from the Body, which is perfect, while the mode of applying them is beautifully illustrated in the Envelope of the Female.

The CASES are covered with Hieroglyphics, enriched with Ornaments most elaborately executed; the Interiors containing the Histories of the Lives of their very ancient Occupiers, in Egyptian Characters, as fresh as when inscribed by the Hand of the Artist, after a Lapse of probably

THREE THOUSAND YEARS.

"Perchance that very Hand, now pinioned flat,
"Has hob-a-nob'd with Pharaoh glass to glass,
"Or dropp'd a halfpenny in Homer's hat,
"Or doff'd its own to let Queen Dido pass,
"Or held, by Solomon's own invitation,
"A torch at the great Temple's dedication."

AMONG THE OTHER RELICS WILL BE FOUND

A MUMMY OF THE IBIS,

THE SACRED BIRD OF EGYPT;

An Urn with Intestines from Elei; an Inscription on the far-famed Paper of Egypt (the Papyrus); a massive Fragment of Granite with Hieroglyphics from Memphis; a variety of Idols in Stone, Clay, and Wood, from the Tombs of the Kings in the Valley of Beban-el-Malook, and the Ruins at Carnac; Urns, Vessels of Libation, Bronzes, Coins, &c. &c.

N.B. A few EGYPTIAN and other ANTIQUITIES for SALE.

Admittance, One Shilling each.

☞ PURCHASERS WILL BE ALWAYS RE-ADMISSIBLE.

A DESCRIPTIVE ACCOUNT of this COLLECTION will be published in a few Days.

WOOD and CO. Printers of the Bath and Cheltenham Gazette, UNION-STREET, BATH.

1842

Ankündigung einer öffentlichen Mumien-Demonstration in Bath (England), 1842.

obwohl der Eingang zum Grabe Ramses' III. gehört. Im Sarkophag ruht die Mumie der Tahoser mit einem Papyrus, der sich als «Roman de la Momie», als Biographie der Tahoser entpuppt. Sie wird vom Pharao geliebt, liebt aber ihrerseits einen Hebräer, der wiederum eine andere Frau liebt, die Jüdin Rachel. Die Forderung ihres jüdischen Geliebten, den ägyptischen Göttern abzuschwören, gibt Tahoser Gelegenheit, sich über den Urmonotheismus zu verbreiten, an den die meisten Gelehrten des 19. Jahrhunderts glaubten. Am Ende stehen die Flucht der Hebräer aus Ägypten und der Tod Pharaos. Für die archäologischen Details seines Romans stützt sich Gautier weitgehend auf seinen Freund Ernest Feydeau, den Verfasser einer *Histoire des usages funèbres...* (1856).

Es folgten zahllose weitere Mumienromane, wobei die beiden beliebtesten Motive die Liebe eines heutigen Mannes zu einer mumifizierten Frau oder umgekehrt die Liebe eines mumifizierten Mannes zu einer heutigen Frau sind, mit allen Komplikationen, die sich daraus ergeben. Norman Mailer hat in seinem letzten großen Werk *Ancient Evenings* (1983) das Mumien-Motiv in etwas anderer Weise aufgegriffen; sein altägyptischer Held (der Roman spielt dank Reinkarnation in mehreren Abschnitten der Ramessidenzeit) beschreibt recht drastisch die eigene Mumifizierung. Hübsch ist das Motiv, daß Osiris sich beim Totengericht widerwillig die endlosen *justifications* der Toten anhören muß, die wir als «Negative Konfession» aus dem Totenbuchspruch 125 kennen, für jeden Verstorbenen eine Pflichtlektüre und obligatorisches Bekenntnis vor dem Herrscher der Toten.

Seit 1833 erschienen auch zahlreiche Musikstücke (Operetten, Pantomimen und ein Ballett) mit dem Titel «Mumie(n)», während bei Opern-Themen die Titel «Kleopatra» und «Sesostris» (im 18. Jahrhundert sehr beliebt) an der Spitze liegen.

Als Horror-Geschichte wurde der Mumienstoff durch den Iren Bram Stoker (1847–1912) gestaltet, den Autor des erfolgreichen Romans *Dracula* (1897), der 1903 den Roman *The Jewel of Seven Stars* veröffentlichte. Dort geht es um die Auferweckung der Mumie einer Königin Tera, die ein Ägyptologe von Ägypten nach England gebracht hat. Stoker hatte sich einiges ägyptologisches Wissen angelesen, und er schreibt den alten Ägyptern nicht nur besondere magische Fähigkeiten zu, sondern auch die Benutzung radioaktiver Substanzen, die durch die kürzlich erfolgten Entdeckungen von Becquerel und dem Ehepaar Curie damals «in aller

Munde» waren. Schon lange vor der Entdeckung des Tutanchamun-Schatzes also glaubte man an solche Wirkung in die zeitliche Ferne.

Das neue Medium des Filmes hat sich dieses dankbaren Motivs sehr bald bemächtigt. Der Roman von Stoker wurde zweimal verfilmt, und berüchtigt wurde vor allem der Film von Karl Freund (1932) *The Mummy*, mit Boris Karloff in der Hauptrolle. Ein weiteres Beispiel ist der Film «Die Katzengöttin» von Curtis Harrington. Aber auch die Lyrik zollte der Mumiengestalt ihren Tribut, so Robert Boehringer in seinem Gedicht «Mumie», auf das mich Karl Schefold hinwies: «So wunderlich bewahrt sein nach dem sterben: Lebloses fleisch um knöchernes gerüst...»

Die Entdeckung der Tutanchamun-Mumie und ihrer Grabschätze gab diesen Faszinationen neuen Auftrieb und regte dazu an, die alte Mumifizierungspraxis neu zu entdecken und anzuwenden. Das erste prominente Opfer war Lenin, der am 21. Januar 1924 starb, als Tutanchamun in aller Munde war; im März 1924 wurde der Beschluß für seine dauerhafte Einbalsamierung gefaßt, nachdem man die überwältigende Verehrung der Massen für seine sterbliche Hülle erlebt hatte. Seine «Mumie» kam an die Originalwerke nicht heran, aber ermöglichte doch eine dauerhafte Ausstellung in seinem Mausoleum. Später wurde der Versuch bei Stalin und Mao Tse-Tung wiederholt.

1994 haben Bob Brier und Ronald S. Wade eine erste experimentelle Menschen-Mumifizierung nach altägyptischem Rezept durchgeführt. Sie brauchten dazu 35 Tage, also die Hälfte der «idealen» Mumifizierungsdauer, und benutzten insgesamt 273 kg Natron, was sie vor das Problem stellte, wie die Ägypter diese ungeheuren Mengen von Natron entsorgt haben. Brier beschreibt das bewegende Gefühl, am Ende des Prozesses zum ersten Mal einer «frischen» Mumie gegenüber zu stehen, nicht den nachgedunkelten und verschrumpelten Erzeugnissen in unseren Museen.

Um nochmals zur Pyramide zurückzukehren, so ist diese Bauform, trotz den immer wiederkehrenden Versuchen gerade esoterischer Kreise, sie aus anderen Absichten zu deuten, bis heute der Prototyp des Grabmals geblieben und auch noch auf modernen Friedhöfen anzutreffen, verkörpert sie doch in augenfälligster Weise die Überwindung des Todes. Schon in der Antike in Rom aufgegriffen (Cestius-Pyramide), wurde die Form in der Renaissance, seit Raffael (Grabmal für Agostino Chigi, 1520), erneut mit Grabmälern verbunden und erfreute sich danach durch die Jahrhunderte größter Beliebtheit. Vor allem in Rom gibt es eine Fülle von Pyramidengräbern aus dem 17. und 18. Jahrhundert.

Viele dieser Pyramiden-Grabmale sind nur fiktiv und spiegeln ein erstrebtes Ideal – so, wenn John Milton eine Pyramide für Shakespeare fordert (im Gedicht On Shakespeare, 1630), oder ein französischer Architekt 1799 ein Grabmal für Isaac Newton in Form einer Pyramide entwirft. Sogar für Friedrich d. Gr. dachte man an ein Pyramiden-Grabmal, denn «ein Denkmal seiner Größe würdig, muß neu, muß einzig sein, muß Jahrtausende dauern, wie sein Name, muß bei dem Anblick Ehrfurcht und Staunen erwecken», wie es in dem Entwurf hieß. Alle Dimensionen überstieg ein Pyramiden-Entwurf (mit einem Obelisken auf der Spitze) von Thomas Willson von 1824 «für fünf Millionen Verstorbene».

Wirklich gebaut wurde ein Pyramidengrab für Friedrichs Bruder Prinz Heinrich (gest. 1802) in Rheinsberg, für den Marschall Moritz von Sachsen in der Thomaskirche in Straßburg (1777), in Karlsruhe für den Markgrafen Carl Wilhelm (1823), dazu für einige französische Revolutionshelden wie Marat. Das Grabmal für den General Desaix, der für Bonaparte Oberägypten erobert hat, auf dem St. Bernhard hat allerdings nicht Pyramidenform, wie bisweilen behauptet wird. Zur Trauerfeier für die Opfer des Sturmes auf die Tuilerien in Paris am 10. August 1792 wurde eine temporäre Pyramide aus Holz errichtet.

Sogar der älteste Plan für ein Hermannsdenkmal im Teutoburger Wald (1788) sah eine Pyramide vor. Bekannt ist vor allem Antonio Canova (1757–1822) mit zahlreichen Pyramiden-Entwürfen, darunter für Tizian (nicht ausgeführt); seine Schüler gaben auch seiner eigenen Grabstätte 1827 in Venedig Pyramidenform. Die Grabkunst macht bis in neueste Zeit von dieser Form Gebrauch – so erhielt der Sänger Beniamino Gigli (gest. 1957), der in vielen Aida-Aufführungen mitwirkte, ein Pyramidengrab in Recanati. Daneben ist seit dem 18. Jahrhundert auch die profane Verwendung der Pyramidenform reich bezeugt – zunächst als Eiskeller, in unserer Zeit dann als Hotel (Las Vegas), Sportstadion (Memphis TE) und Eingang zum Louvre.

Den Obelisken findet man nicht nur als Krieger- und Schlachtdenkmal oder als Brunnenzier, sondern dazu als Grabmal einzelner Persönlichkeiten. So hat Beethoven ein Grabmal in Form eines Obelisken auf dem Ehrenfriedhof in Wien erhalten, neben ihm auch Gluck, und in Kilchberg befindet sich der Grab-Obelisk von C. F. Meyer. Für Johann Baptist Türk, den «Andreas Hofer Kärn-

Grabmal des Haida-Häuptlings Albert E. Edensaw bei Masset, Queen Charlotte Islands (Kanada), 1894. Photo: Elisabeth Staehelin.

«Ägyptischer Tempel» im Kannenfeldpark, Basel; er war Grabstätte des Altphilologen Johann Jakob Merian (1826–1892). Photo: Elisabeth Staehelin.

tens», wurde ein Obelisk in der Kirche Maria Saal bei Klagenfurt aufgestellt, und auf den kanadischen Queen Charlotte Islands, schon direkt gegenüber von Alaska, stieß ich auf einen Obelisken als Grabmal eines Indianerhäuptlings, 1894 errichtet.

Das Überdauern des Todes, das altägyptische Bauformen verkörpern, hat der europäischen und amerikanischen Friedhofskunst noch andere Anregungen vermittelt. Oft wurde der Eingang zu Friedhöfen als ägyptischer Torbau (Pylon) gestaltet, und man wird ägyptisierenden Formen auf vielen Gottesäckern des 19. Jahrhunderts begegnen, als Beispiel seien nur der Highgate Friedhof in London (mit einer «Egyptian Avenue» von 1838) und Père Lachaise in Paris genannt.

Daß die Sphinx zum Markenzeichen aller Esoterik und nach Volkmann zum «europäischen Haustier» wurde, erwähnten wir schon. Für Herder ist *der* Sphinx ein «Bild verborgener Weisheit», und speziell die Geheimnisse der Natur suchte man durch oftmals vielbrüstige Sphingen anzudeuten; daher begegnen schon seit etwa 1560 Sphingen als beliebte Gartenzier und bevölkern vor allem die Gärten des 18. Jahrhunderts. Seit dem Anfang des gleichen Jahrhunderts trifft man immer häufiger auf Uhren, die von Sphingen gestützt werden, und nach Brentano (1812) ist sie «heutzutage auf jeder Mode-Uhr an der Tagesordnung». Dazu diente sie im Klassizismus an den verschiedensten Möbeln als Verzierung und erlebte dann mit den Theosophen und Symbolisten auch eine geistige Renaissance; die Zeitschrift der deutschen Theosophen trug den Titel *Sphynx* (1886ff.) und blieb nicht die einzige Zeitschrift mit diesem Namen.

19. Ägypten à la mode:
Moderne Ägyptosophie und Afrozentrik

Zur modernen Hermetik gehört u.a. das Kartenspiel Tarot (Tarock), das sich bis in das 14. Jahrhundert zurückverfolgen läßt und bei den Zigeunern als Wahrsagekunst beliebt war. Sein altägyptischer Ursprung wurde wohl erstmals 1781 von Antoine Court de Gebelin (1725-1784) behauptet, einem bekannten Freimaurer (vgl. Kap. 15), welcher als Quelle ein «Buch des Thot» postulierte und die Erfindung der Karten Thot persönlich zuschrieb, der seine Weisheit hier in das Gewand eines Spiels gekleidet habe.

Diese Idee, die seitdem fest geglaubt wurde, griff auch der schon erwähnte Aleister Crowley auf, der sich in verschiedenen esoterischen Bewegungen betätigte, so in einem 1886 gegründeten hermetischen *Order of the Golden Dawn*, für den er ein pseudo-ägyptisches Ritual entwarf; diesem Orden gehörte auch der gleich zu nennende Papus an. Aleister (d.h. Edward Alexander) Crowley (1875-1947) wurde bei einem längeren Aufenthalt in Kairo im April 1904 von einem Engel das *Book of the Law* diktiert, das voller verfremdeter ägyptischer Namen und Phänomene ist und nach einer Verehrung der Himmelsgöttin Nut, der «Queen of Space», u.a. verkündet: «The Khabs is in the Khu, not the Khu in the Khabs.»

Später publizierte Crowley das «Buch des Thot» als Anleitung für das Tarot-Spiel, dessen 22 symbolische Karten neben ihren ägyptischen Anklängen den Buchstaben des hebräischen Alphabets entsprechen. Crowley war daneben Oberhaupt einer «Kirche Satans», die noch heute in der Schweiz und anderen Ländern Anhänger hat, und spielte neben Theodor Reuß eine führende Rolle in dem 1901 begründeten «Orientalischen Templerorden» (O.T.O.).

Ein «Buch Thot» erscheint auch bei Woldemar von Uxkull, *Eine Einweihung im Alten Ägypten nach dem Buch Thoth* (1922), wo er die Einweihung eines Jünglings in die altägyptischen Mysterien schildert und kühn behauptet «Das Buch Thoth selber ist eine historische Tatsache». Wir treffen hier viele Leitmotive der modernen Esoterik: die Herkunft der Ägypter aus Atlantis, die Elementen-Probe, den Sphinx mit Stierleib und Adlerflügeln, Reinkarnation und reichlich Pyramidenmystik. Die beigegebenen 22 Bilder sind vom Tarot inspiriert. Diese phantasievolle Einweihung wurde in esoterischen Kreisen viel benutzt und zitiert.

Im Jahrzehnt vor und nach 1900 boomten die verschiedensten theosophischen und ägyptosophischen Strömungen in Paris und kulminierten im Internationalen Spiritistenkongreß von 1900, der in Paris abgehalten wurde. Zugleich fand das Okkulte wachsenden Einfluß in der symbolistischen und abstrakten Malerei. Ein Kultbuch wurde Édouard Schurés «Die großen Eingeweihten» (*Les Grands Initiés: Esquisse de l'histoire secrète des religions*), das 1889 erschien und bis 1927 hundert Auflagen erlebte. Schuré (1841–1929) widmet ein Kapitel Hermes Trismegistos und beschreibt ägyptische Initiationsrituale. Großen Einfluß in esoterischen Kreisen hatte auch der Theosoph Gerald Massey mit seinem Buch *Ancient Egypt. The Light of the World* (1907).

Erwähnen wir noch Gérard Encausse (1865–1916), der sich Papus nannte und Mitglied der «Hermetic Brotherhood of Luxor», des *Golden Dawn* und des Martinistenordens war; dieser Orden verlieh sogar den Titel eines Doktors der hermetischen Wissenschaften. 1888 wurde Papus Leiter der Theosophischen Gesellschaft in Frankreich, trat allerdings wegen Spannungen mit Helena Blavatsky schon zwei Jahre später aus der Gesellschaft wieder aus. Am Anfang seines immer noch nützlichen und gerade wieder neu aufgelegten Werkes *Die Grundlagen der Okkulten Wissenschaft* (1888, deutsch 1926) schreibt er: «Die Geschichte berichtet, daß die Mehrzahl der Denker des Altertums, die unser Abendland hervorbrachte, sich ihre Lehren aus den ägyptischen Mysterien holten», und an anderer Stelle spricht er vom «Wunderland Ägypten» (S. 255). Er selber steht ganz in der Tradition der hermetischen Entsprechung von Makro- und Mikrokosmos: «Alles ist analog... Alles ist in allem» (S. 64); so ist die *Tabula smaragdina* (Kap. 7) für ihn «bewundernswürdige Zusammenfassung der okkulten Wissenschaften» (S. 83). Papus veröffentlichte u.a. auch ein Buch über das Tarot-Spiel, und durch die Übersetzung seiner Werke ins Russische wirkte er auf den russischen Okkultismus ein. Am Zarenhof, wo er einigen Einfluß hatte, wurde bald Rasputin sein Gegenspieler.

Ein bedeutender Esoteriker war René A. Schwaller de Lubicz (1887–1961), zusammen mit seiner Frau Isha und seiner Stieftochter Lucie Lamy für alles Okkulte aufgeschlossen. In seiner Jugend in Paris, später in seiner Villa in Grasse (Südfrankreich), widmete er sich dem großen alchemistischen *opus* und besaß viele alchemi-

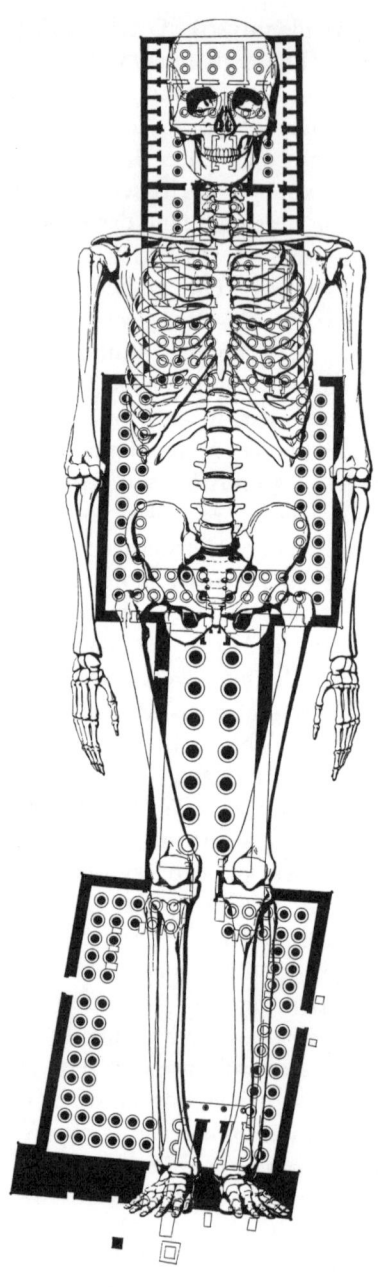

Proportionen des Menschen und des Tempels von Luxor. Nach: R. A. Schwaller de Lubicz, Le Temple de l'Homme, II, Paris 1957, pl. XV.

stische Handschriften, die kürzlich zum Verkauf standen. Ab 1937 verbrachte er 15 Jahre in Ägypten und widmete sich vor allem dem Studium des Tempels von Luxor (*Le Temple de l'Homme*, in drei Bänden 1957); hier erscheint der Mensch als das Maß aller Architektur, wie schon bei Vitruv und dann in der Renaissance. Schwaller vergleicht die einzelnen Teile des Tempels mit dem menschlichen Körper, den er in den Grundriß des Tempels einzeichnet. Viel angefeindet und von der Ägyptologie weitgehend ignoriert, gebührt Schwaller doch das Verdienst, die bisher gründlichste Studie zum Luxor-Tempel vorgelegt zu haben; wer sich mit diesem Bauwerk beschäftigt, kann an seinen Aufnahmen nicht vorbeigehen. Mit seiner Meinung von den hohen astronomischen Fähigkeiten der Ägypter, die bereits die Präzession der Erdachse und das Meter-Maß gekannt hätten, geriet er in die Nähe der Pyramidenmystik und versuchte überdies, auch den Tierkreis mit der Tempelanlage zu verbinden. Bei der Präzession des Frühlingspunktes, der sich alle 2200 Jahre um ein Sternbild verschiebt, kann er für das Zeitalter des Widders natürlich auf Amun hinweisen, für das vorangehende Zeitalter des Stieres auf Apis, und die Zwillinge davor möchte er mit dem dualistischen Denken der Ägypter verbinden, das damals, in der Vorgeschichte, seinen Anfang nahm.

Nur am Rande möchten wir auf das Phänomen «ägyptischer» Reinkarnationen hinweisen. Die bekanntesten Fälle sind wohl Rosemary und *Omm Sety* (Dorothy Louise Eady, 1904-1981), eine «British eccentric» (so *Who Was Who in Egyptology*), die 1933 nach Ägypten kam, sich für eine reinkarnierte Geliebte von Sethos I. hielt und jahrzehntelang dessen Tempel in Abydos «hütete», zunächst noch im Dienst der ägyptischen Antikenverwaltung. Über das Medium Rosemary (Ivy Carter Beaumont, 1883-1961) und ihre ägyptische Xenoglossie gibt es sehr ausführliche Aufzeichnungen; sie trat 1931 mit dem Anspruch auf, als Tempeltänzerin Vola unter Amenophis III. gelebt zu haben und für eine babylonische Prinzessin am ägyptischen Königshof zu sprechen. Sechs Jahre lang wurden fast 5000 Sätze ihrer Aussagen, die sie im Trancezustand machte, festgehalten. Sie sprach angeblich fließend Altägyptisch, doch stammte ihr Vokabular offensichtlich aus dem Wörterbuch von Budge (1920), und die Syntax wies eindeutige Mängel auf. Daher mußte man die Hoffnung, auf medialem Wege die unbekannten Vokale des Altägyptischen zu rekonstruieren, wieder aufgeben.

Der Glaube an die Reinkarnation, der in Indien zur alten Tradition gehört, findet heute eine ungeheure Verbreitung, weil er dem modernen Menschen den Glauben an ein ewiges Leben zurückgibt und so zu einer neuen Heilsbotschaft wird. Dabei ist es bezeichnend, daß die Mehrzahl der früheren Existenzen im pharaonischen Ägypten angesiedelt ist; es sind bevorzugt ägyptische Prinzessinnen oder Hohepriester, die sich an ein früheres Leben «erinnern». Auch in dieser Form der Esoterik, die an die Stelle der mittelalterlichen Erscheinungen und Visionen getreten ist, kommt dem alten Ägypten eine herausragende Bedeutung zu.

Als Beispiel für eine neuere Religionsgemeinschaft, die einen Anschluß an das alte Ägypten versucht, können die Mormonen dienen, die Kirche Jesu Christi der Heiligen der Letzten Tage. Ihr erster Prophet Joseph Smith (1805–1844), der die Kirche im Juli 1830 in Fayette, N.Y. gründete (später siedelte sie nach Ohio um), erwarb 1835 einige aus Theben stammende Mumien und Papyri (dazu auch eine Kopftafel) und «entzifferte» noch im gleichen Jahr die Papyri als Bücher von Abraham und Joseph, die sie in Ägypten geschrieben hätten. Seine «Übersetzung» des Buches Abraham wurde erstmals 1842 veröffentlicht, unter dem Titel *The Pearl of Great Price*. Es geht hier um einen Bericht über die Schöpfung und über das Priestertum von Abraham. Wie die Deutung der Vignetten und der Kopftafel ist die Übersetzung völlig vom Alten Testament beeinflußt (zum Teil in wörtlicher Übereinstimmung), ähnlich wie bei Seyffarth mit seiner Totenbuch-«Übersetzung»; das eigentliche alte Ägypten ist Smith fremd, und selbst Re, Osiris und Isis sind ihm unbekannt. In Wahrheit ist einer der Papyri ein ganz normales «Buch vom Atmen», ein anderer ein spätes Totenbuch für eine Frau, Ta-scherit-Min.

Schon im September 1823 hatte der Engel Moroni, Sohn des Mormon, Joseph Smith auf die goldenen Tafeln mit dem «Buch Mormon» hingewiesen, und gleichzeitig mit der Gründung der Kirche 1830 hatte Smith dieses «Buch Mormon» veröffentlicht, das heute noch im Mittelpunkt der Religionsgemeinschaft steht. Es bildet, ganz im Stil des englischsprachigen Alten Testamentes geschrieben (die Namen könnten z.T. aber eher zu König Artus' Tafelrunde gehören), gleichsam eine Fortsetzung der Bibel auf amerikanischem Boden und geht davon aus, daß die Bibel nicht das letzte Wort Gottes darstellt, sondern fortgeführt werden kann, und daß Gott seine Offenbarung auch den Indianern zugedacht hat. Die Erzählung setzt mit der rechtzeitigen Auswanderung einer jüdischen Gruppe vor der Zerstörung Jerusalems von 586 v. Chr. ein und endet «um 421 n. Chr.» Dabei war Joseph Smith schon hier auf die ägyptische Schrift gestoßen, und im Buche Mormon wurden nach Kap. 9 «verbesserte ägyptische» Schriftzeichen benutzt – was immer das sein mag.

Seine ägyptischen Schätze zeigte Joseph Smith Besuchern gegen eine Gebühr von 25 Cent (er hatte immerhin eine beträchtliche Summe in den Ankauf investiert) und stellte ihnen eine der Mumien als «Pharao Necho» vor, obwohl die Wissenschaft damals noch keine einzige «echte» Königsmumie kannte. Noch gegen Ende seines Lebens hatte er Pläne, eine Grammatik der ägyptischen Sprache auszuarbeiten. Die Kunde von Champollion und seiner Entzifferung war noch nicht bis in den Westen der USA gedrungen, und die Entzifferung war ja auch in Europa noch lange über den Tod von Champollion hinaus umstritten.

Nach der Ermordung von Joseph Smith in Illinois im Juni 1844 folgte 1846/47 unter der Führung von Brigham Young der große Treck in den Westen und die Gründung von Salt Lake City in Utah, das bis heute Zentrum der Kirche geblieben ist. Das weitere Schicksal der von Smith hinterlassenen ägyptischen Antiken ist unklar, angeblich wurden einige beim großen Feuer von Chicago 1871 vernichtet; elf Papyrus-Fragmente hat das Metropolitan Museum of Art in New York 1967 der Mormonen-Kirche zurückgegeben, die daraufhin einige amerikanische Ägyptologen (u.a. John A. Wilson und Klaus Baer) einlud, ihre Meinung zu den Texten zu sagen. Es folgte eine heftige Kontroverse, in welcher Vertreter der Kirche darauf hinwiesen, die Ägyptologen seien verschiedener Meinung und daher unzuverlässig. So konnte man getrost zur göttlichen Inspiration des Joseph Smith als der einzig wahren Deutung zurückkehren, wie schon 1912 nach der Kritik durch Bischof Spaulding, der sich auf die Autorität von James H. Breasted stützte.

Die Gurus, die in den letzten Jahrzehnten aufgetreten sind, beriefen sich auf Weisheitsschulen im Inneren Asiens, nicht auf Ägypten; vor allem Tibet und die Gegend am Himalaja boten sich als neue geistige Zentren an. Sogar Jesus Christus mußte nun bei indischen oder tibetischen Weisen in die Schule gehen: Nach N. A. Notovitch (*The Unknown Life of Jesus Christ*, 1894) weilte er mehrere Jahre in Tibet und wurde dort in buddhistische Lehren eingeweiht. Andere wollten sein Grab in Srinagar nachweisen, und diese Spekulationen wirken bis heute nach. In Tibet saßen auch die großen, geheimnisvollen Meister, auf die sich die Gründereltern der Theosophischen Gesellschaft beriefen.

Inzwischen sind wir jedoch einen großen Schritt weiter. An die Stelle der geheimen Meister in Tibet oder im Himalaja sind extraterrestrische Lenker des Weltgeschehens getreten. «Verdanken wir die Errungenschaften unserer Kultur kosmischen Lehrmeistern?» lautet die neue, immer eifriger bejahte Frage, und ein neuer, stetig wachsender Zweig esoterischer Literatur beschäftigt sich mit den Außerirdischen. Charakteristisch ist ein Buchtitel wie «Gott kam von den Sternen», wobei sich diese Literatur gern auf Aussagen der Bibel stützt. Aber auch im Zeitalter der Außerirdischen behält Ägypten seine Bedeutung, sei es auch nur als bevorzugter Landeplatz der extraterrestrischen Boten; dazu verweist man gern darauf, daß ägyptische Gottheiten am Himmel in Schiffen dahinfahren und damit die «Raumfahrt» ganz anschaulich machen.

Die «außerirdische» Komponente der Esoterik geht, wie alles andere, auf die Antike zurück. Sie läßt sich bereits in altägyptischen Jenseitstexten aufzeigen, in denen häufig vom «Eintreten» in die Sonne die Rede ist; «Die im Mond» verkünden in den Sargtexten (VII, 56m) die Ankunft des Verstorbenen im Himmel. Die erste Reise zu Mond und Sternen beschreibt dann Lukian im 2. Jahrhundert n. Chr. in seinen «Wahren Geschichten», wobei er seiner spöttischen Phantasie keine Zügel anlegt. So erzählt er vom Kampf der Mond- gegen die Sonnenbewohner:

«Unser Kriegsheer (Mondbewohner) bestand aus 100000 Mann, nämlich 80000 Pferdegeiern und 20000, die auf Kohlvögeln ritten. Das ist eine überaus große Gattung von Vögeln, die statt der Federn dicht mit Kohl bewachsen sind und eine Art von großen Salatblättern statt der Flügel haben. Unsere Flanken waren mit Hirseschießern und Knoblauchwerfern besetzt. Überdies waren aus dem Großen Bären 30000 Flohschützen ... zu uns gestoßen. Das sind Bogenschützen, die auf einer Art von Flöhen reiten, die zwölfmal so groß sind als ein Elefant ...»

Etwas ernsthafter glaubten auch die Pythagoräer, dazu Lukrez und Plutarch daran, daß andere Himmelskörper bewohnt seien. Die Erfindung des Fernrohres sorgte dann im 17. Jahrhundert für neue Anregungen, obwohl z. B. Athanasius Kircher die Außerirdischen aus theologischen Gründen ablehnte. 1686 veröffentlichte Bernard Le Bovier de Fontenelle seine «Gespräche über die Vielzahl der Welten», in denen er die anderen Planeten mit menschenähnlichen Wesen bevölkert, wobei bereits der Mars im Zentrum des Interesses steht. Gleichzeitig vertrat auch Christian Huygens die These von der Bewohnbarkeit der Planeten. Im 18. Jahrhundert wurde diese Vorstellung allgemein geteilt, wir finden sie bei Swedenborg (der die Unterschiede der verschiedenen Planetenbewohner hervorhebt), Kant, Herder, Klopstock und Voltaire, und Albrecht von Haller ahnte:

> Die Sterne sind vielleicht ein Sitz verklärter Geister.
> Wie hier das Laster herrscht, ist dort die Tugend Meister.

Für die Theosophen sind alle Planeten von menschlichen Wesen bewohnt. Und nach der Entdeckung der «Kanäle» auf dem Mars 1877 durch Schiaparelli erlebten die «Marsmenschen» neue Konjunktur. Ein Höhepunkt war im Oktober 1938 die Sendung eines Hörspiels von Orson Welles nach dem Roman *The War of the Worlds* «Der Krieg der Welten» (1897) von Herbert George Wells; die Sendung beschrieb sehr realistisch die Eroberung von New York durch Wesen vom Mars und führte zu einer Massenpanik. In der Medienlandschaft ist «Der Krieg der Sterne» seither ein fester Bestandteil.

Das von Touristenmassen überschwemmte Ägypten bietet heute keinen abgelegenen Ort mehr, an dem man eine imaginierte Weisheitsschule ansiedeln könnte. Dafür ist aber hermetische Philosophie und Weltsicht wieder aktueller denn je geworden, und die Hermetik ist nicht in den Weiten Zentralasiens zu Hause, sondern mitten unter uns, sogar in der modernen Naturwissenschaft. Wenn Carl Friedrich von Weizsäcker von der «Einheit der Natur» spricht, so gebraucht er ein uraltes hermetisches Zauberwort. Um die Ganzheit der Naturbetrachtung und um die alte hermetische Analogie von Makrokosmos und Mikrokosmos ging es ganz besonders dem Physiker Wolfgang Pauli (1900-1958), dem 1993 eine Tagung über «Das Irrationale in den Naturwissenschaften» auf dem Monte Verità gewidmet war. Pauli bemühte sich, im Austausch mit C. G. Jung und im Zeichen der Alchemie, um das Unbewußte und um die Wechselwirkung von Geist und Materie, in denen wir komplementäre Aspekte einer wieder neu zu erringenden Ganzheit sehen müssen. Deshalb der Rückgriff auf die Alchemie und auf den Standpunkt von Robert Fludd, der gegen Kepler und seine trinitarische Sicht «die Würde des Quaternariums» verteidigt, das neben der meßbaren Außenwelt auch die Welt der Gefühle, der Träume und Symbole einschließt und daher «eine

Vollständigkeit des Erlebens, die innerhalb der naturwissenschaftlichen Betrachtungsweise nicht möglich ist» (Pauli).

In einem erst 1993 erschienenen Buch über *Das Plocher Energie-System* von Ernstfried Prade, an dem Diplomphysiker und Professoren mitgearbeitet haben, das also durchaus wissenschaftlichen Anspruch erhebt, steht zu lesen: «Vom höchsten Logos des Alls bis hinunter in die dichteste Materie ist alles in Schwingung. Das weiß auch die heutige Physik. Vor tausenden von Jahren aber haben die alten ägyptischen Meister dieses Prinzip verkündet. Je materieller ein ‹Stoff›, um so langsamer schwingt er...» (S. 140). Dem Verfasser geht es um «die Wieder-Bewußtmachung eherner kosmischer Gesetzmäßigkeiten, die sog. ‹hermetischen Prinzipien›, in die früher nur ausgewählte Kreise durch mündliche Überlieferung eingeweiht wurden» (S. 136), und er erläutert diese «Prinzipien» als «zurückgehend auf die legendäre Gestalt des Hermes Trismegistos, ... des ‹Meisters aller Meister› ..., der im 3. Jahrtausend vor Chr. in Ägypten gelebt haben soll und dort auch Thot genannt wurde ... und man darf annehmen, daß die hermetischen Lehren alle großen Philosophien und Religionen sowohl des Abend- wie des Morgenlandes ganz wesentlich beeinflußt haben. Von Hermes Trismegistos sind 7 hermetische Prinzipien überliefert, anhand derer wir uns dem Plocher Energie-System nähern wollen» (S. 148). Viele Naturwissenschaftler tummeln sich, wie wir gesehen haben, auch in der Pyramidenmystik, ohne sich um die historische Einordnung dieser Bauten zu kümmern.

Hermetische Gemeinschaften, die sich auf das alte Ägypten berufen, sprießen wie Pilze aus dem Boden. Dabei ist es manchen nur um praktische Lebenshilfe durch Kontakt zu ägyptischer Weisheit und ihrer Beherrschung der Magie zu tun, andere aber treten als förmliche Religionsgemeinschaften auf, die ägyptische Götter wieder in ihren Kult einbeziehen und dafür neue Rituale entwickeln. Das alles wird oftmals mit fernöstlicher Yoga-Praxis vermischt, die Aufrichtung des Djed-Pfeilers wird mit dem Emporsteigen der Kundalini-Schlange gleichgesetzt, usw. Aber auch die Kabbala ist in diesen Synkretismus einbezogen, und dazu tritt die von den Theosophen ans Licht gebrachte Akasha-Chronik als Gedächtnis des Kosmos. Wenn man in diesen Kreisen gern von den *neter* spricht, mit dem altägyptischen Wort für «Gottheiten», so geht das auf Schwaller de Lubicz und seine Frau zurück, die in den *neter* immanente Ideen in der Natur und kosmische Funktionen sehen, Osiris ist für sie der «*neter* der Natur».

Greifen wir als ein Beispiel (für sicher unzählige) den «Sacred Hermetic Order of Asar-Ra» in London heraus, einen Orden, der auch praktische Übungen anbietet und zeigt, wie man selber eine «ägyptische» Loge gründet und mit ägyptischer Magie umgeht. Der Orden ist nach dem Vorbild der Freimaurer in Logen organisiert und verleiht sieben Grade der Einweihung, wobei man sich auch auf dem Korrespondenzweg einweihen lassen kann. Aber darüber hinaus möchte dieser hermetische Orden, wie sein Erzpriester Peter Paddon verkündet (*The Book of the Veil*, 1985), direkten Zugang zu altägyptischen Gottheiten vermitteln, an die er selber glaubt. So lädt er zu einer «guided tour of the universe according to the Priesthood of Khem» ein und ruft dem Leser zu: «Have fun, and open your eyes to the beauty of this world.» Für die Begegnung mit verschiedenen Göttern gibt er praktische Meditations-Anweisungen und empfiehlt für das Ende des Meditationsweges oder das Ende eines Rituals einen «hot drink», denn im alten Ägypten sei es bei den Priestern üblich gewesen, nach spiritueller Arbeit «hot chocolate» zu trinken (S. 31 u. öfter). Die Quellen seiner Kenntnisse sind im wesentlichen Budge und Plutarch, alles noch mit etwas Kabbala angereichert; für Asar-Ra, dessen Existenz nur den Hohepriestern bekannt war, beruft er sich auf Christian Jacq. Immerhin originell ist die «praktische Magie», die er lehrt, z. B. zur Heilung eines Beinbruches, wobei in diesem Falle die Göttin Sachmet zuständig ist; die notwendige kultische Reinheit kann heutzutage durch eine Dusche erzielt werden, und im Ritual werden auch aromatische Öle verwendet. Wichtig ist, jeweils ein *Bild* der Gottheit zu haben, und es werden dazu Amulette und heilige Zeichen eingesetzt. Wenn man Paddon glaubt, dann existiert bereits eine regelrechte neue Isis-Religion in über 60 Ländern (S. 43).

Auch sonst fehlt es auf dem Büchermarkt und im Internet nicht an praktischen Anleitungen, um mit altägyptischen Gottheiten in Kontakt zu treten, sowie zum praktischen Gebrauch «ägyptischer» Magie. Dazu kommt die Wiedererweckung der Alchemie und das moderne Amulett-Wesen mit dem beliebten *Anch*, dem ägyptischen Lebenszeichen, das die Theosophen als Symbol neu zu Ehren brachten.

Eine «Esoterische Reise zu den Einweihungsstätten Ägyptens» wurde in den 1980er Jahren mehrfach vom Reisebüro Kuoni angeboten. Das Programm unterschied sich allerdings nicht von einer ganz normalen Ägyptenreise, für den 4. Reisetag wurden neben dem «Besuch der Pyramiden von Giseh und der Sphinx» auch «Einkaufsmöglichkeiten im Bazar» angezeigt. Solche Reisen erfreuen sich auch sonst großer Beliebtheit. Im Goldmann Verlag erscheint eine Reihe «Magisch reisen», zu der auch ein Band *Ägypten. Land von Isis und Osiris* von B. A. Mertz gehört (München 1991). Dort heißt es:

«Das alte Ägypten, die älteste Hochkultur der Welt, die heute noch nachvollziehbar ist, offenbart uns Zusammenhänge der Schöpfung, des Göttlichen und des Urwissens, wie sie in dieser Verdichtung nirgends sonst zu finden sind. Wer etwas über unsere heutige Welt wissen möchte, über ihre Probleme, Herkunft, Entwicklung und Vergänglichkeit, der muß Ägypten erfahren haben.» (S. 7)

Die Ägyptologie hat durch ihre Erschließung religiöser Texte auch der Esoterik neue Quellen vermittelt. Das ägyptische Totenbuch hatte ja bereits Helena Blavatsky als Initiationstext aufgegriffen, und bis heute erfreut es sich in esoterischen Kreisen großer Beliebtheit. Albert Schulz, der unter dem Pseudonym *Peryt Shou* schrieb, veröffentlichte eine «Geheimlehre des ägyptischen ‹Totenbuchs›» (3. Auflage 1931), S. Mayassis hat es mehrfach als Einweihungstext herausgestellt, und großen Einfluß hatte G. Kolpaktchy mit seiner theosophisch inspirierten «Übersetzung», die praktisch eine freie Nachdichtung darstellt (seit 1954). Doch auch in der Wiener Ägyptologie galt das Totenbuch als Initiationstext; es gehört «zu den hermetischen Büchern, die nur den Eingeweihten wirklich zugänglich waren» (Czermak), und ist «ein Buch der Lebenden für die auf Erden stattgefundene Initiation» (Thausing).

Vom Totenbuch in der Ausgabe von Budge ließen sich viele Dichter des 20. Jahrhunderts anregen; so spielt es bei Ezra Pound seit seinem ersten Gedichtband von 1908 eine Rolle, ebenso bei James Joyce in *Finnegans Wake* (1939), und auch Lawrence Durrell, Autor des Alexandria-Quartetts, plante ein *Book of the Dead*.

Dagegen haben die Pyramidentexte, die viel ältere religiöse Spruchsammlung aus der Zeit um 2350 v. Chr., bisher noch keine esoterische Beachtung gefunden, obwohl sie ja eigentlich die ältesten «Initiationstexte» der Menschheit wären und seit 1881 bekannt sind. Wahrscheinlich fehlt hier noch ein Budge, der diese schwierigen Texte einem breiteren Publikum nahebringt.

Die Unterweltsbücher des Neuen Reiches, die schon Champollion bei seinem Aufenthalt im Tal der Könige fasziniert haben, wurden zunächst in der Dichtung rezipiert. Franz Werfel, der im 13. Kapitel seines Romans *Jeremias. Höret die Stimme* (1937) einen «Gang durch die Totenwelt Ägyptens» gestaltet, spricht von Amduat und Pfortenbuch (neben dem Totenbuch) und erwähnt Gegenden der Unterwelt wie Rosetaw und Ur-Nes, auch den Sonnenfeind Apep und den zweiten Tod. Michel Butor verlegt in seinem Roman *Passage de Milan* (1954) das Geschehen der nächtlichen Unterweltsfahrt aus dem Pfortenbuch (von dem es immer noch keine französische Übersetzung gibt!) in ein Pariser Mietshaus; die zwölf Kapitel folgen den zwölf Stunden der Nacht, und einer der Bewohner träumt von der Sonnenbarke und von seiner Fahrt als Mumie.

In die eigentliche Esoterik haben die Unterweltsbücher erst in allerjüngster Zeit Eingang gefunden, obwohl die Wiener Ägyptologin Gertrud Thausing schon 1971 (in *Sein und Werden. Versuch einer Ganzheitsschau der Religion des Pharaonenreiches*), auf der Basis meiner Edition von 1963, das Amduat ausführlich als «ein Buch der Initiation» würdigt (S. 147), nachdem sie schon das Totenbuch als Initiationstext erklärt und mit Yoga-Praxis verbunden hatte. Sie schreckt dabei vor willkürlichen Eingriffen in Text und Wortbedeutung nicht zurück, um ihre Deutung «stimmiger» zu machen; so werden aus simplen *aut* «Opferspeisen» *achu* (selige Tote), was sie dazu noch mit «Eingeweihte» übersetzt. Entsprechend macht sie im Totenbuchspruch 79 aus einem «Größten des Götterrates» einen «Großen des Bundes», um ihre Behauptung von einem «Bund der Initiierten» (S. 55) im alten Ägypten zu stützen, an den auch Czermak schon geglaubt hatte. Der Gang durch ein Königsgrab des Neuen Reiches wird für sie zu einem Initiationspfad (S. 74).

Und selbst Jan Assmann, der sonst nicht zu esoterischen Deutungen neigt, sieht in den Unterweltsbüchern der Königsgräber «hermetisches Geheimwissen» und eine «Art Kabbalah». Speziell das Amduat erscheint jetzt bei K. Dietzfelbinger (*Mysterienschulen*, München 1997) als ausführliche Beschreibung von Mysterienvorgängen und als «Darstellung eines Mysterienweges»; für den Autor steht fest: «Die Mysterienweisheit des Abendlandes ... beginnt in Ägypten» (S. 34), womit wir wieder bei unserem Ausgangspunkt angelangt wären. Es bleibt uns noch ein kurzer Blick auf neuere Versuche, alle Weisheit des Abendlandes generell aus Afrika abzuleiten.

Die afrozentrische Bewegung

Martin Bernal, ein Enkel des bekannten Ägyptologen Sir Alan Gardiner, hat durch sein Buch *The Black Athena. The Afroasiatic Roots of Classical Civilization*, 1987 und 1991 in zwei Bänden erschienen, die afrozentrische Bewegung in den letzten Jahren auch in Europa und im Orient bekannt gemacht. In den USA hat sie eine lange Tradition, die sich bis 1854 zurückverfolgen läßt und sich dazu auf den französischen Grafen Volney (Pseudonym für Constantin-François Chassebeuf) beruft, dessen Reisebericht von 1787 Bonaparte als einziges Ägyptenbuch auf seine Expedition mitnahm. Der «Pan-Negro Patriot» Edward Wilmot Blyden hatte bei seinem Ägypten-Besuch 1866 das spontane Gefühl, die Pyramiden seien von seinen schwarzen Vorfahren erbaut, und vertrat diese Auffassung in seinem Buch *Christianity, Islam and the Negro Race* von 1887. Bei dem Freimaurer George G. M. James (*Stolen Legacy*, 1954) stoßen wir auf ein masonisch gefärbtes, esoterisches Ägypten: die Großloge von Luxor hatte nach ihm Filialen überall auf der Welt, auch bei den Maya, Azteken und Inka, also im alten Amerika.

Aber der bekannteste Vertreter dieser afrozentrischen Sicht vor Bernal ist Scheich Anta Diop aus Senegal (1923–1986), der seit 1946 an der Sorbonne studierte (u.a. Ägyptologie) und zweimal beim Versuch einer Promotion scheiterte, weil seine These, das alte Ägypten sei die erste schwarzafrikanische Hochkultur gewesen, zurückgewiesen wurde. Erst 1960 glückte der dritte Versuch, und fortan kämpfte Diop in seiner Heimat für die kulturelle Unabhängigkeit von den ehemaligen Kolonialmächten, dabei in heftiger Opposition zum ersten Präsidenten Senghor. Ihm schwebte vor, daß afrikanische Humanität auf dem altägyptischen Erbe aufbauen sollte, so wie die abendländische auf der griechisch-römischen Antike. Auf seinem Denkmal in Dakar, das mit Hieroglyphen geschmückt ist, wird betont, daß er die «civilisations nègres» rehabilitiert habe. Aber dabei blieb es nicht; in seinem letzten Werk *Civilization or Barbarism* (1981) macht er dem Abendland auch das griechisch-römische Erbe streitig, da bereits die Antike von altägyptischer und mithin schwarzafrikanischer Weisheit gezehrt habe. Seine Epigonen, die ihn als «Pharao des Wissens» verehren, haben diese Sicht noch weiter pointiert und verbreiten sie vor allem im «schwarzen» Amerika. Dabei werden auch uralte, enge Beziehungen Altägyptens zu Altamerika betont und phantastische Berichte über «ägyptische» Funde auf amerikanischem Boden verbreitet.

Der Inhalt dieser Botschaft, die an vielen US-Colleges bereits ganz offiziell gelehrt wird, ist, daß alle Weisheit des Altertums aus Afrika, und d.h. aus Ägypten, stammt. «Hardly a week goes by when an article does not appear by an Afrocentrist writer observing that the discoveries attributed to the Greeks rightly belong to the ancient Egyptians», schreibt Mary Lefkowitz 1996 (S. 5). Daß Solon, Pythagoras und Platon in Ägypten waren, weiß man ja, aber auch Aristoteles soll mit seinem Schüler Alexander d. Gr. in Alexandria gewesen sein, sich dort mit den Schätzen der Bibliothek bedient und seine ganze Philosophie, auf der die spätere abendländische Philosophie ruht, aus Ägypten «gestohlen» haben. (Inzwischen weiß man jedoch, daß die Neffen von Donald Duck diese Bibliothek unversehrt wiedergefunden haben, nachzulesen im Comic-Heft «Auf der Suche nach der verlorenen Bibliothek» von dem Disney-Zeichner Don Rosa). Um die Bibliothek von Alexandria haben sich schon früh Legenden gesponnen, die vor allem von arabischen Historikern des Mittelalters überliefert werden. Am bekanntesten ist das *dictum* des Kalifen Omar, das am ausführlichsten bei Ibn al-Qiftî (gest. 1248) überliefert ist: Wenn der Inhalt der Schriften in der Bibliothek mit dem Koran übereinstimmt, braucht man sie nicht; wenn er abweicht, braucht man sie erst recht nicht, also in jedem Fall zerstören. Mit einer ähnlichen Begründung soll Omar auch die Vernichtung der Bücher angeordnet haben, welche die Muslime in Persien erbeutet hatten (so Ibn Khaldûn). Angeblich wurden dann sechs Monate lang die öffentlichen Bäder von Alexandria mit dem Inhalt der Bibliothek geheizt. In Wirklichkeit scheint es, daß die Bibliothek bereits zur Zeit des Historikers Orosius (415 in Alexandria) nicht mehr existierte, denn schon die christlichen Eiferer haben hier sicher *tabula rasa* gemacht.

Eine hübsche Blüte der afrozentrischen Lehre ist auch die Behauptung, Stonehenge sei von Afrikanern errichtet worden (so Crawford), und Plinius hätte die alten Briten so beschrieben, daß es sich dabei nur um Afrikaner handeln könne. England als afrikanische Kolonie – die verdiente Rache für den europäischen Kolonialismus! Dabei hat schon William Stukeley 1740 Stonehenge mit der Weisheit ägyptischer Priester verbunden, die nach der persischen Eroberung nach England ausgewandert seien, und er glaubte noch weitere Spuren der Ägypter auf englischem Boden zu finden.

Mary Lefkowitz schildert (S. 2) eine Szene an einem College in Massachusetts im Februar 1993, wo ein Dr. Yosef ben-Jochannan, als «distinguished Egyptologist» eingeführt (in der Ägyptologie aber völlig unbekannt), die neue afrozentrische Lehre vorträgt; auf den Einwand, die Bibliothek von Alexandria könne ja erst nach dem Tod von Alexander und Aristoteles erbaut sein, wird Frau Lefkowitz als «Rassistin» beschimpft.

Aber Rassismus ist ein integraler Bestandteil der neuen Lehre, denn es gibt für sie in Afrika nur Schwarze, und jeder, der in Afrika geboren ist, muß notwendig schwarz sein; selbstverständlich war Nofretete schwarz (dazu Teje und Ahmes Nefertari, von denen es in der Tat schwarze Darstellungen gibt), der Totengott Osiris, und auch Hannibal, Kleopatra und Augustin waren Schwarze. Sogar Sokrates möchte man wenigstens mit schwarzen Vorfahren versehen, denn Alkibiades sagte ja von ihm, er sehe aus wie ein Silen...

Jedenfalls: Alles, was die alten Ägypter hervorgebracht haben, ist Erzeugnis einer «schwarzen» Kultur, aus der Europa seine entscheidenden Grundlagen geschöpft hat. Das Pikante ist, daß sich diese Sicht, die den Griechen jede Originalität absprechen möchte, überwiegend auf Zeugnisse antiker griechischer Autoren stützt, auf ein Ägypten-Bild, das *made in Greece* ist. Schon Herder schrieb in seinen *Ideen zu einer Philosophie der Geschichte der Menschheit*: «Schwerlich würde Ägypten in den hohen Ruf seiner Weisheit gekommen sein, wenn nicht ... die Trümmer seiner Altertümer, vorzüglich aber die Sagen der Griechen es dahin gebracht hätten.»

Darauf hat Mary Lefkowitz, die derzeit zu den führenden Opponenten dieser Sicht gehört, bereits hingewiesen. Aber abgesehen davon, daß sie Vorderasien aus ihren Betrachtungen ausklammert, gibt sie sich einige Blößen, wenn sie die Entzifferung der Hieroglyphen auf 1836 (nach dem Tod von Champollion) ansetzt oder in der Göttin Neith «a relatively minor goddess» sieht (S. 65). Und wenn sie schreibt: «Ancient Egyptian Civilization deserves to be remembered (and respected) *for what it was*, and not for what Europeans, ancient and modern, have imagined it to be» (S. 126), so klingt das zwar sehr schön, berührt aber einen heiklen Punkt. Es gibt ja für uns nicht die altägyptische Kultur *an sich*, sondern nur das Bild, das man sich davon macht. Weshalb ist das Ägypten-Bild Adolf Ermans richtiger als das von Scheich Anta Diop? Beide gehören zweifellos der Vergangenheit an, aber auch das gegenwärtige Bild Altägyptens in der Ägyptologie (soweit es überhaupt einheitlich ist) ist nicht mehr als eine Zwischenstation, und ein definitives Bild wird es wohl niemals geben.

Die Afrozentristen berufen sich darauf, daß es *different ethnic truths* gäbe, daß die Schwarzafrikaner ebenso wie die alten Griechen und die heutigen Europäer sich ihr eigenes Bild von Ägypten machen dürfen. Clinton Crawford sagt klar: «It is also imperative that ancient Egypt be understood as a Black civilization if it is to be a source of self-esteem for African-Americans» (S. 25). Aber wenn man dieses Bild auf nachweislich falsche, vielfach abstruse Sachverhalte baut und jeden kritischen Einwand verteufelt, erstarrt es zum Dogma. Crawford zitiert z.B. Champollion, der aus dem Papyrus Ebers den ägyptischen Monotheismus bewiesen habe (S. 48), obwohl Champollion lange vor der Entdeckung dieses Papyrus gestorben ist. Und solche «Facts» sollen nach dem Willen der Autoren (die eifrig voneinander abschreiben) künftig der Schulausbildung in den USA zugrunde gelegt werden. So wie die Wissenschaft auf Grund neuer Fakten zu neuen Deutungen fortschreitet, so müssen auch solche ethnischen Deutungen offen sein für neue Fakten, sonst werden sie zum Gespött.

Hinter diesen zum Teil abstrusen Behauptungen steht aber das durchaus ernsthafte Bemühen um eine neue schwarzafrikanische Identität – eine Identität, die Christentum und Islam, in edlem Wettstreit um das Seelenheil der Schwarzen, nicht länger bieten können. Daher wendet sich der Blick zurück auf eine hohe und respektierte Kultur, die unwiderleglich auf afrikanischem Boden entstanden ist und sich dort entfaltet hat. Als persönliche Erinnerung kann ich noch hinweisen auf einen Ewe aus Ghana, der mir bei einem Besuch in Basel die Traditionen seines Stammes buchstäblich vorgesungen hat; danach glaubt dieser Stamm an eine ursprüngliche Herkunft aus Palästina, und sein Weg führte durch Ägypten nach Westafrika. Es finden sich in diesen Traditionen einige Götternamen, die tatsächlich ganz ägyptisch wirken; enge Verbindungen zu Kanaan und zu den Hebräern (sogar weiter zurück zu Ugarit und dem babylonischen Neujahrsfest), die nicht allein auf der Ähnlichkeit von Namen, sondern auf strukturellen Gleichheiten von Mythen und Ritualen beruhen, hat Dierk Lange kürzlich auch für die Hausa und für die Yoruba im Südwesten Nigerias aufgezeigt. Dabei scheinen sich vor allem in Festen viele vorislamische Traditionen erhalten zu haben, die jetzt allerdings durch die forcierte Islamisierung bedroht sind. Ägypten gehört zu

Afrika, und seine Kultur hat ohne Zweifel tief in diesen Kontinent ausgestrahlt; doch fehlen uns die sicheren Quellen und Zeugnisse, um dieser Ausstrahlung im einzelnen nachzugehen und den Nachweis der direkten Abhängigkeit zu führen. Zwischen der alten Hochkultur und ihrem fernen Echo im heutigen Afrika liegen Jahrtausende.

20. Ausblick:
Ägypten als Hoffnung und Alternative

In einem soeben erst veröffentlichten Text, den er am 6. März 1930 in das Gästebuch des Hotels Winter Palace in Luxor, «wo wir uns sehr wohl fühlen», schrieb, sagt Thomas Mann:

«In den Märchen gibt es, Sonntagskindern erreichbar, Zauberwiesen auf dem Grunde tiefer Brunnenschächte. Solch ein Brunnenschacht ist die menschliche Vergangenheit, und solch eine Zauberwiese ist dies Land: durch die Jahrtausende tief hinabversetzt, wandelt man hier in anderem Lichte auf dem Grunde des Vergangenen, unter den heiligen Malen menschlich-kulturellen Anbeginns.»

Stellen wir daneben, was Evliya Celebi, ein türkischer Reisender des späten 17. Jahrhunderts (seit 1671 in Ägypten), aus einer völlig anderen Welt stammend, schrieb:

«In Ägypten gibt es ein paar hunderttausend Wunderdinge und Absonderlichkeiten. Einige hundert davon haben wir mit eigenen Augen gesehen. Bei einer jeden von ihnen gerät man vor Staunen völlig außer sich.»

Ägypten ist seit jeher das Land der Wunder, ein Land, das nach Herder (*Älteste Urkunde des Menschengeschlechts*, 1774) «die Zauberkraft hat, die besten Leute träumend zu machen». Der geheimnisvolle Nimbus uralter Weisheit und magischer Künste gehörte immer schon zur Vorstellung von Ägypten. Als eine Gegenwelt zum Gewohnten hat es schon Herodot gesehen und beschrieben; nach ihm, dem Weitgereisten, enthält Ägypten «mehr wunderbare Dinge und erstaunliche Werke als alle anderen Länder» (II 35).

Mit diesem «Vater der Geschichte» beginnt die Konstruktion eines Ägyptenbildes, das sogleich sein eigenes Leben und eine eigene Faszination entfaltet und seinem Vorbild, dem pharaonischen Ägypten, immer unähnlicher wird, dem wir aber in allen esoterischen Strömungen bis heute begegnen. Bei Hekataios, der dem neugegründeten Ptolemäerreich ideologische Stützen gibt, ist die Legende perfekt und wird von Diodor in seine Beschreibung des Landes hineingenommen. Wir haben gesehen, wie dann viele Generationen von antiken Autoren an dieser legendären Ausschmückung Ägyptens weitergebaut haben, wie man immer neue

Größen der griechischen Geisteswelt in Ägypten in die Schule gehen ließ und sogar Homer zu einem Ägypter und Sohn des Hermes Trismegistos verklärte. Bereits die Römer haben eine förmliche Ägypten-Mode begründet und die Schleusen für einen Touristenstrom geöffnet, der dann niemals mehr ganz versiegt ist, auch wenn es immer wieder Rückschläge gab.

Seitdem besitzt jede Epoche *ihr* Ägypten, auf das sie Ängste und Hoffnungen projiziert, bis hin zum schwarzen Ägypten der gegenwärtigen Afro-Amerikaner. Durch die gelehrten Autoren der Antike wurde eine *Ägyptosophie* begründet, die bis heute in Blüte steht und an der unser Fach nicht vorbeigehen kann. Aus den Wurzeln Altägyptens hat sich ein ganzer Baum der Ägyptendeutung entfaltet, an dem die Ägyptologie nur ein ganz junger Zweig ist. Und die Griechen der Antike waren sich völlig bewußt, daß ihre geistig-kulturellen Wurzeln in den Alten Orient und nach Altägypten zurückreichen – ein Wissen, das im 18. Jahrhundert noch allgemein präsent war und erst im 19. und 20. Jahrhundert vorübergehend abhanden kam. In dieser antiken Sicht erschien Ägypten – ein ideales, imaginäres Ägypten – zum ersten Mal als Alternative zur zeitgenössischen Kultur. Das ist ein Phänomen, das sich oft wiederholen sollte. Aus dem Ungenügen am gegenwärtigen Lauf der Welt richtet man den Blick zurück zur Quelle, aus der noch reinere Weisheit sprudelt.

Diodors Hochschätzung des Osiris wirkte noch im Mittelalter und in der Renaissance nach, in Isis und Osiris sah man nun Kulturbringer der Menschheit. Dazu trat die Verbindung des Osiris mit der Alchemie, die sich seit der Antike auf ägyptische Herkunft beruft und in der Tat erstaunliche Parallelen zum Osirismythos aufweist.

Die neue Platonische Akademie des 15. Jahrhunderts in Florenz orientiert sich stark an Ägypten; aber es ist ein spätes, hermetisches Ägypten, das mit der pharaonischen Zeit wenig zu tun hat. Die Weisheit, die sich in Hermes Trismegistos verkörpert, diesem Gott, der zugleich Religionsstifter ist, eröffnet eine neue, noch ältere Offenbarung neben der Bibel und legitimiert die entstehende moderne Wissenschaft. Sie schafft damit einen Freiraum neben den Lehren der offiziellen Kirche, wie ihn in anderer Weise das Hohelied des Alten Testamentes geöffnet hat.

Der Stifter dieser hermetischen Religion, den auch Christentum und Islam als einen Weisen und als Vorläufer ihrer eigenen Propheten verehren, wird zu einer Integrationsfigur der beginnenden

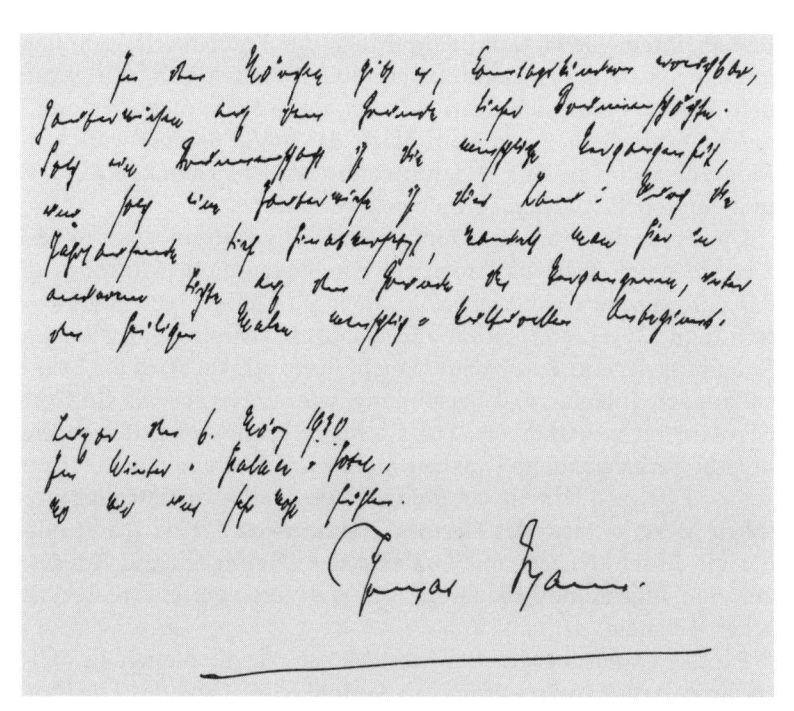

Eintrag von Thomas Mann in das Gästebuch des Winter Palace Hotels in Luxor am 6. März 1930. Photo: André Wiese.

Neuzeit, zum Hoffnungsträger und Schutzpatron einer von Bibel und Koran unabhängigen Wissenschaft; auf ihn kann sich auch Kopernikus zur Begründung seines neuen Weltsystems berufen. Hier gab es zudem einen Weg, der überall verbindlichen aristotelisch-scholastischen Philosophie zu entkommen.

Überdies künden die Hieroglyphen, die jetzt in das Blickfeld treten, von einer Ursprache, die von Hermes Trismegistos erfunden sein soll und vor die babylonische Verwirrung zurückführt, dazu als Universalsprache im Prinzip allen Zeiten und Völkern verständlich ist, wenn man sie nur wieder aufspürte. Allerdings orientiert sich die Hieroglyphik der Renaissance nicht an altägyptischer Kunst und Schrift (obwohl gerade rechtzeitig die römischen Obelisken mit ihren originalen Hieroglyphen wiederentdeckt wurden), sondern an den Beschreibungen der antiken Autoren, die ihre Werke ja nicht illustriert haben. So entstanden die phantasievollen, alles andere als «ägyptischen» Renaissance-Hieroglyphen und in ihrem Gefolge die neue Mode der Emblematik. Ähnlich folgten bis in das 18. Jahrhundert alle Pyramiden-Darstellungen dem Vorbild der steilen Cestius-Pyramide in Rom, nicht den originalen ägyptischen Pyramiden. Noch das große Sammelwerk von Montfaucon im frühen 18. Jahrhundert ist dem barocken Zeitstil und der hellenistischen Formenwelt verhaftet.

Dieses für unser heutiges Empfinden völlig verfremdete und verfälschte Ägypten bewies trotzdem eine erstaunliche Wirkung auf das europäische Geistesleben. Je mehr im Gefolge von Reformation und Gegenreformation die Glaubenskämpfe und blutigen Religionskriege in Europa zunehmen, desto stärker wird die Sehnsucht nach Toleranz und Versöhnung, wie sie Hermes als ein Gott des Ausgleichs verkörpert. Für Giordano Bruno spiegelt sich die ursprüngliche göttliche Weisheit nicht im verderbten Christentum seiner Zeit, sondern in der Religion des «allerweisesten ägyptischen Merkur», also des Hermes Trismegistos. Wenig später hoffen die Rosenkreuzer, am Vorabend des Dreißigjährigen Krieges, auf eine allgemeine Erneuerung der Welt aus dem Geiste ägyptischer Weisheit.

Für das 18. Jahrhundert gewinnt das Alte Ägypten auch als politische Alternative Bedeutung, als vorbildliches Land des Friedens, des materiellen Wohlstands, gerechter und weiser Gesetze und der kulturellen Blüte. Man stützt sich dafür weiterhin auf die antiken Berichte (neue Quellen gab es noch nicht), und je nach Einstellung gilt Ägypten positiv als Muster einer starken und aufgeklärten Monarchie oder negativ als Beispiel der Unterdrückung und Priesterherrschaft. Die Sicht der ägyptischen Priesterschaft als eine Art von katholischem Klerus wird in dieser Zeit begründet und kann sich lange halten; gleichzeitig aber sieht Ignaz von Born in den Priestern Ägyptens die idealen, ursprünglichen Freimaurer. Trotz vieler negativer Stimmen herrscht insgesamt doch das Gefühl: Wenn es ein Goldenes Zeitalter gegeben hat, dann im alten Ägypten.

Die Französische Expedition von 1798 ist nicht die Ursache, sondern bereits ein Ergebnis der Hinwendung nach Ägypten. Sie transzendiert jedoch endlich das antike Ägyptenbild und stößt auf breiter Front zu den originalen Zeugnissen aus der Pharaonenzeit vor. Wie so viele zog Bonaparte aus, um den Schleier der Isis zu heben. Er erlitt mit 40000 Soldaten eine militärische Niederlage, erzielte aber gleichzeitig mit den etwas über hundert Künstlern und Gelehrten, die ihn begleiteten, einen anhaltenden kulturellen

Sieg, der bis heute fortwirkt. Jetzt wurden zum ersten Mal in größerem Umfang altägyptische Originale in Europa bekannt; sie trugen nachhaltig dazu bei, das Ägyptenbild von seinen antiken Fesseln zu befreien.

Obwohl sich gleich danach der Paradigmenwechsel zur klassischen Antike vollzog und sich mit einer wachsenden Kritik an der Übernahme altägyptischer Formen verband, berufen sich die im 19. Jahrhundert hervortretenden Theosophen und die modernen Rosenkreuzer unverändert auf Ägypten als Stätte eines Urwissens, das wieder verlorenging oder nur bei wenigen weiterlebte. Auch für sie ist das alte Ägypten Hoffnung und Alternative, und darin folgen ihnen die meisten esoterischen Strömungen unserer Zeit – auch wenn wir gesehen haben, daß die großen Gurus zeitweilig die uralten ägyptischen Mysterienschulen mit Mönchsklausen in Tibet vertauscht haben und sich neuerdings sogar in extraterrestrische Räume verirren. Doch selbst die Außerirdischen scheinen eine besondere Beziehung und Vorliebe für Ägypten zu haben.

Kein Wunder, daß sich zu allen Zeiten Suchende auf den Weg gemacht haben – Einzelne, ganze Gruppen, ganze Ströme. Die romantischen Dichter ließen viele ihrer Helden in den Orient ziehen, um dort vom Quell der Weisheit zu trinken und das verschleierte Bild von Sais zu schauen, dessen Inschrift («Ich bin alles, was da ist, was da war und was da sein wird, und meinen Schleier hat kein Sterblicher aufgedeckt») selbst für Immanuel Kant das Erhabenste war, was je gesagt wurde.

Hermann Hesse hat diesem stetigen Dahinströmen Ausdruck verliehen in seiner Erzählung *Die Morgenlandfahrt* (1932), in der er schreibt: «Aber in Wirklichkeit ... war dieser Zug zum Morgenlande nicht bloß der meine und nicht bloß dieser gegenwärtige, sondern es strömte dieser Zug der Gläubigen und sich Hingebenden nach dem Osten, nach der Heimat des Lichts, unaufhörlich und ewig ... dem Licht und dem Wunder entgegen.»

Und über das Ziel heißt es: «Unser Morgenland war ja nicht nur ein Land und etwas Geographisches, sondern es war die Heimat und Jugend der Seele, es war das Überall und Nirgends, war das Einswerden aller Zeiten.» Der Zug stellt einen Vorstoß dar «in das Reich einer kommenden Psychokratie» und ist auf «das Magische» gerichtet, zu dem aber auch die Poesie gehört. Träger ist ein anonymer «Bund», der eine uralte Geschichte hat, und dem u. a. Zoroaster, Lao Tse, Platon, Pythagoras, Albertus Magnus und Novalis angehören. Hermes fehlt, und mit dem alten Ägypten hatte Hesse nichts im Sinn, obgleich mehrfach das Stichwort «Afrika» erscheint. Nur eines seiner Gedichte beschwört «Der Statuen ewiges Dastehn» angesichts der Turiner ägyptischen Sammlung. Sein Blick ging weiter nach Osten, Indien und China lagen ihm näher, und von Ägypten wußte er einfach zu wenig.

Eine ganz andere, individuelle «Morgenlandfahrt» hat ein anderer großer Dichter unseres Jahrhunderts unternommen, Rainer Maria Rilke, der 1911 den Nil bis zum ersten Katarakt hinauffuhr. Er reiste mit Cooks auf dem komfortablen Nildampfer «Ramses the Great», so daß sich seine Nilfahrt ganz genau rekonstruieren läßt. Die Reise schien zunächst ein völliger Fehlschlag zu sein, endete auf dem Krankenlager in Heluan und in finanziellen Nöten. Aber wie die militärisch mißglückte Expedition Bonapartes hat auch die Morgenlandfahrt Rilkes Bleibendes gestiftet, und er selber sprach von ihr als von einer «Wasserscheide» seines Lebens. Seine ganze späte Dichtung ist förmlich durchtränkt vom Ägypten-Erlebnis, von der «Großheit» jener Welt, wie er sie vor dem nächtlichen Sphinx und dann in der «unbegreiflichen Tempelwelt von Karnak» erlebt hat, vor den «unerbittlich großen Dingen Ägyptens». Er ist geprägt vom Staunen, «daß solches Stehn dem Dasein angehörte, in dem wir starben», und in der 7. Elegie tritt ein Stolz hinzu, «daß wir solches vermochten», Grund für die Rühmung, die Orpheus in sein Lied aufnimmt, denn

> Dies *stand* einmal unter Menschen,
> mitten im Schicksal stands, im vernichtenden, mitten
> im Nichtwissen-Wohin stand es, wie seiend, und bog
> Sterne zu sich aus gesicherten Himmeln.

Dies Bild von den Sternen wird in der 10. Elegie nochmals gesteigert zu der kühnen Vision, daß im Großen Sphinx von Giza «für immer ... der Menschen Gesicht auf die Waage der Sterne gelegt» sei. Rilke hatte das Gefühl, am Ziel zu sein – «denn Bleiben ist nirgends», heißt es zwar in der 1. Elegie, hier aber war es, und er möchte auch seinen Sohn, wenn er einen hätte, dorthin senden – «Dort ist es ... geh durch den Pilon und steh und schau...»; am Ende der 2. Elegie steht sein Wunsch, «ein reines, verhaltenes, schmales Menschliches ... zwischen Strom und Gestein» zu finden, wie er es in Ägypten erlebt hat.

Für Rilke haben die ägyptischen Götter, «unsere uralte Freundschaft», immer noch Gültigkeit – und das in einer Zeit, in der die

Ägyptologie mit ihnen herzlich wenig anfangen konnte. Er aber sagt:

> Keiner der Götter vergeh. Wir brauchen sie alle und jeden,
> jedes gelte uns noch, jedes gestaltete Bild.

Die alte Hochkultur am Nil war ja seit jeher eine Quelle religiöser Inspiration; schon im 2. Jahrtausend v. Chr. wurden Symbole wie Flügelsonne und Lebens-Zeichen, daneben die Formen von Skarabäus und Sphinx in Vorderasien übernommen. Später waren es die Phönizier, die ägyptische Götter und religiöse Vorstellungen im ganzen Mittelmeergebiet verbreiteten; der ägyptische Gott Bes ist im 1. Jahrtausend v. Chr. rund um das Mittelmeer allgegenwärtig. Ihnen folgte die Begegnung von Griechen und Römern mit der Religiosität des «frömmsten der Völker», folgte der Siegeszug von Hermes Trismegistos und von Isis, mit Sarapis, Osiris, Anubis und anderen ägyptischen Gottheiten im Gefolge. Ägypten ist im hermetischen Traktat *Asclepius* «Tempel der ganzen Welt». Die Isis-Religion war eine der letzten Bastionen des antiken Heidentums, auch in Rom und Italien; selbst das siegreiche Christentum konnte ihre Reste nicht völlig beseitigen. Ihre Stunde schlug dann nochmals in der Französischen Revolution, für die Ägypten das Ursprungsland der Religion und der menschlichen Kultur überhaupt darstellte. In Opposition zum herrschenden Christentum errichtete man der Isis als Göttin der Natur und der Vernunft neue Tempel und führte einen neuen, an Altägypten orientierten Kalender ein. Dazu traten die Mysterienkulte aller Zeiten, die immer wieder an das anknüpfen, was Apuleius über die Isis-Mysterien berichtet.

Ägypten als humane Gegenkultur zur modernen Barbarei, als Hoffnung auf eine neue Humanität jenseits der Greuel der Zeitgeschichte – niemand hat das eindrücklicher gestaltet als Thomas Mann in seinem großen Romanwerk *Joseph und seine Brüder*, das in der dunkelsten Zeit moderner Barbarei entstand. Ende 1926 begann die Arbeit, zwischen erster und zweiter Ägyptenreise. 1933 erschien der erste Teil, 1934 der zweite; der dritte, «Joseph in Ägypten», war bereits ein Werk des Exils, vor allem in Zürich, und konnte nicht mehr in Deutschland erscheinen. Der vierte und letzte entstand in Kalifornien und wurde erst nach dem Eintritt der USA in den Zweiten Weltkrieg abgeschlossen. Auf Europa lag damals weiß Gott kein Segen, und Thomas Mann beschwört als

Gegenbild in seinem Roman eine Kultur und ein Menschentum, das an doppeltem Segen teilhat: Segen oben vom Himmel herab und Segen von der Tiefe, die unten liegt.

Er betont gleich zu Beginn des Romans, daß es ihm um *das Menschenwesen* geht, «dies Rätselwesen, das unser eigenes... Dasein in sich schließt». Der Roman sollte, wie er an Stefan Zweig schrieb (8.11.1933) «einfach ein Lese- und Geschichtenbuch vom Menschen» sein. Dieses musterhafte Menschenwesen sucht und findet er im Ägypten der Amarnazeit, in der Gestalt eines Hebräers in ägyptischer Umwelt. Dabei zehrt er von der großen Ägypten- und speziell Echnaton-Begeisterung der 20er Jahre, nach der Entdeckung des Tutanchamun-Grabes. Seitdem assoziiert man ja in der breiten Öffentlichkeit Ägypten zuallererst mit der «Tut-Maske», die man jetzt wieder überall auf Plakaten und Buchumschlägen sehen kann. Verleger fühlen sich offensichtlich gedrängt, jedes zweite Buch über Altägypten mit dieser Maske auf dem Umschlag zu versehen...

Die Helden von Thomas Manns Roman wandeln in vorgeprägten Spuren, wiederholen die zeitlos gültigen Muster des Mythos. Joseph ist ein fleischgewordener Hermes, mondhaft ist sein Wirken, auf Ausgleich gerichtet. Anders als für Rilke, blieb für Thomas Mann Ägypten nur eine Episode in seinem Leben und Schaffen, mit der Arbeit am «Doktor Faustus» betrat er gleich danach ganz andere Bereiche. Aber er betont seine «schon aus Knabenzeiten stammende Sympathie und Vorliebe» für das alte Ägypten und seine Kultur. Schon im «Zauberberg» war er auf der Spur Ägyptens, doch war es dort «eine hermetische Geschichte», das hellenistische Ägypten des Hermes Trismegistos, vor dem Settembrini «das Knie beugt». Und die Sorge um die gegenwärtige Menschheit, die «von Verdummung trunken» unter dem Ausschreien von Rekorden dahintaumelt, bewegt den Dichter noch in der Schiller-Rede kurz vor seinem Tod (1955).

Thomas Mann überwindet den Goetheschen Gegensatz, für den Ägypten sich «ernsthaft, ja schauerlich» von der «reinsten Heiterkeit» des Klassischen abhob. Noch für Hölderlin («Tod des Empedokles») sind «die Brüder in Ägyptos» «die Ernsteren». Was Goethe im Auge hatte, war aber nicht das pharaonische Ägypten mit der Heiterkeit seiner Grabmalereien (von denen damals noch nichts bekannt war) und seiner oft so humorvollen Literatur, sondern ein hermetisch-hellenistisches Ägypten, das sich auch sonst sehr ernsthaft gibt, aber heiter verklärt ist in Mozarts Musik zur «Zauberflöte». Goethe und Herder ahnten noch nichts von dem ungeheuren Reichtum der pharaonischen Kultur. Hingegen fand Thomas Mann bereits eine Fülle von Quellen vor, die inzwischen von der Ägyptologie und anderen Disziplinen erschlossen worden waren, und er hat voll daraus geschöpft, bis hin zur Lektüre von eher spröden Grabungsberichten.

Die Wiederentdeckung Altägyptens und des Alten Orients gehört zu den großen und bleibenden Leistungen der modernen Wissenschaft. Wie Kolumbus und die anderen Seefahrer Wege im Raume erschlossen und neue Kontinente entdeckten, so öffneten Champollion und seine Nachfolger Wege zu neuen Kontinenten in der Zeit, verschoben die Grenzen des Bekannten und Erforschten um Jahrtausende rückwärts und lösten sich vom Korsett der biblischen Chronologie. Ägypten wurde zum Fenster, das den Blick in eine viel ältere Hochkultur gewährte.

Dabei ist es bezeichnend, daß man zunächst auf das Gemeinsame fixiert war, Formen der Gegenwart auch in der Tiefe der Vergangenheit suchte und zu erkennen glaubte, nach dem Motto «schon die alten Ägypter...» Besondere Blüten trieb diese Optik auf dem Felde der Pyramidenmystik, die den alten Ägyptern bereits die Kenntnis aller wichtigen naturwissenschaftlichen Konstanten zuschrieb, bis hin zu den Atomgewichten und der Entfernung Erde-Sonne. Besonders willkommen war für eine solche Sicht natürlich Echnaton als der erste «moderne» Mensch, Vorläufer Jesu Christi (in dieser Rolle verdrängte er geradezu Hermes Trismegistos) und erster Verkünder eines Monotheismus.

Erst in unserem Jahrhundert wird Ägypten mehr und mehr in seiner Andersartigkeit interessant, als Gegenkultur und Alternative, wie sie Thomas Mann und Rilke empfinden. Als Gegenpol sieht man Ägypten vor allem in seiner Einstellung zum Tod, den es mit der Idee der Regeneration verband, mit der Nachtfahrt der Sonne und der Seele, dazu in seinem «Durchwachsensein» (Rilke) mit Göttern, seiner Nähe zum Mythos und in seiner durch und durch pragmatischen Ethik, die auf dem Konzept der *Maat* beruht. Dabei spielt auch eine Rolle, daß man sich durch schmerzliche Erfahrungen von der faszinierenden Idee eines unaufhörlichen Fortschritts wieder befreit und eingesehen hat, daß jeder Fortschritt auf einer anderen Ebene einen Rückschritt bringt. Da stellt sich mit neuer Eindringlichkeit die Frage nach dem Ursprung, nach dem Anfang – und Ägypten ist ein Anfang in der Geschichte der Menschheit. Die erste Hälfte dieser Geschichte, von 3000 bis

500 v. Chr., wird von Ägypten und Mesopotamien fast allein geprägt, erst danach treten andere Kulturen in den Vordergrund des politischen und geistigen Geschehens.

Wenn das Lehrprogramm unserer Universitäten und unserer Schulen über diese Tatsache souverän hinweggeht und sich nahezu ausschließlich auf die zweite Hälfte der Geschichte konzentriert, so hängt das mit anderen, relativ jungen Entwicklungen zusammen. Der Geschichtsphilosophie ist es nicht gelungen, die frühen Kulturen in ihrer Besonderheit und in ihrer eigenständigen Leistung in ihre Systeme zu integrieren. Bei Jaspers und bei Toynbee führte das zu grotesken Fehleinschätzungen aus Mangel an Quellenkenntnis und Überfluß an Schablonen. So behauptet Jaspers (*Vom Ursprung und Ziel der Geschichte*): «Die Erzählung der Geschichte dieser Jahrtausende ist ... zwar voll von Ereignissen, die aber durchweg noch nicht den Charakter von geschichtlichen Entscheidungen des Menschseins tragen», und Toynbee (*A Study of History*) findet, daß «Erfindungsgaben, Kapital und Arbeit, die man auf die Unterjochung der Naturkräfte hätte verwenden sollen (...), in die Richtung der Götzenanbetung abgedrängt» wurden. Nur Eric Voegelin hat Ägypten weit besser in sein monumentales System von *Order and History* integriert, sich aber auch mehr Mühe mit den Quellen gegeben.

Man kann zweifeln, wie weit solche Systeme Sinn machen, selbst wenn sie die frühen Hochkulturen adäquater berücksichtigen würden. Die Geschichte läßt sich nicht in Korsetts zwängen. Etwas anderes ist der Paradigmenwechsel in der Wissenschaftsgeschichte und Geistesgeschichte allgemein. Von der Antike bis an das Ende des 18. Jahrhunderts dominierte ein hermetisch-hellenistisch bestimmtes Ägypten als Idealbild, von dem praktisch alle Gebildeten geprägt waren; die Renaissance war eine Renaissance der Spätantike, nicht der klassischen Zeit, einschließlich ihrer starken ägyptischen Komponente. Es wäre eine lohnende Aufgabe, den Paradigmenwechsel in der Zeit um 1800 herauszuarbeiten, der das 19. und zum großen Teil noch unser Jahrhundert bestimmt hat; eine ganze Menge an Material dafür findet sich in Martin Bernals *Black Athena*, wenn auch wegen der verstellten Optik (alle Weisheit kommt aus Afrika) mit Vorsicht zu genießen und kritisch zu prüfen.

Unter dem doppelten Eindruck der Wiederentdeckung des «Klassischen» und dazu des griechischen Freiheitskampfes gegen den Orient verschob sich das Zentrum des Interesses in die klassische

Antike. Durch die zahlreichen Universitätsgründungen jener Zeit und durch die zunehmende Spezialisierung (vorbei waren ja die Zeiten, da ein Athanasius Kircher Professor für Ethik, Mathematik und orientalische Sprachen war!) wurde dieses neue Übergewicht des Klassischen akademisch abgestützt, Ägypten driftete ins Exotische ab; dem Gesetz der Trägheit folgend ist es bis heute so geblieben – daran haben die großen Entdeckungen im Gefolge von Champollions Entzifferung nichts oder nur wenig geändert. Dabei ist immer wieder darauf hinzuweisen, daß die Ägyptologie inzwischen die einzige Disziplin ist, die sich noch mit dem Ganzen einer alten Hochkultur beschäftigt, nicht nur mit ausgewählten Teilen.

Im Bewußtsein der Öffentlichkeit hat sich allerdings in unserem Jahrhundert ein neuer Paradigmenwechsel vollzogen, von der klassischen Welt wieder zurück zum Orient. Selbst ein Dichter wie Hofmannsthal, der so ganz in der klassischen Welt verwurzelt war, schreibt in einem späten Essay über K. E. Neumanns Übertragung buddhistischer Schriften (1921): «Wir werden nur bestehen, sofern wir uns eine neue Antike schaffen: und eine neue Antike entsteht uns, indem wir die griechische Antike, auf der unser geistiges Dasein ruht, vom großen Orient aus anblicken.» Zu diesem «großen Orient», der für Hofmannsthal auch Indien einschließt, gehört sicher in erster Linie Ägypten, das jetzt nicht mehr das hermetisch-hellenistische ist, sondern das pharaonische, mögen ihm auch noch ein paar Eierschalen des früheren Bildes anhaften.

Erstaunlich und interessant ist die eigentümliche Mischung von antikem und pharaonischem Ägypten, die man in der modernen Esoterik beobachten kann, etwa in der beliebten Mischung von Plutarch und Budge als Quellen der Kenntnis. Die Entwicklung in der Anthroposophie, ebenso bei Rosenkreuzern und Freimaurern, zeigt aber beispielhaft, wie der Trend auf das pharaonische Ägypten zielt, so wie es die neuere Ägyptologie erschlossen hat. Dazu knüpfen auch Tiefenpsychologie und Naturwissenschaften, vom antiken Ägyptenbild weniger belastet, an moderne Einsichten der Ägypten-Wissenschaft an.

Das ganzheitliche Denken der alten Ägypter scheint eine enge Berührung zur neuesten Naturwissenschaft, zur Welt der Quarks und der Busonen zu haben, die sich in echt hermetischer Weise wieder stärker um die Einheit der Natur kümmert – jene Einheit, die uns in Zeiten einer immer weiter gehenden Zergliederung und angesichts unserer Umweltproblematik als Gegengewicht so bitter nötig ist. Dabei stößt man auf verwandte Strukturen, die einen fruchtbaren Vergleich z. B. zwischen Quantenmechanik und ägyptischem Götterglauben nahelegen. Auch hier ist Hoffnung auf weitere interessante und wichtige Entwicklungen, die der wachsenden Zersplitterung der Wissenschaften wieder entgegenwirken.

Vielleicht wiederholt sich heute ein Vorgang, den wir im späten Mittelalter beobachten können. Damals legten emsige Mönche durch ihr Sammeln und Kopieren von antiken Autoren (nicht vergessen sei dabei die große Bedeutung der arabischen Übersetzer in der damaligen geistigen Blüte des Islam!) die Grundlagen der folgenden Renaissance. Heute werden in dichter Folge Zeugnisse aus dem Alten Ägypten und dem Alten Orient ans Licht gehoben und finden zunehmend Interesse in der Öffentlichkeit. Kommt es zu einer neuen Renaissance, in der wieder Ägypten, aber in ganz verwandelter Gestalt, eine Rolle spielen würde? Das ist zumindest ein mögliches Szenario für eine Nach-Postmoderne, in der einstweilen alles möglich und nichts verbindlich ist. Solche Träumereien und Glasperlenspiele mögen unsere Kärrnerarbeit ein wenig beflügeln und uns davor bewahren, uns allzu fest hinter einer Mauer der Wissenschaftlichkeit zu verschanzen. Gerade die Ägyptologie ist auf den lebendigen Kontakt mit der Öffentlichkeit angewiesen. Stimulierend ist ja schon, wie sich Musik, Theater und bildende Kunst von der Begegnung mit Altägypten anregen lassen, und dazu tritt die Ausstrahlung der großen Ägypten-Ausstellungen. Das alte Ägypten ist unleugbar zu einem Bestandteil unserer heutigen Kultur geworden.

Die bevorstehende Jahrtausendwende nährt die Hoffnung auf ein neues geistiges Licht für die Menschheit, darauf richtet sich die Hoffnung von vielen. Hier wird sicherlich Ägypten in beiderlei Gestalt – als pharaonisches wie als esoterisch-hermetisches Ägypten – eine Rolle spielen. Man spricht wieder zunehmend von der Aktualität der hermetischen Weltsicht, die einen Beitrag zur Sinngebung auch für unsere moderne Welt leisten kann, wobei sie unmittelbar an das Urwissen der ältesten Kulturen anzuknüpfen sucht, an die Kernidee aller Esoterik, wonach uralte Weisheiten auch in einer gewandelten Welt immer noch gültig bleiben.

Alle Hermetik ist ihrem Wesen nach tolerant, Hermes Trismegistos ist ein Gott des Ausgleichs, der Versöhnung und der Wandlung, der keine starren Dogmen verkündet. Darin ist er ein Heilmittel gegen jeglichen Fundamentalismus, den es zu überwinden gilt, wenn wir in Frieden leben wollen.

Anhang

Zeittafel

Frühzeit um 3000–2705 v. Chr.
   1. und 2. Dynastie

Altes Reich um 2705–2180
   3. Dynastie (Djoser, Imhotep)   2705–2640
   4. Dynastie (Snofru, Cheops, Chephren)   2640–2520
   5. Dynastie (Unas, Pyramidentexte)   2520–2360
   6. Dynastie (Pepi II.)   2360–2195

Erste Zwischenzeit 2180–1987
   9./10. Dynastie (Herakleopolis)
   11. Dynastie (Theben)

Mittleres Reich 1987–1640
   11. Dynastie (Mentuhotep)   1987–1938
   12. Dynastie (Amenemhat, Sesostris)   1938–1759
   13./14. Dynastie   1759–1640

Zweite Zwischenzeit 1640–1530
   15./16. Dynastie: Hyksos
   17. Dynastie (Theben)

Neues Reich 1540–1075
   18. Dynastie   1540–1292
      Hatschepsut   1479–1458
      Thutmosis III.   1479–1426
      Amenophis III.   1390–1353
      Amenophis IV./Echnaton   1353–1336
      Tutanchamun   1332–1323

   Ramessiden:
   19. Dynastie   1292–1190
      Sethos I.   1291–1279
      Ramses II.   1279–1213
      Merenptah   1213–1203
   20. Dynastie   1190–1075
      Ramses III.   1188–1157
      Ramses IV.   1157–1150

Dritte Zwischenzeit 1075–664
   21. Dynastie («Gottesstaat des Amun»)   1075–945
   22./24. Dynastie (Libyer)   945–712
   25. Dynastie («Äthiopen»)   740–664

Spätzeit 664–332
   26. Dynastie («Saïten»)   664–525
      Apries   589–570
      Amasis   570–526
   27. Dynastie (Perser)   525–404
   28./29. Dynastie   404–380
   30. Dynastie (Nektanebos I. und II.)   380–343

Makedonen 332–305

Ptolemäer 305–30 v. Chr.

Römer und Byzantiner 30. v.–642 n. Chr.

Glossar

Achtheit	System der vier Urgötterpaare, aus deren Mitte bei der Schöpfung das Sonnenkind hervorgeht.
Amarnazeit	Die Regierungszeit König Echnatons (ca. 1353–1336 v. Chr.) und seiner unmittelbaren Nachfolger, benannt nach Tell el-Amarna, der neuen Residenz Echnatons.
Amduat	Älteste ägyptische Beschreibung der Unterwelt und der nächtlichen Sonnenfahrt, entstanden um 1500 v. Chr. und aufgezeichnet in den Gräbern im Tal der Könige.
Archonten	In der Gnosis Herrscher über die Äonen, die sich zwischen der jenseitigen und der irdischen Welt aufhalten und den Menschen versklaven.
Ba	Die frei bewegliche, aktive «Seele» des alten Ägypters, die aber auch materielle Bedürfnisse hat und nach dem Tod immer wieder zum Leib zurückkehrt.
Demiurg	Erschaffer der Welt, der in der Gnosis dem eigentlichen, guten Weltschöpfer als böses Prinzip untergeordnet ist.
Demotisch	Späte Form der ägyptischen Kursivschrift, seit dem 7. Jahrhundert v. Chr. statt des älteren *Hieratisch* für Briefe, Akten und Literaturwerke benutzt.
Djed	Ursprünglich vielleicht ein Pfahl, an den stufenweise Kornähren gebunden wurden, dann Schriftzeichen für «Dauer» und zugleich ein Bild des Osiris; sehr verbreitet als heilbringendes Amulett.
Horapollon	Philosoph des 5. Jahrhunderts in Alexandria, der ein vielbenutztes Werk über die Hieroglyphen verfaßte.
Horusauge	Siehe *Udjat*.
Imhotep	Beamter des Königs Djoser (um 2650 v. Chr.), der später als Weiser und als Heilgott verehrt und dem griechischen Asklepios gleichgesetzt wurde.
Ka	Zeugendes, lebenspendendes Prinzip in Göttern und Menschen, mit Nahrung und Lebensenergie verbunden.
Maat	Die richtige, ausgewogene Ordnung der Dinge, das «Rechte» in jeglicher Hinsicht, mit Einschluß von «Wahrheit» und «Gerechtigkeit».
Menes	Legendärer erster König Ägyptens, seit dem Neuen Reich als Staatsgründer verehrt.
Pfortenbuch	Nach dem *Amduat* das zweite große Unterweltsbuch, in dem die nächtliche Sonnenfahrt beschrieben wird.
Phönix	Griechische Form des altägyptischen Namens *benu* für den Urvogel, der sich immer wieder erneuert aus der Asche erhebt.
Pyramidentexte	Älteste Sammlung von religiösen Sprüchen, die dem Fortleben über den Tod hinaus dienen, aufgezeichnet in den Pyramiden des Alten Reiches seit König Unas (um 2350 v. Chr.).
Sarapis oder *Serapis*	Hauptgott Alexandrias und des Ptolemäischen Reiches, auch in vielen Provinzen des Römischen Reiches verehrt. Er ver-

	einigt Züge von Osiris, Amun und Zeus und verbindet in seinem Kult Ägypter und Griechen.
Sargtexte	Sammlung von Sprüchen, welche die Pyramidentexte fortführen und auf die Särge von Beamten des Mittleren Reiches geschrieben wurden.
Sistrum	Ägyptisches Rasselinstrument, im Kult von Göttinnen verwendet.
Sothis	Das Sirius-Gestirn, Erscheinungsform der Isis und Bringerin der Nilüberschwemmung.
Thot	Ägyptischer Gott der Weisheit und Schriftkultur, auch Mondgott und göttlicher Bote, von den Griechen mit Hermes gleichgesetzt.
Totenbuch	Jüngere, seit dem Neuen Reich auf Papyrus geschriebene und illustrierte Sammlung von Sprüchen für den Gebrauch im Jenseits.
Udjat	Das «heile» Auge, das verletzt und wieder geheilt wird, gern mit dem Gott Horus verbunden, dessen Auge im Kampf mit Seth verletzt wird; sehr beliebt als Amulett.
Uroboros	«Schwanzbeißer», griechische Bezeichnung des in sich zurücklaufenden Schlangenleibes, den die Ägypter «Schwanz im Maul» nannten, Symbol des zyklischen Neubeginns.
Zweiwegebuch	Komposition innerhalb der *Sargtexte*, die zum ersten Mal jenseitige Bereiche auch bildlich-kartographisch zu erfassen sucht.

Literaturhinweise

Eine Literaturliste für alle Bereiche des esoterischen Ägyptens würde mehrere Bände füllen. Hier kann für jedes Gebiet nur eine begrenzte Auswahl geboten werden. Sie soll eine erste Orientierung geben und dem Benutzer helfen, die Gedankengänge nachzuvollziehen, sowie sich tiefer in die jeweiligen Fragen einzuarbeiten. Er wird in den genannten Werken eine Fülle weiterer Literatur finden. Die Kapitelüberschriften erscheinen hier in abgekürzter Form.

1. *Einleitung.* Zur Ägypten-Rezeption allgemein S. Morenz, Die Begegnung Europas mit Ägypten, Zürich 1969; J. S. Curl, The Egyptian Revival, London 1982 (Neuauflage unter dem Titel: Egyptomania. The Egyptian Revival, Manchester–New York 1994); J. Baltrušaitis, La Quête d'Isis. Essai sur la légende d'un mythe, Paris 1985; J. M. Humbert u. a., Kataloge der Ausstellung Egyptomania/Ägyptomanie, Paris und Wien 1994; E. Staehelin und B. Jaeger (Hrsg.), Ägypten-Bilder, Freiburg/Schweiz–Göttingen 1997 (Orbis Biblicus et Orientalis 150). Elisabeth Staehelin danke ich für Kritik und Hinweise, Marla Stukenberg für die überaus sorgfältige Durchsicht des Manuskriptes.

2. *Altägyptische Wurzeln.* Das Zitat am Anfang aus: Urkunden des ägypt. Altertums, Leipzig und Berlin 1903 ff., Abt. IV, S. 1820; Pharao als «Thot in jeder Beziehung» ibid. S. 1074,4. Zweiwegebuch: E. Hermsen, Die zwei Wege des Jenseits, Orbis Biblicus et Orientalis 112, 1991. Zu Thot allgemein P. Boylan, Thot, the Hermes of Egypt, London 1922, und zu den Anfängen H. Spiess, Untersuchungen zum Gott Thot bis zum Beginn des Neuen Reiches, Diss. Hamburg 1991; zur Herausbildung des Trismegistos J. Quaegebeur, «Thot-Hermès, le dieu le plus grand!», in: Hommages à F. Daumas, Montpellier 1986, S. 525–544.
Die Pyramidentexte zitieren wir nach der Edition von K. Sethe, Die altägypt. Pyramidentexte, Leipzig 1908 (ein Nachdruck Darmstadt 1960), die Sargtexte nach A. de Buck, The Egyptian Coffin Texts, Chicago 1935–61, zum Totenbuch die Übersetzung von E. Hornung, Das Totenbuch der Ägypter, Zürich–München 1979 und weitere Ausgaben. Der Hymnus des Haremhab ist übersetzt bei J. Assmann, Ägyptische Hymnen und Gebete, Zürich–München 1975, Nr. 222.
Zum Schriftsystem in Esna S. Sauneron, Esna VIII (L'écriture figurative dans les textes d'Esna), Kairo 1982; Horapollon: H. Weingärtner, Horapollo. Zwei Bücher über die Hieroglyphen, Erlangen 1997 (aus der lateinischen Fassung übersetzt), und H.-J. Thissen, Vom Bild zum Buchstaben – vom Buchstaben zum Bild. Von der Arbeit an Horapollons Hieroglyphika, Akad. der Wissensch. und der Literatur in Mainz, Abh. der Geistes- und Sozialwiss. Klasse 1998, Nr. 3. Deutung des Geiers: E. und U. Winter, in: Viribus Unitis (Festschr. B. Stillfried, Bern 1996), S. 523–537. Zum Symbol des Uroboros B. H. Stricker, De grote Zeeslang, Leiden 1953.
Zum Problem der Mysterien und der Initiation E. Hornung, Altägyptische Wurzeln der Isismysterien, in: Hommages à Jean Leclant, Kairo 1994, Bd. 3, S. 287–293, und L. Kákosy, Tempel und Mysterien, in: Hildesheimer Ägyptolo-

gische Beiträge 37, 1994, S. 165-173; zu Apuleius J. G. Griffiths, Apuleius of Madauros. The Isis-Book, Leiden 1975.
Zur nächtlichen Unterweltsfahrt: E. Hornung, Die Nachtfahrt der Sonne, Zürich-München 1991, und ders., Ägyptische Unterweltsbücher, Zürich-München 1972 und weitere Ausgaben. Zum «Fall» der Menschheit ders., Der ägyptische Mythos von der Himmelskuh, Orbis Biblicus et Orientalis 46, 1982, ³1997. Zum ramessidischen und hermetischen Gottesglauben J. Assmann, Re und Amun, Orbis Biblicus et Orientalis 51, 1983, und ders., Moses der Ägypter (Kap. 10), S. 261-268.

3. *Antike Autoren.* Allgemein Th. Hopfner, Orient und griechische Philosophie, Leipzig 1925; Ch. Froidefond, Le mirage égyptien dans la littérature grecque d'Homère à Aristote, Paris 1971. Zur Etymologie von *Atlantis* W. Schenkel, Göttinger Miszellen 36, 1979, S. 57-60, und J. G. Griffiths, Atlantis and Egypt, Cardiff 1991, S. 3-30.
Diodor: A. Burton, Diodorus Siculus. Book I, Commentary, Leiden 1972. *Plutarch*: J. G. Griffiths, Plutarch: De Iside et Osiride, Cardiff 1970. Zu den Überlieferungen über *Homer* A. Leroy-Molinghen, Chronique d'Égypte 60, 1985, S. 131-137, zu *Platon* B. Mathieu, Annales du Service des Antiquités de l'Égypte, 1987, S. 153-167, zu *Eudoxos* von Knidos G. Goyon, Bull. de l'Institut français d'archéologie orientale 74, 1974, S. 135-147. Zum Ägypten-Kapitel bei *Strabon* J. Yoyotte und P. Charvet, Strabon: Le Voyage en Égypte. Un regard romain, Paris 1997.

4. *Astrologie.* O. Neugebauer-R. A. Parker, Egyptian Astronomical Texts, Bd. III (1969); L. Kákosy, «Decans in Late-Egyptian Religion», Oikumene 3, 1982, S. 163-191; ders., Egyptomi és antik csillaghit (ungar.: «Ägyptischer und antiker Sternenglaube»), Budapest 1978 (vgl. W. Brunsch, Göttinger Miszellen 54, 1982, S. 83); B. Bohleke, Studien zur Altägypt. Kultur 23, 1996, S. 11-46; zu Merkelbach, Abrasax siehe Kap. 8. I. E. S. Edwards, Hieratic Papyri in the Brit. Museum, 4th series (Oracular Amuletic Decrees of the Late New Kingdom), London 1960, Text L 1. Zu den ältesten Vorstellungen R. Krauss, Astronomische Konzepte und Jenseitsvorstellungen in den Pyramidentexten, Wiesbaden 1997.
Armbänder des Hornacht: P. Montet, La nécropole royale de Tanis, I, Paris 1947, S. 68 Fig. 22, der Naos der Dekane jetzt bei Ch. Leitz, Altägypt. Sternuhren, Leuven 1995. Ph. Derchain, Chronique d'Égypte 64, 1989, S. 74-89 (Harchebis, zu ihm auch M. Clagett, Ancient Egyptian Science, II, Philadelphia 1995, S. 489-496); J. F. Quack, «Dekane und Gliedervergottung», Jahrb. für Antike und Christentum 38, 1995, S. 97-122; zum König Nechepso R. Krauss, Göttinger Miszellen 42, 1981, S. 49-60. Tierkreis: Ch. Desroches Noblecourt, Amours et fureurs de La Lointaine, Paris 1995, S. 201-242 («Le zodiaque égyptien»).

5. *Alchemie.* Zosime de Panopolis. Mémoires authentiques, hg. M. Mertens, Paris 1995 (= Les Alchimistes Grecs, Bd. IV/1); C. G. Jung, Psychologie und Alchemie. Zürich 1944; J. Lindsay, The Origins of Alchemy in Graeco-Roman Egypt, London 1970; F. Daumas, «L'alchimie a-t-elle une origine égyptienne?», in: Das römisch-byzantinische Ägypten (Aegyptiaca Treverensia 2), Mainz 1983, S. 109-118; Ph. Derchain, «L'*Atelier des Orfèvres* à Dendara et les origines de l'Alchimie», Chronique d'Égypte 65, 1990, S. 219-242 (vgl. zu Dendara auch S. Cauville, Bull. de la Société française d'égyptologie 112, 1988, S. 23-36); S. Aufrère, L'Univers minéral dans la pensée égyptienne, Kairo 1991; B. D. Haage,

Alchemie im Mittelalter, Zürich 1996; C. Priesner–K. Figala (Hrsg.), Alchemie. Lexikon einer hermetischen Wissenschaft, München 1998.
Zur Inschrift des Horwerrê zuletzt D. Kurth in Göttinger Miszellen 154, 1996, S. 57–63, zu Urk. IV vgl. oben zu Kap. 2, zu Ramses II. als «Geologe» Th. De Putter, Zeitschr. für ägypt. Sprache und Altertumskunde 124, 1997, S. 131–141; das Rezept aus Edfu bei D. Kurth, Treffpunkt der Götter, Zürich–München 1994, Text Nr. 13.
Zur arabischen Tradition Ingolf Vereno, Studien zum ältesten alchemistischen Schrifttum, Berlin 1992. Vier Elemente: B. H. Stricker, De geboorte van Horus, II, Leiden 1968. Zu den Eranos-Vorträgen vgl. Kap. 17, zur «Vernichtungsstätte» E. Hornung, «Schwarze Löcher von innen betrachtet: Die altägyptische Hölle», in: T. Schabert–E. Hornung, Strukturen des Chaos (Eranos N. F. 2, München 1994), S. 227–262. Für Hinweise danke ich Theodor Abt und Thomas Hofmeier.

6. *Gnosis.* H. Jonas, Gnosis und spätantiker Geist, 1934, [4]1989; W. Foerster und A. Böhlig (Hrsg.), Die Gnosis, 3 Bde., Zürich 1969–1980; J. M. Robinson, The Nag Hammadi Library in English, Leiden 1988; L. Kákosy, «Gnosis und ägypt. Religion», in: Le origini dello Gnosticismo (= Supplem. to Numen 12), Leiden 1967, S. 238–247, sowie weitere Beiträge in diesem Band; D. M. Parrott, «Gnosticism and Egyptian Religion», Novum Testamentum 29, 1987, S. 73–93; P. Sloterdijk–T. H. Macho, Weltrevolution der Seele. Ein Lese- und Arbeitsbuch der Gnosis, Zürich 1993.

7. *Hermetik.* J. Ruska, Tabula Smaragdina: Ein Beitrag zur Geschichte der hermetischen Literatur, Heidelberg 1926; A. J. Festugière, La révélation d'Hermès Trismégiste, 4 Bde, Paris 1950–54; B. H. Stricker, De brief van Aristeas, Amsterdam 1956; Ph. Derchain, L'authenticité de l'inspiration égyptienne dans le Corpus Hermeticum, in: Revue de l'Histoire des Religions 161, 1962, S. 175–198; J.-P. Mahé, Hermès en Haute-Égypte, Quebec 1978–82; E. Iversen, Egyptian and Hermetic Doctrine, Kopenhagen 1984 (vor allem zur Kosmogonie); G. Fowden, The Egyptian Hermes. A Historical Approach to the Late Pagan Mind, Princeton Paperback 1993; B. P. Copenhaver, Hermetica, Cambridge 1992; A. Faivre, The Eternal Hermes. From Greek God to Alchemical Magus, Grand Rapids 1995; R. Liedtke, Die Hermetik. Traditionelle Philosophie der Differenz, Paderborn 1996; C. Colpe und J. Holzhausen, Das Corpus Hermeticum Deutsch. Übersetzung, Darstellung und Kommentierung in drei Teilen, Stuttgart 1997.
Zum demotischen «Buch des Thot» J.-P. Mahé, Vigiliae Christianae 50, 1996, S. 353–363; R. Jasnow–K.-T. Zauzich, «A Book of Thoth?», in: C. J. Eyre (Hrsg.), Proceedings of the 7th Internat. Congress of Egyptologists, Leuven 1998, S. 607–618. Zu Asklepios = Imhotep D. Wildung, Imhotep und Amenhotep, München–Berlin 1977. Zu Isis und der *Kore Kosmou* H. Jackson, Chronique d'Égypte 61, 1986, S. 116–135.
Zur arabischen Hermetik ein Überblick in F. Sezgin, Geschichte des arabischen Schrifttums, IV, Leiden 1971, S. 1–300, sowie M. Ullmann, Die Natur- und Geheimwissenschaften im Islam, Leiden 1972, und ders., Das Schlangenbuch des Hermes Trismegistos, Wiesbaden 1994; viele wertvolle Hinweise verdanke ich Ursula Sezgin. Newtons Kommentar zur Tabula Smaragdina: B. J. T. Dobbs, in: Merkel–Debus, Hermeticism (vgl. Kap. 11), S. 182–191.

8. *Magie.* Von zahllosen Monographien sei hier vor allem hingewiesen auf L. Kákosy, Zauberei im alten Ägypten, Leipzig 1989 (dort S. 161 f. mit Taf. 16

das Christus/Horus-Amulett) und G. Pinch, Magic in Ancient Egypt, London 1994, sowie den Sammelband von A. Roccati-A. Siliotti (Hrsg.), La Magia in Egitto ai tempi dei Faraoni, Mailand 1987. Eine Auswahl altägyptischer Zaubertexte bei J. F. Borghouts, Ancient Egyptian Magical Texts, Leiden 1978; der Setna-Roman in Übersetzung bei E. Brunner-Traut, Altägyptische Märchen, 8. Aufl. München 1989. Die griechischen Zaubertexte aus Ägypten in: K. Preisendanz, Papyri Graecae Magicae. Die griech. Zauberpapyri, 1928-1931, 2. Aufl. Stuttgart 1973 (abgekürzt als PGM); dazu H. D. Betz, The Greek Magical Papyri in Translation, Chicago 1986, und R. Merkelbach, Abrasax, 4 Bde, Opladen 1990-1997. Koptische Texte bei A. M. Kropp, Ausgewählte koptische Zaubertexte, 3 Bde, Brüssel 1930-1931 (dort Bd. II, S. 9 ff. der Fajum-Text, den zuerst A. Erman, Zeitschr. für ägypt. Sprache und Altertumskunde 33, 1895, 43-51 vorgestellt hat); dazu noch Marvin Meyer (Hrsg.), Ancient Christian Magic. Coptic Texts of Ritual Power, San Francisco 1994. Den Brief an Usersatet (Urk. IV, S. 1343f.) behandelt W. Helck, Journ. of Near Eastern Studies 14, 1955, S. 22-31, die Anrufung des Amun von No in der Kabbala M. Idel, in: G. Benedetti-E. Hornung (Hrsg.), Die Wahrheit der Träume (Eranos N.F. 6, München 1997), S. 100-102.

9. *Ausbreitung der ägyptischen Kulte.* Einen reichhaltigen Überblick gibt G. Hölbl im Lexikon der Ägyptologie VI (1986) s. v. «Verehrung ägyptischer Götter»; zu Rom vor allem A. Roullet, The Egyptian and Egyptianizing Monuments of Imperial Rome, Leiden 1972; E. Buchner, Die Sonnenuhr des Augustus, Mainz 1982 und K. Lembke, Das Iseum Campense in Rom, Heidelberg 1994. Ferner R. E. Witt, Isis in the Ancient World, Baltimore-London 1997 (erste Ausgabe Ithaca 1971); J.-C. Grenier, Anubis alexandrin et romain, Leiden 1977 und R. Merkelbach, Isis regina - Zeus Sarapis, Stuttgart 1995.

Horusstele auf dem Esquilin: F. De Salvia in: Studia Aegyptiaca 14, 1992, S. 509-517. Zu den Isis-Heiligtümern noch H. W. Müller, Der Isiskult im antiken Benevent, Münchner Ägyptolog. Studien 16, 1969; Katalog «Iside. Il mito il mistero la magia», Mailand 1997. Zu Antinous vgl. G. Grimm, «Antinous renatus et felix?», in: M. Minas-J. Zeidler (Hrsg.), Aspekte spätägypt. Kultur (Festschr. Erich Winter, Mainz 1994), S. 103-112, und E. Winter, in: Staehelin-Jaeger, Ägypten-Bilder (Kap. 1), S. 97-102, zur Ägyptisierung griechischer Mythen in Pompei R. Merkelbach, ibid., S. 81-96.

10. *Mittelalter.* J. Doresse, Des hiéroglyphes à la croix: ce que le passé pharaonique a légué au christianisme, Istanbul 1960; M. Smith, Jesus der Magier, München 1981; F. Zimmermann, Die ägypt. Religion nach der Darstellung der Kirchenschriftsteller und die ägypt. Denkmäler, Paderborn 1912; A. Weis, Die Madonna Platytera, Königstein/Ts 1985; St. Runciman, Häresie und Christentum. Der mittelalterliche Manichäismus, München 1988 (englische Originalausgabe «The Medieval Manichee», Cambridge 1947); M. Görg, Mythos, Glaube und Geschichte, Düsseldorf 1992 (Bedeutung Ägyptens und seiner Bildsprache für das christliche Credo); J. Leipoldt, Schenute von Atripe, Leipzig 1903 (das Zitat auf S. 78); E. Landolt, «Legenden um die Flucht nach Ägypten», in: Sandoz Bulletin 36, 1974, S. 23-44, und zu den koptischen Traditionen O. F. A. Meinardus, Auf den Spuren der Heiligen Familie von Bethlehem nach Oberägypten, Koblenz 1978. Zu Adelard U. Sezgin, in: Zeitschr. für Geschichte der arabisch-islamischen Wissenschaften 9, 1994, S. 268f., Anm. 141 und 146.

Kabbala: G. Scholem, Die jüdische Mystik in ihren Hauptströmungen, Frankfurt a. M. 1957; E. Benz, Die christliche Kabbala, Zürich 1958; Johann Maier,

Die Kabbalah. Einführung, Klassische Texte, Erläuterungen, München 1995; G. Mussies, «The Interpretatio Judaica of Thot-Hermes», in: Studies in Egyptian Religion. Dedicated to Prof. Jan Zandee, Leiden 1982, S. 89–120; zu Hermes (alias Henoch) bei jüdischen Autoren des Mittelalters und der Renaissance M. Idel, «Hermeticism and Judaism», in: Merkel-Debus, Hermeticism (vgl. Kap. 11), S. 59–76. Zu den Wurzeln des Antijudaismus bei Manetho J. Assmann, in: Staehelin-Jaeger, Ägypten-Bilder (Kap. 1), S. 11–34. Die Königstochter Thermutis als christliche Heilige behandelt A. Hermann, «Das Kind und seine Hüterin», Mitteil. des Deutschen Instituts für ägypt. Altertumskunde in Kairo 8, 1939, S. 171–176.

11. *Renaissance.* L. Volkmann, Bilderschriften der Renaissance, Leipzig 1923 (Nachdruck 1962); E. Iversen, The Myth of Egypt and its Hieroglyphs in European Tradition, Kopenhagen 1961; F. A. Yates, Giordano Bruno and the Hermetic Tradition, London 1964; E. Wind, Pagan Mysteries in the Renaissance, London 1958, ²1968 (deutsch: Heidnische Mysterien in der Renaissance, Frankfurt a. M. 1981); L. Dieckmann, Hieroglyphics. The History of a Literary Symbol, St. Louis 1970; I. Merkel und A. G. Debus (Hrsg.), Hermeticism and the Renaissance, Washington 1988.

Zur erneuerten Beschäftigung mit den Obelisken Roms E. Iversen, Obelisks in Exile, I: The Obelisks of Rome, Kopenhagen 1968, zur *Mensa Isiaca*, die erstmals 1605 von Lorenzo Pignorius veröffentlicht wurde, E. Leospo, La Mensa Isiaca di Torino, Leiden 1978. Palazzo Tè: B. Jaeger, «L'Egitto alla corte dei Gonzaga», in: L'Egitto fuori dell'Egitto, Bologna 1991, S. 233–253.

Über das Nachleben Horapollons von der Renaissance bis in die Romantik verdanke ich Johanna Schmitz Einblick in eine unveröffentlichte Arbeit; eine immer noch nützliche Zusammenstellung von Werken über Hieroglyphen vor der Entzifferung gibt H. Gauthier, Bulletin de l'Institut français d'archéologie orientale 5, 1906, S. 80–86. Das Zitat zu Dürer bei Volkmann (siehe oben), S. 95. Zur *Multimammia* und Isis als Göttin der Natur E. Staehelin, «Alma Mater Isis», in: Staehelin-Jaeger, Ägypten-Bilder (Kap. 1), S. 103–141.

12. *Reisende.* J. Guérin dalle Mese, Égypte – La Mémoire et le rêve. Itinéraires d'un voyage, 1320–1601, Florenz 1991 (S. 551–559 zu Hermes Trismegistos); eine Bibliographie zu Reiseberichten bis 1918 gibt M. R. Kalfatovic, Nile Notes of a Howadji, London 1992.

Zu frühen Berichten (Egeria u. a.) H. Donner, Pilgerfahrt ins Heilige Land. Die ältesten Berichte christlicher Palästinapilger (4.–7. Jahrh.), 1979; zu den Bildern von Moses und Aaron, die Egeria in der Ramsesstadt gesehen haben will, vgl. O. Keel, in: Peregrina Curiositas (Festschr. D. Van Damme, Freiburg/Schweiz-Göttingen 1994), S. 155–166, und zum Vorverständnis der Europäer ders., in: Staehelin-Jaeger, Ägypten-Bilder (Kap. 1), S. 55 ff.: Champollion deutet die Asiaten in Beni Hassan als Griechen, Wilkinson u. a. als Hebräer. Zum Mumien-Export R. Germer, Mumien. Zeugen des Pharaonenreiches, Zürich–München 1991, S. 15–26.

Als Beispiel für den umgekehrten Weg, einen frühen ägyptischen Reisenden in Europa, sei auf Yusuf ibn Abu Dhaqn hingewiesen, genannt «Barbatus», einen Kopten aus Kairo, der 1595 vom Patriarchen Gabriel VIII. an den Papst gesandt wurde und daran ausgedehnte Reisen in Frankreich, England und Mitteleuropa anschloß, wobei er in Kontakt mit Casaubon, Scaliger und Kepler trat; siehe dazu A. Hamilton, «An Egyptian Traveller in the Republic of Letters», in: Journ. of the Warburg and Courtauld Institutes 57, 1994, S. 123–150.

13. *A. Kircher etc.* J. Godwin, Athanasius Kircher: A Renaissance Man and the Quest for Lost Knowledge, London 1979; J. Fletcher (Hrsg.), Athanasius Kircher und seine Beziehungen zum gelehrten Europa seiner Zeit, Wiesbaden 1988; Eine neue, von O. Hein und R. Mader herausgegebene Reihe «Studia Kircheriana» erscheint Berlin 1996 ff. Spencer, Cudworth und Warburton: J. Assmann, Moses the Egyptian, Cambridge Mass.–London 1997 (deutsch: Moses der Ägypter, München 1998).

Für H. Conring verdanke ich Belehrung durch F. Ebeling, vgl. ferner M. Stolleis (Hrsg.), Hermann Conring (1606–1681), Beiträge zu Leben und Werk, Berlin 1983. Zum Nilmosaik P. G. P. Meyboom, The Nile Mosaic of Palestrina, Leiden 1995.

14. *Rosenkreuzer.* F. A. Yates, The Rosicrucian Enlightenment, London 1972 (deutsch: Aufklärung im Zeichen des Rosenkreuzes, Stuttgart 1975, mit starker Betonung eines Einflusses aus England); G. Wehr, Die Bruderschaft der Rosenkreuzer, München 1984, ^{5}1995; R. Edighoffer, Die Rosenkreuzer, München 1995; C. Gilly, Adam Haslmayr. Der erste Verkünder der Manifeste der Rosenkreuzer, Amsterdam 1994; Cimelia Rhodostaurotica. Die Rosenkreuzer im Spiegel der zwischen 1610 und 1660 entstandenen Handschriften und Drucke (Katalog der Ausstellung in Wolfenbüttel und Amsterdam 1995, Redaktion C. Gilly).

Die Zitate zu den neuen Rosenkreuzern stammen aus Werbeschriften des Lectorium Rosicrucianum und z. T. aus brieflichen Informationen, mit Dank für Hinweise von Birgit Schlick-Nolte.

15. *Freimaurer.* E. Lennhoff–O. Posner, Internationales Freimaurerlexikon, Wien–München 1932 (Nachdrucke 1965 und 1973); S. Morenz, Die Zauberflöte, 1952; K. R. H. Frick, Die Erleuchteten. Gnostisch-theosophische und alchemistisch-rosenkreuzerische Geheimgesellschaften bis zum Ende des 18. Jahrhunderts – ein Beitrag zur Geistesgeschichte der Neuzeit, Graz 1973; ders., Licht und Finsternis. Gnostisch-theosophische und freimaurerisch-okkulte Geheimgesellschaften bis an die Wende zum 20. Jahrhundert, 2 Teile, Graz 1975–78; H. Reinalter (Hrsg.), Freimaurer und Geheimbünde im 18. Jahrhundert in Mitteleuropa, Frankfurt a. M. 1983; G. Steiner, Freimaurer und Rosenkreuzer – Georg Forsters Weg durch Geheimbünde, ^{2}Berlin 1987; G. Galtier, Maçonnerie égyptienne. Rose-Croix et Néo-Chevalerie. Les Fils de Cagliostro, Monaco (Rocher) 1989; E. Staehelin, «Zum Motiv der Pyramiden als Prüfungs- und Einweihungsstätten», in: S. Israelit-Groll (Hrsg.), Studies in Egyptology Presented to Miriam Lichtheim, Jerusalem 1990, II, S. 889–932; J. S. Curl, The Art and Architecture of Freemasonry, London 1991; L. Nefontaine, Symboles et symbolisme dans la Franc-Maçonnerie, Brüssel 1994 (mit Bibliogr.).

Zum Fresken-Zyklus in der Villa Cornaro D. Lewis, in: Merkel-Debus, Hermeticism (vgl. unter Renaissance), S. 366–399. *Konstitutionen* von Anderson: der originale Titel ist «The Constitutions of the Free-Masons containing the History, Charges, Regulations, etc., of that most Ancient and Right Worshipful Fraternity». Das Logen-Siegel aus Neapel bei R. di Castiglione, Alle sorgenti della massoneria, Rom 1988, tav. 8 (Hinweis B. Jaeger). Zu Cagliostro K. H. Kiefer (Hrsg.), Cagliostro. Dokumente zu Aufklärung und Okkultismus, München 1991. A. Lenoir: La Franche-Maçonnerie rendue à sa véritable origine, ou l'antiquité de la Franche-Maçonnerie prouvée par l'explication des mystères anciens et modernes, Paris 1814 (die Abbildungen stammen von J. M. Moreau d. J.). Forster an J. Müller: G. Steiner, Freimaurer (siehe oben), S. 157. Altägyptischer

Freimaurer-Tempel: C. E. Gernandt, Der Gottesbegriff der alten Aegypter (mit Beilage «Die dynastische Freimaurerei der alten Aegypter»), Stockholm 1905. Ich danke Elisabeth Staehelin für die Bereitstellung des wesentlichen Materials und Jürgen Horn für zusätzliche Informationen zu den «Africanischen Bauherren».

16. *Goethe und die Romantik.* Zum 18. Jahrhundert D. Syndram, Ägypten-Faszinationen. Untersuchungen zum Ägyptenbild im europäischen Klassizismus bis 1800, Frankfurt a.M. 1990. R. Ch. Zimmermann, Das Weltbild des jungen Goethe. Studien zur hermetischen Tradition des deutschen 18. Jahrhundert, 2 Bde., München 1969 und 1979; L. Volkmann, «Goethe und Ägypten», Zeitschr. für ägypt. Sprache und Altertumskunde 72, 1936, S. 1–12; S. Hummel, Goethes ägyptische Sammlung, in: Goethe Jahrbuch 97, 1980, S. 212–223.

Zum Vergleich der chinesischen und ägyptischen Schrift, der bis 1588 zurückreicht (Giovanni Pietro Maffei) R. Müller-Wollermann, in: L. Gestermann-H. Sternberg El Hotabi (Hrsg.), Per aspera ad astra (Festschr. Wolfgang Schenkel, Kassel 1995), S. 91–105. Die Eroberung von Indien und China durch Ägypten bei Benoit Pierre Huet, Histoire de commerce et de la navigation des anciens peuples, 1716; vgl. auch Charles Joseph de Guignes, Mémoire dans lequel on prouve, que des chinois sont une colonie égyptienne, 1759; und Friedrich S. Schmidt, Dissertation sur une colonie égyptienne établie aux Indes, Bern 1758.

Zur Wertung von Herder Morenz, Begegnung (Kap. 1), S. 132 f., zur Sais-Inschrift G. Steindorff, Zeitschr. für ägypt. Sprache und Altertumskunde 69, 1933, 71 (K. Reinhold als Quelle), E. Graefe, Göttinger Miszellen 2, 1972, S. 19–21, und Ch. Harrauer, «Ich bin was da ist ...», in: Sphairos (Wien) 107/108, 1994/95, S. 337–355. Den Hinweis auf Hamann verdanke ich J. Schmitz, das Zitat stammt von 1762. Zu Desprez Syndram S. 181 f., zu De Quincey A. Assmann, in: Staehelin-Jaeger, Ägypten-Bilder (Kap. 1), S. 182–186, zum exotischen Ägypten M. Kaiser, Zeitschr. für ägypt. Sprache und Altertumskunde 97, 1971, S. 78–94 und zum Orientalismus Edward Said, L'Orientalisme. L'Orient créé par l'Occident, Paris 1980.

17. *Theosophie.* K. R. H. Frick, Licht und Finsternis (Kap. 15); P. Washington, Madame Blavatsky's Baboon, New York 1993; Vanamali Gunturu, Krishnamurti. Leben und Werk, München 1997. Zu Werken mit dem Titel *Theosophia* bereits in der Antike vgl. H. Erbse, Fragmente griechischer Theosophen, Hamburg 1941. *Isis Unveiled* von Frau Blavatsky zitieren wir nach der 6. Aufl. von 1891. Zum Monte Verità (Ascona) siehe den Katalog der Ausstellung «Monte Verità. Berg der Wahrheit», München 1980. Die Eranos-Vorträge erscheinen regelmäßig im Jahrbuch Eranos (Neue Folge, hrsg. von E. Hornung und T. Schabert, seit 1993), das Zitat von E. Neumann steht im Jahrbuch 44-1975, S. 5.

Anthroposophie: R. Steiner, Ägyptische Mythen und Mysterien, Berlin 1911, ⁴Dornach 1978; ders., «Hermes», in: Antworten der Geisteswissenschaft auf die großen Fragen des Daseins, Dornach 1987, dazu viele weitere Vorträge von R. Steiner und ders., Mein Lebensgang, Dornach 1953; Ch. Lindenberg, Rudolf Steiner, Reinbek 1992; ders., Rudolf Steiner. Eine Biographie, Stuttgart 1997; E. Uehli, Kultur und Kunst Ägyptens. Ein Isisgeheimnis, Dornach 1955; E. Horstmann, Beiträge zur Bewußtseinsgeschichte des alten Ägypten, ²Stuttgart 1982; F. Teichmann, Die Kultur der Empfindungsseele, Stuttgart 1990. Für Hilfe bei der Beschaffung einschlägiger Literatur danke ich Frau Irene Sury, für die Vermittlung des Bühnenphotos Frank Teichmann.

18. *Pyramidologie usw.* E. Graefe, Das Pyramidenkapitel in Al-Makrizi's «Hitat», Diss. Leipzig 1911; R. Borchardt, Gegen die Zahlenmystik an der großen Pyramide bei Gise, Berlin 1922; J. Ph. Lauer, Le mystère des pyramides, Paris 1974, S. 191–258; R. Stadelmann, Die ägyptischen Pyramiden, Mainz 1997 (3. Aufl.), S. 264–284. Zur islamischen Überlieferung U. Haarmann, Das pharaonische Ägypten bei islamischen Autoren des Mittelalters, in: E. Hornung (Hrsg.), Zum Bild Ägyptens im Mittelalter und in der Renaissance, Freiburg/Schweiz und Göttingen 1990, S. 29–57.

Zur Verwendung ägyptischer Bauformen F. Werner, Ägyptenrezeption in der europäischen Architektur des 19. Jahrhunderts, Weimar 1994. Auf die Verbindung der Cheops-Pyramide mit alchemistischer Praxis weist L. Kákosy hin: Antik Tanulmányok 16, 1969, S. 195–198 (ungarisch). Bericht über eine moderne Mumifizierung gaben B. Brier und R. S. Wade, Zeitschr. für ägypt. Sprache und Altertumskunde 124, 1997, S. 89–100. Die Verwandlungen der Sphinx-Gestalt behandelt H. Demisch, Die Sphinx. Geschichte ihrer Darstellung von den Anfängen bis zur Gegenwart, Stuttgart 1977.

19. *Moderne Ägyptosophie.* K. R. H. Frick, Licht und Finsternis (Kap. 15). Zum Einfluß des Okkulten und speziell der Theosophie in der Malerei findet sich reiches Material im Katalog der Ausstellung «The Spiritual in Art: Abstract Painting 1890–1985», Los Angeles 1986.

Schwaller de Lubicz wird gegen die «orthodoxen Gelehrten» verteidigt von J. A. West, Serpent in the Sky. The high wisdom of Ancient Egypt, New York 1979; dort wird alle ägyptische Weisheit auf Einwanderer aus Atlantis zurückgeführt, in Ägypten selber gab es keine Entwicklung mehr. Vgl. zu Schwaller auch A. van den Broeck, Al-Kemi. Hermetic, Occult, Political, and Private Aspects of R. A. Schwaller de Lubicz, Great Barrington 1987. Auf G. Massey wies mich H. Th. Hakl hin, dem ich auch Material zu Crowley, Evola und viele andere Hinweise verdanke.

Den «Fall Rosemary» behandelt J. G. Griffiths, «Some Claims of Xenoglossy in the Ancient Languages», Numen 33, 1986, S. 141–169; zum modernen Glauben an die Reinkarnation gibt M. Hulin eine treffende Analyse: «Die Seelenwanderung: Indo-griechischer Mythos oder Herausforderung an das zeitgenössische Denken?», in: F. Graf-E. Hornung (Hrsg.), Wanderungen (Eranos Neue Folge 3, München 1995), S. 135–165.

Mormonen: Ed. Meyer, Ursprung und Geschichte der Mormonen, Halle 1912 (als Beispiel einer neuzeitlichen Offenbarungsreligion); F. S. Spaulding, Joseph Smith, Jr., As a Translator, Salt Lake City 1912; J. A. Wilson, Thousands of Years, New York 1972, S. 173–177; J. A. Larson in: For His Ka. Essays Offered in Memory of Klaus Baer, Chicago 1994, S. 159–178.

Jesus und Indien bzw. Tibet: R. Heiligenthal, Der verfälschte Jesus, Darmstadt 1997; dort auch zum gefälschten Benan-Brief, der ihn wieder mit Ägypten und ganz konkret mit der Weisheitsschule in Heliopolis verbindet.

Zur Tradition über die Außerirdischen E. Benz, «Der Kopernikanische Schock», Eranos Jahrbuch 44-1975, S. 15–60, und K. S. Guthke, Der Mythos der Neuzeit: Das Thema der Mehrheit der Welten in der Literatur- und Geistesgeschichte von der kopernikanischen Wende bis zur Science Fiction, Bern–München 1983.

Zu W. Pauli vgl. den Sammelband von H. Atmanspacher/H. Primas/E. Wertenschlag-Birkhäuser (Hrsg.), Der Pauli-Jung Dialog und seine Bedeutung für die moderne Wissenschaft, Berlin–Heidelberg 1995.

Ähnliche Orientierung wie P. Paddon (jedoch nicht als Orden, sondern als praktische Lebenshilfe) hat neben vielen anderen J. Houston, The Passion of Isis and Osiris, New York 1995, die praktische Anleitungen gibt, um mit der Welt der *neters* in Verbindung zu treten, dazu die typische Vermischung mit Reinkarnation, Kundalini-Yoga und Akasha-Chronik (die von der ägyptischen Göttin Seschat geführt wird) bietet.

Zu E. Pound verdanke ich G. Schmidt viele Hinweise, zu J. Joyce vgl. M. L. Troy, Mummeries of Resurrection: The Cycle of Osiris in Finnegans Wake, Uppsala 1976.

Zur Totenbuch-Esoterik W. Czermak, Zeitschr. für ägypt. Sprache und Altertumskunde 76, 1940, S. 9 ff.; S. Mayassis, Le Livre des Morts de l'Égypte ancienne est un livre d'initiation, Athen 1955; G. Thausing-T. Kerszt-Kratschmann, Das große ägyptische Totenbuch, Kairo 1969. Die Zitate von J. Assmann finden sich in: A. Assmann (Hrsg.), Weisheit, München 1991 (Archäologie der literarischen Kommunikation, III), S. 246 und 248 Anm. 13, vgl. auch ibid. S. 247: «Die Magie ist eine exakte Wissenschaft.» Zur Gewichtung von Ägypten und Esoterik wies mir im Mai 1997 T. Hofmeier 7617 einschlägige Dokumente im Internet nach.

Afrika: M. Bernal, Black Athena. The Afroasiatic Roots of Classical Civilization, 2 Bde., London 1987–1991; M. Lefkowitz, Not Out of Africa, New York 1996; M. R. Lefkowitz und G. MacLean Rogers (Hrsg.), Black Athena Revisited, Chapel Hill–London 1996 (mit Beiträgen u. a. auch von Ägyptologen); C. Crawford, Recasting Ancient Egypt in the African Context, Trenton 1996. Zu den Hausa D. Lange, Saeculum 46, 1995, S. 161–203, zu den Yoruba ders., Zeitschr. der Deutschen Morgenländ. Ges. 147, 1997, S. 77–136.

Als Beispiel für die Spekulationen um uralte Kulturkontakte mit Amerika sei hier nur hingewiesen auf I. van Sertima, The African Presence in Ancient America: They came before Columbus, 1976 und Ch. Pellech, Die ersten Entdecker Amerikas, Frankfurt a. M. 1997; dort findet man auch Beispiele für die Anwendung der Pyramidenmystik auf mexikanische Pyramiden und (Pellech S. 511) eine abenteuerliche Überlieferung. Danach hätten sich die Tempelritter in den Ruinen des Jerusalemer Tempels die Bundeslade angeeignet, welche das uralte, an Moses weitergegebene Geheimwissen der Ägypter enthielt; dieses machte später Kolumbus die Entdeckung von Amerika möglich und wird jetzt wahrscheinlich in den Archiven des Vatikans aufbewahrt ...

20. *Ägypten als Hoffnung und Alternative.* Zum Thomas-Mann-Text A. B. Wiese, in: A. Brodbeck (Hrsg.), Ein ägyptisches Glasperlenspiel, Berlin 1998, S. 254–256; zu Evliya Celebi U. Haarmann, Evliya Celebis Bericht über die Altertümer von Gize, Turcica 8, 1976, S. 157–230.

Rilke und Ägypten behandeln A. Hermann, «Rilkes ägyptische Gesichte», Symposion 4, 1955, S. 367–461 und Separatdruck Darmstadt 1966, E. Hornung, Eranos-Jahrbuch 53, 1984, S. 371 ff. und A. Grimm, Rilke und Ägypten, München 1997.

Zu Thomas Mann A. Grimm, Joseph und Echnaton. Thomas Mann und Ägypten, Mainz 1992 und verschiedene Beiträge im Thomas Mann Jahrbuch 6 (1993); zu Ägypten hat sich Thomas Mann in der Dichterlesung in Wien 5. 11. 1928 (GW XI 626–629) und im Vortrag «Joseph und seine Brüder» am 17. 11. 1942 in Washington (GW XI 654–669) geäußert.

Personenregister

(Die Namen der Gottheiten wurden *kursiv* gesetzt)

Abaelard, Petrus 85
Abdellatif 88, 160
Abraham 67, 108, 182
Abraham von Worms 113
Abramelin 113
Abraxas (Abrasax) 64
Abulafia, Abraham 86
Adam/Eva 50, 84, 117, 122f., 148
Adamson, Henry 121
Adelard von Bath 85
Agathodaimon 40, 88, 160
Agrippa, Marcus Vipsanius 66
Akephalos 64
Alberti, Leon Battista 92
Albertus Magnus 85, 118, 199
Alexander d. Gr. 31, 66f., 71, 78, 167, 191f.
Alvarez, Luis 168
Amasis 26
Anaxandrides 32
Anaximander 30
Amenemhat III. 41
Amenophis II. 62
Amenophis III. 13, 41, 77, 181
Amenophis, Sohn des Hapu 13
Ammianus Marcellinus 55, 75, 89, 108
Ammon 66, 69, 71
Amun 17, 25, 49, 69, 86, 181
Anderson, James 122
Andreae, Johann Valentin 112f., 115
Annius von Viterbo 92
Antinous 77f.
Antoninus Pius 77f.
Antonius 68, 80
Anubis 21, 28, 67, 69, 71, 73f., 78, 106, 111, 201
Apis 74f., 77f., 92, 106, 111, 126, 181
Apollonios von Tyana 11, 59, 120, 126f.

Apries 17f.
Apuleius, Lucius 22, 62, 129, 201
Archimedes 30, 105
Aristoteles 31, 97f., 147, 191f., 197
Arundale, George 151
Ashmole, Elias 121
Asklepios 17, 54f., 57, 59, 62, 159
Assmann, Aleida 143
Assmann, Jan 22, 25, 41, 87, 110, 189
Atum 25, 49
Augustinus 50, 84, 192
Augustus 37, 66, 75f., 106
Aziza, Claude 170

Baader, Franz Xaver von 146
Bacon, Francis 105
Bacon, Roger 39, 118
Baer, Klaus 183
Balbillus, Titus Claudius 31, 37
Balhorn, Johann 69
Baltrušaitis, Jurgis 102
Barbarin, Georges 167
Barthélémy, Jean Jacques 136
Basilides 50
Bastet 35
Beethoven, Ludwig van 139, 175
Belon, Pierre 100
Belzoni, Giovanni Battista 164, 171f.
Bernal, Martin 190, 204
Bes 67, 81, 201
Besant, Annie 149–151, 156
Birch, Samuel 147
Blavatsky, Helena P. 121f., 125, 145–150, 152, 156, 179, 188
Blyden, Edward Wilmot 190
Boccaccio, Giovanni 84, 91, 100
Boccalini, Traiano 112
Böhme, Jakob 146
Boehringer, Robert 174

Personenregister

Boldensele, Wilhelm von 75, 160
Bolos von Mendes 40, 43
Bonaparte, Napoleon 104, 137, 139, 142, 166, 175, 190, 198, 200
Bonaventura 85
Borchardt, Ludwig 167
Born, Ignaz von 129, 198
Bortolani, Mattia 122
Breasted, James H. 183
Bremer, Johann Gottfried 129
Brentano, Clemens 141, 144, 177
Brier, Bob 174
Bruno, Giordano 85, 97, 198
Buber, Martin 152
Buchner, Edmund 76
Buddha 120, 150
Budge, Ernest Alfred Th. Wallis 10, 181, 187f., 205
Burckhardt, Jacob 29, 39
Busiris 28
Butor, Michel 189

Cagliostro (Giuseppe Balsamo) 10, 124–127, 129f., 137, 147, 166, 170
Caligula 76f.
Canova, Antonio 175
Capart, Jean 118
Caracalla 78
Carnarvon, Herbert Earl of 69f., 155
Carter, Howard 169
Casaubon, Isaac 105, 108, 137
Cassas, Louis-François 134
Cauville, Sylvie 42
Caviglia, Giovanni Battista 164
Celebi, Evliya 195
Centlivre, Susannah 69
Cestius, Caius 75f., 134, 163, 174, 198
Chairemon 20, 33, 77
Chalid 47
Chamisso, Adalbert von 141, 144
Champollion, Jean-François 9, 20, 164, 183, 188, 192f., 203, 205
Chassebeuf, Constantin-François (Graf von Volney) 190
Cheops 40, 75, 142, 147, 158, 161–165, 167–169
Chephren 164
Cherbury, Lord Herbert of (Edward Herbert) 110
Chigi, Agostino 174
Chnum 19f., 55

Chons 14
Christie, Agatha 70
Christine von Schweden 107
Cicero 17
Claudius 77
Clemens XII. 122
Clemens von Alexandria 30f., 39, 55, 59, 80, 94f., 110, 147, 158
Colonna, Francesco 92, 114
Comenius, Jan Amos 121
Commodus 78
Conring, Hermann 105
Constantius II. 67
Cornaro, Andrea 122
Court de Gebelin, Antoine 130, 178
Crawford, Clinton 191, 193
Creuzer, Georg Friedrich 95, 110
Croll, Oswald 95
Crowley, Aleister 148, 178
Cudworth, Ralph 105, 110
Cusanus, Nicolaus 85
Cyprian 62
Cyriacus von Ancona 99
Czermak, Wilhelm 188f.

Däniken, Erich von 169
Dali, Salvador 93
Daluka (Daluca) 130, 162
Dareios I. 35
Daumas, François 40f., 43
David, Jacques Louis 138
Davidovits, Joseph 168
Demokrit 29f., 40
DeQuincey, Thomas 143
Derchain, Philippe 42
Desaix, Louis Charles Antoine 175
Descartes, René 113, 118
Desprez, Jean Louis 142
Desroches Noblecourt, Christiane 37
Diderot, Denis 136
Dietzfelbinger, K. 189
Dimde, Manfred 168
Dinglinger, Johann Melchior 111
Diodor 26, 29–31, 84, 89, 91, 100, 123, 129, 144, 153, 160, 195f.
Diokletian 78
Diop, Anta 190, 192
Djoser 54f.
Dobbs, B. J. T. 59f.
Domitian 32, 37, 77
Doyle, Arthur Conan 70

Duchet, Claude 102
Duck, Donald 191
Dürer, Albrecht 93
Dumège, Alexandre 131
Dupuis, Charles-François 137
Durrell, Lawrence 188

Ebers, Georg 147, 193
Echnaton 15, 25, 70, 87f., 118, 154, 156, 202f.
Eco, Umberto 108
Edighoffer, Roland 121
Egeria 99
Eichendorff, Joseph von 141
Elias 126
Emery, Walter B. 55
Enking, Ragna 106
Ennsthaler, W. 168
Ereschkigal 67
Erman, Adolf 24f., 68, 192
Eudoxos 29
Euripides 28
Eusebius 78
Evers, Hans Gerhard 41
Evola, Julius 158
Eyth, Max 155, 167

Fabri, Felix 100
Faivre, Antoine 10
Faust 69
Ferdinand III. 108f.
Feydeau, Ernest 173
Ficino, Marsilio 85, 90, 97
Fischart, Johann 95
Fischer von Erlach, Johann 93, 163
Fludd, Robert 116, 121, 146, 158, 185
Fontenelle, Bernard le Bovier de 184
Forster, Georg 130f.
Franklin, Benjamin 130
Franz, Marie-Luise von 48
Freiligrath, Ferdinand 143f.
Freud, Sigmund 87
Friedrich II. d. Gr. 122, 124, 175
Friedrich V. von der Pfalz 113
Friedrich, Caspar David 142
Friedrich Wilhelm II. 117, 130f.
Fröbe-Kapteyn, Olga 152
Funk, Christlieb Benedict 137

Gantenbrink, R. 169
Gardiner, Alan H. 24f., 70, 190

Gautier, Théophile 171
Gebler, Tobias Philipp von 129
Geiger, Philipp 116
Germanicus 75
Gernandt, C. E. 131
Gigli, Beniamino 175
Gilly, Carlos 10, 113, 120
Goethe, Johann Wolfgang von 28, 66, 126f., 133–136, 142, 202
Greaves, John 162f.
Gregor von Nazianz 160
Gregor von Nyssa 99
Griffiths, John G. 27
Grimm, Alfred 108
Gryphius, Andreas 102
Günderrode, Karoline von 141
Guignes, Joseph de 136

Haarmann, Ulrich 161
Hadrian 15, 37f., 66, 77f.
Haller, Albrecht von 185
Hamann, Johann Georg 141
Harchebis 37
Haremhab 15
Harnuphis 67
Harpokrates 65, 73
Hartmann, Franz 149f., 152
Haslmayr, Adam 113, 120
Hassan, Selim 119
Hathor 24, 42, 44, 71, 164
Hatschepsut 14, 33, 55
Heidegger, Martin 53
Heine, Heinrich 144
Hekataios 29, 195
Heliodor 30, 106
Heraklit 32
Herder, Johann Gottfried 130, 134–136, 139, 176, 185, 192, 195
Hermes Trismegistos 11, 13f., 17, 28, 30, 39f., 43–45, 52, 54–59, 70, 80, 84f., 87–92, 95, 97–100, 105, 108, 110, 113f., 116f., 120, 123, 125–127, 133f., 136f., 140, 146–149, 152f., 155–157, 159f., 169, 179, 186, 196–199, 201–203, 206
Hermsen, Edmund 13
Herodot 26, 28f., 32, 100, 134, 168, 195
Herold, Johannes Basilius 93
Herwart von Hohenburg, Johann Georg 74, 162

Personenregister

Hess, Tobias 112
Hesse, Hermann 199f.
Hieronymus 55
Hillman, James 48
Hippolyt 50f.
Hiram 122
Hitchcock, E. A. 47
Hölderlin, Friedrich 140, 202
Hofmann, Ida 152
Hofmannsthal, Hugo von 69, 205
Homer 29f., 93, 196
Horapollon 20, 84, 89, 92–94, 97, 110, 136
Hornacht 35
Horstmann, Erwin 158
Horus 14, 22, 26, 34f., 40, 42, 46, 57, 63, 67f., 73, 75, 80f., 129
Hrabanus Maurus 160
Huygens, Christian 185
Hymmen, Johann W. B. von 124

Iamblich 28–30, 89f.
Iao 64, 67
Ibn Batuta 88
Ibn Khaldûn 191
Ibn al-Qiftî 191
Ibn Umail 56f.
al-Idrisi, Abu Ja'far 59, 160f.
Imhotep 17, 54–56, 59, 62, 156, 159
Irenaeus 49, 51
Isidor von Sevilla 160
Isidoros 71
Isis 17, 21f., 24–26, 30, 35, 40, 44, 46, 57, 62f., 66–68, 71, 73–75, 77–81, 84, 88, 91f., 98, 100, 106, 110f., 123f., 126, 129, 137–139, 143, 147, 153f., 157, 164, 182, 187, 196, 198, 201
al-Iskandarâni 169
Isokrates 28
Iuvenal 32, 75

Jacobsohn, Helmuth 48
Jacq, Christian 187
Jaldabaoth 50f.
James, George G. M. 190
Jaspers, Karl 204
Jean Paul (Johann Paul Friedrich Richter) 170
Jefferson, Thomas 130
Jenks, Kathleen 87

Jesus (Christus) 36, 51f., 59, 67f., 80–83, 120, 126, 148, 150, 153, 183, 203
Johannes XXII. 85
Jomard, Edmé-François 166
Joseph 89, 99, 157, 160, 182, 202
Joseph II. 47
Josephus 30, 87
Joyce, James 188
Judas 51
Julian 78
Jung, Carl Gustav 10, 46–48, 64, 152, 185
Jung-Stilling, Johann Heinrich 137, 139f.
Justinian 79, 90

Kabátnik, Martin 100
Kaiser, Martin 143
Kákosy, Laszlo 33–35, 59
Kambyses 126
Kant, Immanuel 139, 185, 199
Karloff, Boris 174
Keel, Othmar 100
Keller, Gottfried 143
Kepler, Johannes 112, 115, 185
Kircher, Athanasius 32, 74, 102, 105–111, 136, 184, 205
Kleopatra VII. 55, 76, 170, 173, 192
Klettenberg, Susanne von 133
Klopstock, Friedrich Gottlieb 185
Knigge, August Frh. von 130f.
Koeppen, Carl Friedrich 124f.
Kolpaktchy, Grégoire 188
Kopernikus, Nikolaus 97, 153, 197
Kriegsmann, Christian 116
Krishnamurti, Jiddu 149–151
Kyrill von Alexandria 30, 55

Ladurie, Emmanuel LeRoy 86
Lafontaine, Jean 102
Laktanz 59
Lamy, Lucie 179
Lange, Dierk 193
Lavoisier, Antoine Laurent 137
Leadbeater, Charles Webster 150f.
Lefkowitz, Mary 191f.
Leibniz, Gottfried Wilhelm von 118, 136
Lenin (Wladimir Iljitsch Uljanow) 174
Lenoir, Alexandre 131

Lepsius, Carl Richard 171
Lessing, Gotthold Ephraim 111
Lewis, Harvey Spencer 118 f.
Lichtenberg, Georg Christoph 107
Lippmann, Edmund Oskar von 48
Lukian 66, 184
Lukrez 184
Lullus, Raimundus 116
Luther, Martin 113
Lykurgos 29

Maat 15, 71, 203
Macrobius 97
Maecenas 75
Maier, Michael 46, 113
Mailer, Norman 173
Maillet, Benoît de 163
al-Mamûn 44
Manetho 40, 84, 87, 97
Mani 52, 120, 153
Mann, Thomas 69, 148, 195, 197, 201–203
Manu 150
al-Maqrizi 59, 88, 160 f.
Marat, Jean 175
Maria 80–83, 154
Mark Anton 170
Mark Aurel 66
Marsham, John 110
Massey, Gerald 179
al-Mas'udi 44, 160, 162
Maximilian I. 93
Mayassis, S. 188
Meiners, Christoph 136 f.
Menes 28, 84, 110, 124
Merian, Johann Jakob 176
Merkelbach, Reinhold 33
Mersenne, Marin 116
Mertz, B. A. 188
Meyer, Conrad Ferdinand 175
Milton, John 175
Mimaut, Jean François 165
Minucius Felix 21
Moeris 163
Mohamed Ali 165
Molay, J. 117
Montfaucon, Bernard de 91, 104, 198
More, Thomas 95
Morenz, Siegfried 9, 134
al-Moqaddasî 160
Moritz, Karl Philipp 129

Moritz von Sachsen 175
Mornay, Philippe du Plessis 97
Moses 17, 22, 30, 36, 62, 82, 85–88, 90 f., 97–99, 105, 110 f., 113, 117, 122 f., 126, 129, 139, 147, 153, 167, 171
Mozart, Wolfgang Amadeus 129, 202
Müller, Johannes 131
Murray, Margaret A. 70
Mykerinos 31

Nazari, Giovanni Battista 57
Necho II. 37, 183
Nefontaine, L. 121
Neith 94, 192
Nektanebos I. 35, 89
Nektanebos II. 66
Nephthys 35
Nero 31, 33, 77
Neugebauer, Otto 34
Neumann, Erich 152
Newton, Isaac 59 f., 118, 136, 166, 175
Niemann, August 171
Noah 122
Nofretete 15, 192
Norden, Frederik Ludvig 125, 142
Nostradamus 97
Notovitch, N. A. 183
Novalis (Friedrich von Hardenberg) 140–142, 199
Nut 38, 71, 80, 178

Oedenkoven, Henri 152
Oinopides 29
Olcott, Henry Steel 146, 149
Olympiodoros 39
Omar (Kalif) 191
Omm Sety (Dorothy Louisa Eady) 181
Origenes 82
Ormus 117
Orosius 191
Orpheus 29, 90, 120, 200
Osiris 14 f., 20–23, 30, 35, 37, 40, 42, 44, 46, 50, 54, 57, 62 f., 65, 71, 73–75, 81, 84, 88, 91–93, 108, 110 f., 115, 125, 136, 143, 153 f., 156, 163 f., 170, 173, 182, 186, 192, 196, 201
Osorkon II. 35
Ostanes 40, 44

Otho 77
Otto, Rudolf 152

Paddon, Peter 148, 187
Panigarola, Francesco 93
Pankrates 66
Papus (Gérard Encausse) 151, 178f.
Paracelsus (Theophrastus Bombastus von Hohenheim) 10, 95, 98, 102, 112f., 116, 118, 126, 133, 141, 147
Parker, Richard A. 34
Parzival 88
Pasqually, Jacques de 124
Pauli, Wolfgang 185f.
Pauw, Cornelius de 163f.
Peiresc, Nicolas Fabri de 100, 106f.
Pernety, Antoine Joseph 124, 136
Perring, John S. 164
Perry, Charles 163
Peters, Elizabeth 70
Petosiris 37
Petrie, William Matthew Flinders 70, 166
Pettigrew, Thomas Joseph 170
Philo 87
Pico della Mirandola, Giovanni 31, 90, 95
Pindar 71
Pinturicchio 91f.
Pioda, Alfredo 151f.
Piranesi, Giovanni Battista 143
Pirkheimer, Willibald 93
Pisentios von Koptos 171
Pius VI. 127
Pius VII. 139
Platon 27–30, 52, 57, 89f., 105, 120, 133, 147, 191, 196, 199
Plinius 31f., 156, 191
Plutarch 21, 29–31, 59, 62, 84, 89, 94, 110, 113, 129, 139, 141, 153, 156, 158, 184, 187, 205
Pococke, Richard 103, 142
Poe, Edgar Allan 171
Pound, Ezra 188
Poussin, Nicolas 82, 111
Prade, Ernstfried 186
Preisendanz, Karl 65
Priscillian 85
Proklos 139
Proteus 28
Psammetich II. 76
Psellos, Michael 85

Ptah 20, 26, 40f., 43, 55
Ptolemaios I. 57, 71
Ptolemaios III. 37
Ptolemaios VI. 37, 42
Ptolemaios VIII. 35, 37
Pythagoras 28–30, 44, 52, 62, 85, 90, 118, 120, 147f., 153, 167, 184, 191, 199

Quack, Joachim Friedrich 34–36
Quaglio, Simon 130

Rabelais, François 95
Raffael (Raffaelo Santini) 98, 174
Ramses II. 41f., 131
Ramses III. 167, 173
Ramses IV. 15
Ramses VI. 15, 34, 64
Ramses IX. 19
Re 15, 67, 80, 182
Regnard, Jean-François 170
Reinhold, Karl Leonhard 129
Reitzenstein, Richard 57
Reuß, Theodor 149, 178
Richelieu, Armand-Jean du Plessis, Herzog von 113
Richter, Samuel 116
Rijckenborgh, Jan van 119
Rilke, Rainer Maria 114, 200–203
Ritman, Joost R. 120
Robert, Hubert 163
Robert von Chester 47
Rollet, P. 97
Romano, Giulio 94
Rosemary (Ivy Carter Beaumont) 70, 181
Rosenkreuz, Christian 112, 114, 119, 156
Rühle von Lilienstern, Otto August 134
Runge, Philipp Otto 141f.
Rutherford, Adam 167f.

Sabbatai Zwi 151
Sachmet 35, 187
Saint-Martin, Louis-Claude de 156
Sallust 92
Salomo(n) 81, 105, 117, 121–123
Sandys, George 162
Sarapis 36, 71–75, 78, 201
Sauneron, Serge 20, 77
Sayer, Anthony 121

Schäfer, Heinrich 170
Sched 63, 81
Schefold, Karl 174
Schenkel, Wolfgang 27
Schenute 67, 81
Schikaneder, Emanuel 129
Schiller, Friedrich von 126, 139
Schinkel, Karl Friedrich 130
Schönenberger, W. 152
Schubert, Gotthilf Heinrich 141
Schulz, Albert 188
Schuré, Édouard 179
Schwaller de Lubicz, R. A. 179–181, 186
Secret, François 10
Seneca 75
Senenmut 33
Sennedjem 34
Septimius Severus 67, 78
Sesostris 136, 173
Seth 14, 21, 49, 62, 80
Seth (Sohn Adams) 50
Sethe, Kurt 24
Sethos I. 171, 181
Seyffarth, Gustav 182
Sezgin, Ursula 85
Shakespeare, William 175
Shaw, George Bernard 148f.
Shaw, Thomas 163
Sicard, Claude 104
Simon Magus 49
Slater, P. L. 148
Smith, Joseph 182f.
Smith, Morton 82
Smyth, Charles Piazzi 166
Sokrates 28, 192
Solon 26f., 29f., 191
Sothis 38, 73
Spencer, John 110
Stadelmann, Rainer 168f.
Steffen, Albert 157
Steiner, Rudolf 146, 148–150, 152–159
Sterne, Lawrence 116
St. John, James 164
Stoker, Bram 173f.
Strabon 29, 31, 75, 87, 100
Stricker, Bruno H. 46, 57
Stukeley, William 191
Sulla 74
Surid 161f.
Swedenborg, Emmanuel 146, 185

Synesios 55
Szeemann, Harald 152

Tacitus 66, 87
Tafur, Pero 99
Taylor, John 166
Teichmann, Frank 158
Terrasson, Jean 119, 123, 127, 129–131, 140, 142, 163f., 166
Tertullian 59, 80
Thales 29f., 118
Thausing, Gertrud 188f.
Theodosius 79
Theosebeia 44, 47
Thermutis 87
Thissen, Heinz Josef 20
Thoëris 35
Thomas von Aquin 85
Thot 13–18, 26, 28, 33–35, 42, 44, 54, 57, 62f., 67, 70, 73, 78, 82, 87, 110f., 126, 148, 153, 156, 178, 186
Thutmosis III. 118
Tiberius 37, 66, 76
Tieck, Ludwig 139, 142f.
Titus 77
Toland, John 122
Tompkins, Peter 167f.
Toynbee, Arnold J. 164, 204
Trajan 77
Türk, Johann Baptist 175
Tutanchamun 21, 69f., 155, 167, 169, 174, 202

Uehli, Ernst 156–158
Ullmann, Manfred 59
al-Umari, Ibn Fadlallah 161
Usersatet 62
Uxkull, Woldemar von 178

Valentinus, Basilius 133
Valeriano, Pierio 94–96
Valle, Pietro della 101f., 107
Vandenberg, Philipp 70
Vansleb, Michael 104
Varthema, Lodovico de 100
Vereno, Ingolf 43f.
Vergil 71, 75
Vespasian 74, 77
Vitellius 37, 77
Voegelin, Eric 53, 204
Volkmann, Ludwig 176

Personenregister

Voltaire, François Marie Arouet 130, 185
Vyse, Richard N. Howard 164f.

Wachtmeister, Constance 149, 152
Wade, Ronald S. 174
Warburton, William 136
Washington, George 130
Weigall, Arthur 156
Weingärtner, Helge 93
Weishaupt, Adam 130
Weizsäcker, Carl Friedrich von 185
Welles, Orson 185
Wells, Herbert George 185
Wentworth, R. 118
Werfel, Franz 188f.
Wieland, Christoph Martin 66, 69, 127f., 130

Wildung, Dietrich 56
Willson, Thomas 175
Wilson, John A. 183
Winckelmann, Johann Joachim 134
Wind, Edgar 92, 98
Winter, Erich 20, 78
Wolfram von Eschenbach 88
Wünsch, C. Ernst 123, 129

Yeats, William Butler 148

Zarathustra (Zoroaster) 17, 30, 36, 39f., 52, 85, 90, 116, 120, 153, 155–157, 199
Zesen, Philipp von 116
Zimmermann, Rolf Christian 133
Zosimos 40, 43, 46f.
Zweig, Stefan 202

Sachregister

(Buchtitel wurden *kursiv* gesetzt)

Abu Simbel 41
Abydos 21, 81, 131, 181
Achmim 17, 40, 43f., 59, 99
Achtheit 49, 57f.
Ägyptosophie 9f., 86, 178ff., 196
Afrozentrik 31, 190–194
Akasha-Chronik 148, 186
Albigenser 86, 120
Alchemie 10, 21, 39–48, 60f., 68, 78, 80, 85, 88, 95, 97, 104, 107, 112–115, 117f., 120–122, 125, 127, 133, 137, 142, 148, 179, 185, 187, 196
Alexandria 36, 39f., 49f., 71, 76f., 79, 117f., 120, 167, 188, 191f.
Amduat 21, 189
Anthroposophie 53, 146, 149, 156, 158f., 205
Antinoopolis 15
Äonen 49
Apokryphon Johannis 36, 39
Archonten 49f., 52, 80
Assiut 34, 82
Assuan 32, 55, 75
Assyrer 43
Astrologie 33–39, 85, 112, 125, 148
Athen 71, 74
Atlantis 27f., 105, 148, 150, 152, 178
Außerirdische 11, 155, 160f., 169, 184f., 199

Ba 20, 39, 169
Babylon 37, 181, 193, 197
Bagdad 39
Benevent 77
Benu (Phönix) 34
Bogomilen 53, 85
Buch des Thot 54, 178
Buch vom Atmen 182
Buch von der Himmelskuh 24

Canopus 74, 88
Chaldäer 90, 148, 153
Chaos 49, 51f.
Charge 35
China 52, 136, 143, 200
Chronologie 203
Corpus Hermeticum 54, 57–59, 80, 84, 89f., 97, 105, 108, 120
Crata Repoa 124f., 147

Deir el-Bahari 34f., 55
Dekane 34–36, 39
Dendera 32, 36–38, 41f., 44, 47, 160
Description de l'Égypte 107, 166
Djed 33, 186
Dualismus 52, 58, 85, 156, 181

Edfu 42
Einweihung 12, 21–24, 39f., 114, 117, 119, 123–125, 129, 140, 142, 147, 150f., 154, 156–159, 163f., 178f., 186–189
Elemente 46, 123f., 140, 178
Elephantine 26
Engel 65, 114
Eranos 48, 152
Erlösung 51
Esna 19f., 24, 35, 37, 41, 77

Ferne Göttin 15f.
Feuer 46, 51, 80
Fluch der Pharaonen 69f., 154
Flucht nach Ägypten 81–83, 111
Freimaurer 47, 53, 116f., 121–133, 142, 145, 149, 156, 158, 164, 170, 178, 187, 190, 198, 205

Giza 31, 119, 123, 127, 160, 164, 168–170, 188, 200
Gnosis 21, 39, 49–53, 57f., 85f., 119f., 124f., 148, 153

Sachregister

Gold 41–44, 46–48, 51, 114
Gold- und Rosenkreuzer 117
Gral 88
Großkophta 126f.

Heliopolis 29, 42, 48, 76, 87, 120, 129, 156, 167
Hermopolis 13, 15, 17, 26, 55, 78, 82
Hieroglyphen 17–21, 58, 77, 79, 91–97, 102, 105–109, 116, 124, 127, 131, 133, 135–137, 139, 141–143, 157, 171, 183, 190, 197
Highgate (Friedhof) 176
Horoskop 37–39, 55, 76
Horusauge 13
Hypnerotomachia Poliphili 92–94, 114

Ilias 30, 49
Illuminaten 130
Indien 11, 52, 88, 116, 127, 129, 136, 143f., 146, 148, 151, 200, 205
Initiation siehe Einweihung
Iran siehe Persien

Jaspis 41–43, 127
Jerusalem 99, 183

Ka 158, 169
Kabbala 10, 69, 86f., 90, 113, 117f., 123, 133, 148, 186f., 189
Kalender 14, 29, 73, 138f., 167, 201
Karnak 13, 41, 81, 200
Karneol 42f.
Katharer 53, 85, 120
Klagen des Oasenmannes 14
Koran 47, 68, 191, 197
Kore Kosmou 55, 57f.
Körperteile 36, 39
Kreta 27
Kreuz 86, 113
Kreuzzüge 86, 89, 118, 139, 141
Krone 48, 71, 124
Kryptographie 19
Kupfer 41, 115

Lapislazuli 41–43
Lemuria 148, 152
Luxor 14, 77, 146, 171, 180f., 190, 195, 197

Märtyrer 81
Magie 14, 17, 21f., 25, 32f., 36, 39, 50, 52, 58f., 62–70, 78, 81f., 86, 90, 97, 113, 127, 137, 141, 148, 161, 173, 186f., 199
Makkabäer 31
Meer 73
Memphis 26, 29f., 40, 55, 106, 111, 120, 131, 142, 156, 166
Menit 35
Mensa Isiaca 91, 94, 111
Meroë 31, 35, 75
Metternichstele 63f., 66
Mond 34, 46, 57, 60, 63, 68, 153, 184
Montaillou 86
Monte Verità 151f., 185
Mormonen 182f.
Mumie 46, 70, 100–102, 135, 141, 143f., 154, 157, 170–174, 182f., 189
Mumifizierung 28, 81, 174
Mundöffnung 46

Nachtfahrt 33, 80, 203
Nag Hammadi 36, 49f., 53, 57–59, 67
Nekromantie 64
Nilmosaik 82, 111
Nubien 31, 55, 62
Nun (Urgewässer) 44, 49, 51

Obelisk 32, 75f., 78f., 82, 89, 92f., 106–109, 111, 116, 125, 127, 130, 133f., 136f., 168, 171, 175f., 197
Odyssee 28, 49
Oxyrhynchos 39

Papyrus Westcar 62
Perlenlied 51
Persien 49, 52, 57, 155, 157, 191
Pfortenbuch 22, 34, 189
Philae 31, 79
Phönix (vgl. Benu) 50, 117
Phönizier 28, 201
Physiologus 20, 84
Pistis Sophia 50, 80
Planeten 34, 36–38, 43, 58
Pompei 74, 111
Präadamiten 161
Pylon 176, 200
Pyramide 26, 31f., 40, 75, 88f., 92, 98–100, 111, 118f., 122–124, 126f.,

129f., 134f., 137, 139, 142–144, 147, 155, 157f., 160–170, 174f., 179, 181, 186, 188, 190, 198, 203
Pyramidentexte 13, 19, 33f., 43, 147, 157, 188

Quecksilber 44, 114

Ramesseum 33
Reinkarnation siehe Seelenwanderung
Rom 74–79, 89, 106f., 133, 175, 201
Rosenkreuzer 47, 53, 95, 98, 112–121, 123, 131, 133, 145, 167, 198f., 205

Sabier (Sabäer) 59, 88, 112
Sais 26, 94, 110, 139f., 199
Sargtexte 14, 46, 157, 184
Schicksal 22, 35f., 52, 73, 86
Schiffbrüchiger (Erzählung) 28
Schöpfung 46, 49f., 124, 188
Schweigen 73, 106
Sedfest 78
Seelenwanderung 52, 86, 97, 149, 152f., 157, 159, 173, 178f., 181f.
Setna-Roman 17, 62–64
Sexualkult 49, 51, 124
Silber 42–44, 48
Sinai 13, 41, 99
Sintflut 59, 85, 88, 122, 160f.
Sistrum 111
Siwa 71
Skarabäus 37f.
Sonnenlitanei 46
Sphinx 19, 31, 78, 89, 91, 98, 100, 111, 119f., 122, 127, 134, 137, 139, 143, 153f., 157, 161–163, 168f., 176–178, 188, 200
Spiritismus 117, 137, 146, 148, 150, 179
Stonehenge 191
Symbolisten 177, 179
Synkretismus 30, 49, 67, 151

Tabula Smaragdina 46, 59–61, 120, 179
Tal der Könige 75, 103, 171, 188
Talmud 69

Tanis 35
Tarot 178f.
Templer 116f., 123
Teufel 36, 62, 68f., 86, 178
Theben 26, 29f., 38, 55, 58, 75, 77f., 99, 141, 156, 182
Theosophie 11, 24, 53, 112, 117, 125, 145–152, 167, 177, 179, 184–188
Tibet 147, 150, 156, 183f., 199
Tierkreis 37–39, 181
Tierkult 26, 28, 31f., 153
Titanic 70, 157
Totenbuch 14f., 17, 34, 44, 147, 154, 159, 173, 182, 188f.
Totengericht 14, 28, 39, 154, 157, 173
Traum 141, 143, 162, 185
Turba Philosophorum 44
Türkis 41–43

Udjat-Auge 15, 65
Universalsprache 136, 140f., 197
Unterweltsbücher 13, 21f., 30, 48, 159, 188f.
Uräus 154, 157
Urhügel 28
Urmonotheismus 110, 171, 173
Uroboros 21, 50, 57, 65, 80f., 88, 142, 146
Uschebti 65, 102

Venedig 89, 122, 160, 175
Vernichtungsstätte 23, 48
Verwesung 46, 48
Vézelay 37

Wasser 30, 36, 46
Weltende 51, 63, 68, 114
Wind 36, 38, 46, 60
Wortspiel 86

Yoga 151, 186, 189

Zauber siehe Magie
Zauberlehrling 65f.
Zeit 48, 63f., 161
Zillis 82
Zweiwegebuch 13